MAONANZU XINCUNTUN SHEHUIDIAOCHA

毛南族新村屯社会调查

孟凡云　孙攀搁　著

民族出版社

目 录

第一章　新村屯概况与历史 …… 1

第一节　新村屯概况 …… 1

第二节　毛南族族称与族源 …… 6

第二章　新村屯人口状况 …… 11

第一节　新村屯人口的自然状况 …… 12

第二节　新村屯人口的素质状况 …… 17

第三节　新村屯人口的行业、职业状况 …… 23

第四节　新村屯人口的家庭状况 …… 23

第五节　新村屯人口的流动状况 …… 25

第六节　新村屯计划生育状况 …… 30

第七节　新村屯现存人口问题 …… 34

第八节　新村屯人口发展展望 …… 38

第三章　新村屯毛南族婚姻、家庭与亲属制度 …… 40

第一节　新村屯毛南族婚姻 …… 40

第二节　新村屯毛南族家庭 …… 44

第三节　新村屯毛南族亲属制度 …… 51

第四节　新村屯的宗族与族谱 …… 55

第四章 新村屯经济生活…………………………………………………… 63
第一节 新村屯的土地承包经营概况…………………………………… 63
第二节 新村屯农业…………………………………………………… 71
第三节 新村屯养殖业………………………………………………… 74
第四节 新村屯种植业………………………………………………… 83
第五节 新村屯副业…………………………………………………… 89
第六节 新村屯村民收入……………………………………………… 94
第七节 新村屯村民消费……………………………………………… 96

第五章 新村屯精准扶贫………………………………………………… 98
第一节 新村屯精准扶贫对象的确定………………………………… 98
第二节 新村屯精准扶贫的过程……………………………………111
第三节 新村屯精准扶贫工作的效果………………………………115

第六章 新村屯政治生活及集体组织……………………………………119
第一节 新村屯村民委员会、党支部及其相关制度…………………119
第二节 新村屯村民理事会……………………………………………127
第三节 村委会、村民小组、新村屯村民理事会三者之间的关系……149

第七章 新村屯的医疗、卫生与教育 …………………………………… 153
第一节 新村屯传统医疗与现代医疗 …………………………… 153
第二节 新村屯卫生状况 ………………………………………… 171
第三节 新村屯教育现状 ………………………………………… 172

第八章 新村屯习俗 …………………………………………………… 181
第一节 新村屯饮食习俗 ………………………………………… 181
第二节 新村屯服饰习俗 ………………………………………… 198
第三节 新村屯人的人生礼仪 …………………………………… 201

第四节 新村屯岁时节日 …… 212
第五节 新村屯各类禁忌 …… 225

第九章 新村屯民间工艺 …… 230
第一节 新村屯的铜手镯制作工艺 …… 230
第二节 新村屯的制香工艺 …… 235
第三节 新村屯的制酒工艺 …… 242
第四节 新村屯的花竹帽技艺 …… 250

第十章 新村屯的文化生活 …… 254
第一节 新村屯的文学艺术 …… 254
第二节 新村屯的传说故事 …… 265
第三节 新村屯的体育健身 …… 268

附录：新村屯的著名人物 …… 279
毛南族传统文化保护领路人谭孔孙 …… 279
优秀基层党支部书记谭金书 …… 282
带领同村姐妹脱贫奔小康的谭美春 …… 285
新村屯的新一代带头人谭荣庆 …… 286

第一章　新村屯概况与历史

第一节　新村屯概况

一、新村屯地理位置

新村屯位于东经 107°59′17.14″，北纬 24°59′3.68″，隶属于广西壮族自治区河池市环江毛南族自治县（以下简称环江县）下南乡波川村。环江县是我国唯一一个毛南族自治县，俗称的“三南”（下南、中南、上南）或“毛南山乡”，是毛南族在环江县的最大聚居区。新村屯的居民主要为毛南族，少数为壮族和汉族等。

环江县位于广西壮族自治区的西北部，全县国土面积 4572 平方千米，其面积居广西县级市的第三位。县域整体位于云贵高原的东南麓斜坡地带，东北部是九万大山，西北部则是凤凰山，境内可以称得上是石山巍峨绵亘。县治所在地为思恩镇，海拔 205.5 米。环江县北部为云贵高原南麓，西北是贵州省黔南布依族苗族自治州的荔波县，东北与黔东南苗族侗族自治州的从江县相接壤，东部是广西罗城仫佬族自治县，西南方向为广西宜州区，南与广西河池市金城江区相接，隔打狗河与广西南丹县相望。

下南乡所处位置在环江县域的西南区位，环江县城的西北方向。乡政府驻地在下南街（毛南六圩），距离县城有 70 千米左右。下南乡东部是水源镇和洛阳镇，北部为川山镇，南部是上南乡。乡域面积约为 277 平方千米。

图 1–1　下南乡境内的石山与山间的公路（摄影：王潇）

图 1–2　下南乡境内的水田（摄影：方越）

波川村在下南乡政府西北，距离乡政府 2 千米。沿着波川村委继续向西北方向前行，就到了新村屯。新村距离波川村村委会约 2 千米，距离乡政府所在地下南街约 4 千米，距离环江县城 70 多千米。

2018 年 7 月新村屯共有 117 户人家。[①] 共计 371 人，主要分为 3 个生产队，每个生产队人数相差不多。新村的西北方向基本上属于连绵的石山地区，而东部、东北部、南部则为相对较平坦的适宜耕作的地区。地势偏高的北部是三队居住范围，地势偏低的中部、南部是一队和二队交错居住的范围。

二、新村屯地理特征

（一）新村屯地质地貌

新村屯所在地是云贵高原的南延部分，地势比广西南部地区高。其所属地区的地壳经历了漫长的发展演化历史，形成了现今的地貌形态。环江县境内碳酸盐岩分布广泛，按地貌基本形态和成因，县境内可分为构造侵蚀地貌、侵蚀剥蚀地貌和岩溶地貌三大类。岩溶地貌又称喀斯特地貌，是地表水和地下水对可溶性岩石进行溶蚀作用后产生的地质地貌现象。环江县县境广大地区都有碳酸盐岩分布，地处南亚热带，雨水丰富，气候炎热，溶解作用强烈，形成多种岩溶地貌。其特点是各种形状的峰林和成层溶洞发育，属南亚热带季风型岩溶地貌，县境内大致可分为岩溶低山丘陵地貌、峰丛洼地谷地地貌、峰林谷地地貌、峰林溶盆地貌四类。岩溶地貌占全县总面积的 39.9%。

下南乡所属地区与环江县城及其西北的水源、普乐、岩英坡、巴茅岭、川山地区，同属侵蚀剥蚀——波状缓丘浅谷地貌，因侵蚀作用和剥蚀作用塑造而成，海拔 200—1000 米，以巴茅岭地区地势较高。该类地貌主要由下石炭、砂页岩、硅质岩组成，多呈波状缓丘，沟谷较浅，在断层通过地区出现冲沟、峡谷地貌，地表水较丰富，河流较密集。

① 本材料为 2019 年 8 月调研时来自于村委会统计数据。

（二）新村屯气候

新村屯所属的环江县境位于北回归线北沿，属热带向亚热带过渡的季风气候区。

南部边沿地带属热带北缘，中、南部及大、小环江河谷地带属亚热带谷地气候。这两大区域气候温和，雨量充沛，日照充足，无霜期长，雨热同季，作物可一年三熟。县内各地年、月平均气温随海拔高度升高而降低，海拔每升高100米，年平均气温降低约0.6℃；同时还受纬度的影响，每偏北1°，月平均气温降低0.74℃。下南乡地处县境西南部，平均海拔360米，根据1974—1980年的统计资料，该乡累年逐月平均气温分别为：

表1–1 1974–1980年下南乡累年逐月平均气温表

1月	2月	3月	4月	5月	6月
9.0℃	11.3℃	14.6℃	19.7℃	23.3℃	25.4℃
7月	8月	9月	10月	11月	12月
27.0℃	26.7℃	24.6℃	21.1℃	15.6℃	10.8℃
年平均气温19.1℃					

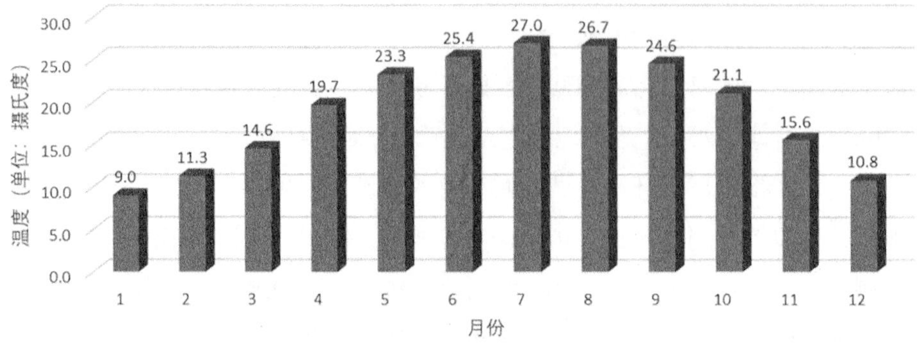

图1–3 1974—1980年下南乡累年逐月平均气温柱状图

其四季特点是冬短夏长，春秋相当，冬无严寒，夏少酷暑。近几年气温变化大，夏季气温升高，最热月7月份，极端最高温达38℃；最冷月1月份，极端最低温度在1℃左右，每年持续一至两周左右。年降雨量1500毫米左右，雨量分布不均，多集中在5月下旬至8月中旬，低洼耕地常受涝灾；春、秋、冬雨量较少，受旱灾威胁相对比较严重。当地雨季年际变化甚大，常给农业生产带来不利影响，雨季开始迟的年份常出现春旱，雨季结束早的年份常出现秋旱。

（三）新村屯土壤植被

根据环江县于1980年10月至1983年1月进行的全县土壤普查，下南乡地处环江县境的西南部，该县土壤区域的划分，属东南、西南石灰（岩）土壤改良区。该区的主要特点是：土薄石露，渗漏大，蓄水困难；土壤富钙，缺磷钾；水源缺乏，水利设施少；种植经济作物少。主要土壤有：棕泥田、粉沙棕泥田、碳酸盐性田、沙土田、沙泥田、红壤土、棕色石灰土、沙页岩红壤土等。该区改良利用途径：采取水、旱轮作；粮食作物经济作物兼顾；治理碱酸盐渍，改土培肥，提高土壤肥力；种绿肥，发展豆科作物，增施磷钾肥，尽量避免泡田过冬，停止施用石灰；加强水利建设，开发利用地下水资源。①

新村屯属喀斯特地貌，山高石头多，土地资源稀缺，可耕地少。耕地集中在村前的小平原及周边山脚，生产条件和生态环境差。中华人民共和国成立以来，新村屯人均占有耕地面积均低于全县平均水平，且逐年减少。1950年人均耕地1.53亩，仅相当于当时全县农业人口平均水平的59.5%；1987年人均占有耕地面积0.9亩，相当于全县平均水平的75%。②新村屯有少量牧草地，这类地土层较浅，主要地面覆盖植被为芭茅、牧草、蕨类，也有乔木、灌木，主要分布在垌场里的陡坡山谷，常用于放牧、割草。

新村屯森林群落主要以常绿阔叶为主的针、阔叶混交天然次生林为主，其次是部分落叶阔叶与常绿针阔叶混交天然次生林和石山灌木林。20世纪40—50年代，新村屯曾有成片茂密的森林，但现在新村屯的森林仅存村后山的水源林，其余山地已经没有大的乔木，大部分地表植被以草本和灌木类为主。成片森林消失的原因，一是1958年至1962年大炼钢铁时大批砍伐，导致森林资源骤减。

---

① 环江毛南族自治县地方志编纂委员会编：《环江县毛南族自治县志》，155页，南宁，广西人民出版社，2002。

② 据对TTS的访谈材料，涉及土地改革及农村生产责任制改革。访谈时间，2019年7月。

二是由于长期缺粮，农户不得不开荒种粮，或大量烧制木炭出售后购进粮食，导致森林过伐。林木消耗量大于生长量，不少林地水土流失严重，地力下降，森林面积逐年减少。三是火灾。火灾对于石山区山林的破坏是毁灭性的和不可逆转的。据当地老人说，火烧过后的石山地，二三十年后树木都难以长成。

2000年起，下南乡政府开始实施退耕还林政策。根据有关政策，对那些粮食产量低而不稳、水土流失严重的坡耕地，特别是大于25度的陡坡耕地，以及易造成土地石漠化的石质山地，经林业部门的统一规划，按照有关技术标准进行造林绿化，国家以每亩退耕地300斤粮食、20元现金给退耕农户作补偿。目前全乡已退耕还林1700亩，造林绿化的树种及比例是：任豆树约占50%；板栗树约占30%；香椿树约占20%。全乡退耕还林在2005年基本完成，退耕还林3000亩，占全乡旱地面积的42.86%。①

第二节　毛南族族称与族源

一、毛南族族称

毛南族的族称，在中华人民共和国成立以后，经过民族调查和民族识别工作，国家民族事务委员会于1956年2月11日将“毛南族”批准为单一民族，当时定名为“毛难族”。此后，出于尊重本民族的意愿，国务院于1986年6月5日批准同意将“毛难族”改为“毛南族”。

中华人民共和国成立以前，毛南族的族称，在历代汉文史籍中，曾有“茅滩”“茆滩”“茅难”“毛难”“冒南”“毛南”“茆难”“茅蘸”等不同的写法。

“毛南”的同音异写“茅滩”，最早见于南宋淳熙年间（1174—1189）周去非所著《岭外代答》一书，称为“茅滩蛮”。有时则直接称为“茆难”：“绍

① 环江毛南族自治县地方志编纂委员会编：《环江县毛南族自治县志》，155页，南宁，广西人民出版社，2002。

熙改元，岁次辛亥（1191），茆难莫文察围打普义寨、安化蒙令堂围打镇宁寨，为边扰。”[①]《元史》记载有“茅难”“茆蘸团”，“茅难”仍是地名，而“茆蘸团”则是行政区划单位的名称了。明清至民国的史籍碑文中，关于“茅滩”“茆滩”“茅难”的记载也有不少。乾隆年间（1736—1795）、道光年间（1821—1850），毛南人所立的《谭家世谱碑》和其他坟墓的碑文中有“毛难土苗地方”“毛南甲”“来毛南安处”的记载。民国二十四年（1935）《思恩县志》和民国三十一年（1942）编制的《思恩年鉴》分别记载有“冒南”“毛南”。毛南族奉祀社王祈祷文中犹云“大清广西省庆元府思恩县镇宁乡冒南里居住□□村”等语。在毛南族宗教经典上又有“茆南安天，茆南通天，三位茆难”“奏到仪容大庙茆难”等记载。

上述这些同（近）音异写的称谓，都是作为地名、山名或行政区域名称而出现，并且都泛指如今毛南族聚居的山区。这一地区的毛南族人民，在长期历史发展过程中，逐步形成了本民族的地域、经济生活、语言和生活习惯，并形成本民族的经济中心。因此，周围壮族称呼毛南族聚居的地方为“江毛南”，毛南人自称为“大毛南”，其意都是“毛南地方”。毛南族也按自己居住地的地名自称为“毛南人”。

毛南族的自称，单称为“唉南”（$ai^{53}na{:}n^{11}$）。“唉”指人，“唉南”直译即“毛南人”，意即毛南地方的人。众称是“总南”（$kjo^{33}na{:}n^{11}$），“总”即众多之意，“总南”意指毛南地方的人们。附近壮、汉、苗、瑶、仫佬等族也习惯称毛南族为“毛南人”。毛南族因其地而名其族。

二、毛南族族源

新村屯以谭姓为多。毛南族中谭姓占 80%。谭姓毛南族自称其始祖是谭三孝。谭姓是毛南族中的大姓，谭姓族谱、碑铭共有三个。

① 南宋《沙世坚镇压茆难莫文察等反抗碑记》（汉文），见环江毛南族自治县地方志编纂委员会：《环江毛南族自治县志》，1005 页，南宁，广西人民出版社，2002。碑刻立于宜州南山龙隐岩内，标题为县志作者加。

清乾隆五十三年（1788），毛南人谭灿元“恐后不知祖籍之所自”，追忆撰写了《谭家世谱》，并“勒石永存”，碑文今尚存于下南乡波川小学。世谱记载：“始祖是湖南籍常德府武陵县东关外城太平里通长街古灵社，特授河池州知州事加三级记录二次，号谭三孝，字超群，讳泽深，奶名僚。幼习诗书，十五进士，二十补廪。嘉靖元年（1522）取中八名举人。二年会试，复中五十名进士。主考童起凤书升东粤肇庆高要知县，粤东督抚梁大栋拔擢广西庆远河池知州，莅任三年，厂务水灾，归贡（空）厂税银八千，无由填足，罢职归农，逃散异乡。”几经迁徙，最后“移居毛南土苗地方，卖货生理”。后因得到当地地理先生康节的帮助，选择在毛南堂八地方的“凤腾山”“礼葬严亲”，继而又同益友方刚振结盟，联成姻缘，逐渐发展为谭姓毛南族。

世谱说明，谭姓始祖定居新村屯之前，当地就有世居居民了。毛南族在形成和发展过程中吸收了其他民族成员，但应当肯定当地的世居居民是毛南族的主要族源。

三、新村屯行政建制沿革

新村屯所属的环江县下南乡，地处毛南族聚居区的西北部。毛南人在生产生活、婚姻和社交活动中，自然而然地把毛南地方划分为两个地段，即以铁坳的石城为界，城北地势较低，地面较开阔，是为下疃；铁坳以南地势较高，地形复杂，平坝较小，是为上疃。清朝咸丰后，上疃、下疃也写作上团、下团。上疃包括下社、南木、东信、上任、上纳、上匠，直到上南、才门、下塘与河池南丹县交界地带，居民有谭姓的马疆、虎疆、唐疆、黎疆，还有一些蒙、卢、颜姓毛南人。下疃处于一个小盆地内，现在的下南、波川两个行政村就在这里；下疃居民，据传说是谭三孝后裔家族分支之中的汉疆、龙疆后代，还有黎疆的少数人（黎疆先在上疃，后迁往新村）和少量覃姓毛南人。因为下团范围太小了，则把居住高川屯的景阳屯、建在屯及大罗屯，也划归下团。仪凤村地域与下团接近，上纳屯是通往仪凤的必经之路，也归下团管理了。

民国二十年（1931）思恩县行政区划撤团设区，分为中区、前区、左区、右区、后区、附左区，共辖 38 个乡。后区辖山内、山外、上疃、中疃、下疃、毛南、仪凤等 7 乡。

到 1934、1935 年，国民党桂系把清朝的团和旧桂系陆荣廷统治时期所设的区、局撤销，县以下设乡、村、甲三级行政管理制度。1936 年 7 月起，广西乡村实行“三位一体制”，思恩、宜北两县实行乡、村、甲制。思恩县行政区划设置有上南、中南、下南等 19 个乡。从此，毛南地方成为三个乡，合称“三南”。

中华人民共和国成立初期，实行县、区、乡、村、组（队）制。其隶属关系，县以下为区，区以下为乡，乡以下为村，村以下为组（队）。1958 年“大跃进”，把区改为“人民公社”，乡改为生产大队。1968 年 4 月，各区成立公社革命委员会。1980 年 12 月，将公社革命委员会改为公社管理委员会，直到 1984 年 8 月，社、镇区划不变。1984 年 9 月将公社撤销，全县划为 3 个镇、3 个民族乡和 9 个乡。

1986 年 11 月，国务院批准成立环江毛南族自治县，1987 年 11 月 24 日自治县正式宣布成立，上南、下南两个毛南族乡改称为上南乡和下南乡，全县共设 3 镇、11 乡和一个苗族乡，共 15 个乡镇。乡镇以下为村，村以下为生产队（村民小组）。此时下南乡下辖 10 个村（街）219 个村民小组，全乡共 4232 户，人口 20358 人，耕地 22534 亩。

1987 年环江县行政区划“坡川村”所属各屯，新村屯为其中之一。见下表。

表 1-2　下南乡波川村所属自然屯

乡镇名	村、街名	面积（km^2）	户数（户）	人口（人）	自然屯
下南乡（10 村）	坡川村	20.44	456	3114	松仁　七政　干孟　木国　松马　高川　下课　板谐　庙婆　塘龙　新村　庭木　木别　峒塘　峒瑶　峒门　莫头

四、新村屯居民的历史记忆

新村起源：

据村中老人回忆，新村始迁祖于原来居住的圣母山山脚下一个叫“蓝芽”

（毛南语）的地方，后来村民陆续迁移到今天的居住地，故名新村。新村屯，原名新龙村，包括今天的塘龙屯和新村屯。

据新村屯 TKQ 家的宗谱记载推算，其祖先到达新村屯至今已有 10 代人，近 200 年的历史。根据调查，目前，新村屯居民所能追溯到的他们自己的始迁祖先是定公（如 TCZ 家等）、赚公（如 TPC 家等）和建公三人。

按照新村屯村民 TYH 的说法，定公的一支大部分去了贵州一个叫“九千里”的地方，小部分迁移到了新村。随着时间推移，定公一支早已与贵州地区的那一支中断了联系。而“九千里”究竟是何处，则无法考证。根据新村居民祖先牌位上的内容记载，TCZ 的始迁祖先就是定公。赚公后代可追溯到的大概有 13 代，如 TWH 的始迁祖先就是赚公。建公后代据估计目前可能只有五六户。

除此之外，后来从环境稍差的希远村也有一些人陆陆续续迁到新村，峒门、峒瑶、干孔这些地方最初也有三五户人家迁来新村屯落脚，只是其后代似乎已经无迹可寻了。

由于没有文字记录，对始迁祖先的追溯是模糊的，也有可能存在错误讹漏。不过，从人类学视角来看，重要的是他们有一个为特定人群所认可的始迁祖先。如果，这个特定人群在追溯自身的始迁祖先时能够清楚地说出从始迁祖先到目前的代际关系，尽管这种代际关系可能是错误的，人类学中把这群人称之为一个“宗族”（或者世系群），而这个继嗣群体所依靠的原则即为证明继嗣或者说“清楚呈现的继嗣关系”。如果这个人群的成员只是声称或者提到自己是某一个祖先的后代，并不去或者很难追溯实际的系谱联系，人类学中把这群人称之为一个“世族”。而这个继嗣群体所依靠的原则即为约定继嗣或规定范围的继嗣关系。新村居民对自身始迁祖先的追溯虽然可能是错误的，但是至少可以从祖先牌位中看出自始迁祖先而来的代际关系。

另外，这些对始迁祖先的追溯中一个共同点就是都反映出了一群人从某一定居地到另一个新定居地的迁移痕迹。这也说明了人本身并不是绝对在某一地的，而是不断处在一个迁徙移动的过程中。

第二章　新村屯人口状况

1953 年第一次全国人口普查时，毛南族人口有 18149 人；1964 年第二次全国人口普查时，毛南族的人口增至 22419 人；1982 年第三次人口普查时，毛南族人口增至 38135 人；1990 年第四次全国人口普查时，毛南族人口增至 72370 人；2000 第五次全国人口普查时，毛南族人口增至 107166 人；2010 年第六次全国人口普查时，毛南族人口为 101196 人；2020 年第七次全国人口普查时，毛南族人口为 124092 人。

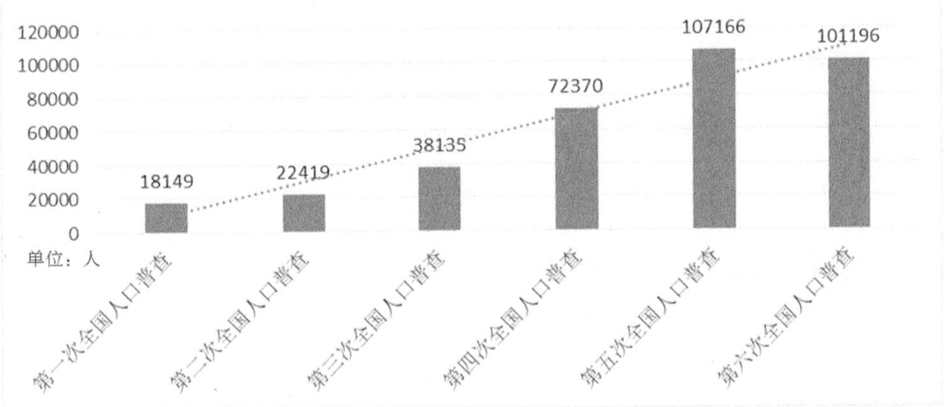

图 2–1　全国历次人口普查毛南族人口统计柱状图

毛南族人口增长情况：第二次全国人口普查较第一次全国人口普查增长了 4270 人，涨幅为 23.53%；第三次全国人口普查较第二次全国人口普查增长了 15716 人，涨幅为 70.10%；第四次全国人口普查较第三次全国人口普查增长了 34235 人，涨幅为 89.77%；第五次全国人口普查较第四次全国人口普查增长了 34796 人，涨幅为 48.08%；第六次全国人口普查较第五次全国人口普查减少了 5970 人，减幅为 5.57%；第七次全国人口普查较第六次全国人口普查增长了 22896 人，涨幅为 22.63%。毛南族人口基本上是处在一个持续增长的趋势之中的。

根据广西壮族自治区环江县 2020 年第七次全国人口普查主要数据公报，全县常住人口为 276076 人。全县常住人口中，汉族人口为 18206 人，占 6.59%；各少数民族人口为 257870 人，占 93.41%，其中毛南族人口为 41588 人，占 15.06%；壮族人口为 192177 人，占 69.61%。

毛南族主要聚居在“三南”地区（今下南、上南、中南）。据统计，1964 年这里毛南族人口为 14263 人，占全国毛南族人口总数的 63.62%；1990 年第四次全国人口普查，“三南”地区毛南族人口有 2.4 万人，占全国毛南族人口的 32.71%。[①] 历史上毛南族聚族而居，有谭、覃、蒙、卢、韦等大姓，其中谭姓占多数，约占毛南族总人口的 80% 以上，分布地区也最广。1990 年下南乡谭姓毛南族占该乡毛南族人口的 82.97%。随着 21 世纪乡镇辖区的不断调整，中南隶属下南乡，上南合并到水源镇，“三南”提法不再出现。

第一节　新村屯人口的自然状况

一、新村屯民族构成状况

新村屯隶属于环江县下南乡波川村。截至 2019 年，新村屯人口登记显示，全屯人数为 371 人，106 户，分为一、二、三生产队。男性为 179 人，占总人口 48.25%；女性为 192 人，占总人口 51.75%。谭姓有 332 人，占全屯人数的 89.49%，韦姓有 17 人，占全屯总人口的 4.58%，其他姓氏人数占全屯人数的 5.93%。统计图表如下：

① 谭自安编著：《中华民族全书·中国毛南族》，12 页，银川，宁夏人民出版社，2012。

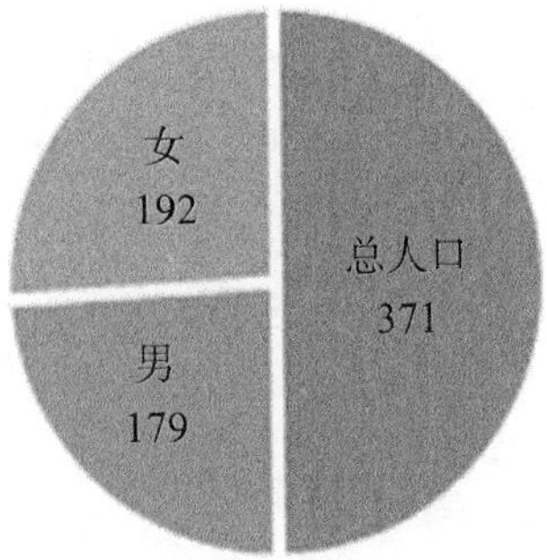

图 2-2　2019 年新村屯人口性别构成对比

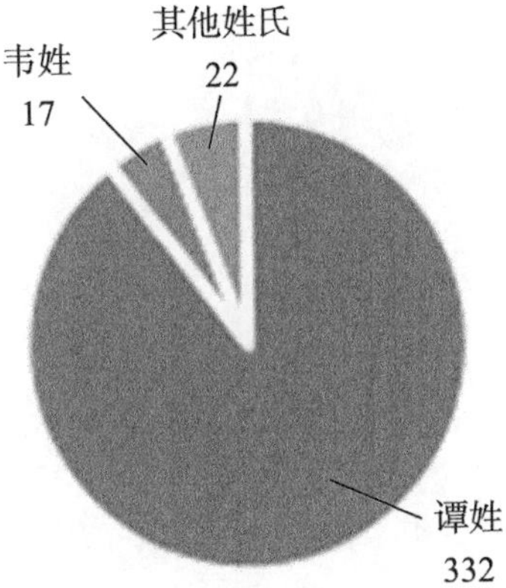

图 2-3　2019 年新村屯人口姓氏构成

根据 2013 年下南乡波川村统计资料得知，毛南族人口数为 346 人，占新村屯总人口数的 95.80%；壮族人口为 13 人，占总人口的 3.60%；汉族人口为 2 人，占总人口的 0.60%。壮族和汉族均为因缔结婚姻而迁入户口的妇女。这 13 名壮族妇女都是从本县的川山镇、大安乡、龙岩乡迁入，汉族是从桂林、南宁迁入。2013 年新村屯民族构成情况见下表。

表 2-1　2013 年新村屯民族构成表　（单位：人）

族别	2013 年	
	人口数	占总人口（%）
毛南族	346	95.80

续表

族别	2013 年	
	人口数	占总人口（%）
壮族	13	3.60
汉族	2	0.60
总计	361	100.00

资料来源：2013 年新村屯人口统计资料。

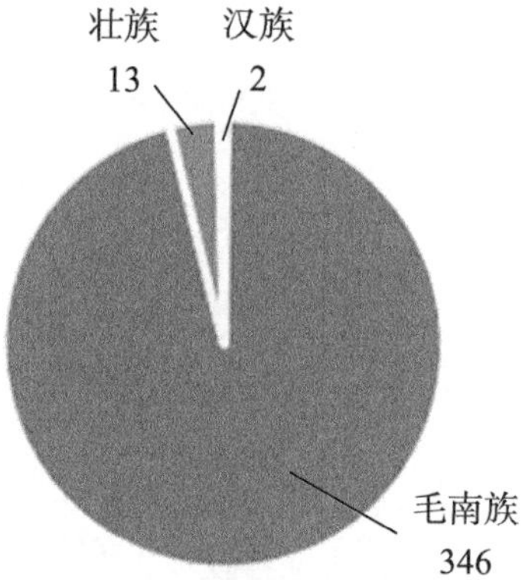

图 2–4　2013 年新村屯民族构成

2018 年，调查小组访谈了两位壮族女性。

HAX，现年 40 岁，她出生在环江县大安乡。2000 年，她经人介绍与其丈夫 TZH 相识，二人谈了一年多恋爱后，HAX 嫁入了新村屯。现在 TZH 与 HAX 夫妇育有一儿一女，儿子 15 岁，正在读初中二年级；女儿 3 岁，正在读幼儿园小班。HAX 在家照顾孩子生活起居，TZH 在广西龙州务工，一年回家 3—4 次，平常都是通过微信或者电话和家人联系。HAX 说："我们家现在只有我和两个孩子在家。我平时会养养蚕，养蚕来钱比较快，但是也很辛苦，我们家都靠着我老公养活。"谈到孩子教育问题时，她表示："我和我老公都很希望孩子多读书，如果他们有继续上学的想法，我们就会一直支持下去的。我也经常跟老师交流，学校开家长会我都会去的。"

WSF，现年 44 岁，她出生在环江县川山镇。她和丈夫 TYN 是初中同学。

谈及他们的相识，WSF 说："我嫁进来已经 21 年了。我和我老公一直都在外面打工，很少回到这里，孩子也是跟我们在外面的。但我老公的姐姐和姐夫突然过世，我们就赶回来了。后来发现家里需要我们，就一直没再出去了，我儿子的学籍也调回这边来了。"

在新村屯，壮族多为女性，她们的母家并不在新村，由于当地婚后居处模式属于从夫居，很多人结婚以后到丈夫所在的新村中生活，需要学习毛南语，适应毛南文化。

二、新村屯人口年龄和性别状况

根据 2019 年登记数据得知，新村屯总人口数为 371 人，男性为 179 人，占总人口的 48.25%，女性为 192 人，占总人口数的 51.75%，女性人数高于男性，男女比例为 179 : 192。笔者根据 2019 年新村屯的人口数据制成下表：

表 2–2　2019 年人口年龄及性别构成表　（单位：人）

年龄组（岁）	人口数			占总人口的百分比（%）			占同龄人口的百分比（%）			性别比（女 =100）
	合计	男	女	合计	男	女	合计	男	女	
5—9	26	13	13	7.00	3.50	3.50	100.00	50.00	50.00	100.00
10—14	29	16	13	8.03	4.43	3.60	100.00	55.17	44.83	123.08
15—19	13	6	7	3.60	1.66	1.94	100.00	46.15	53.85	85.71
20—24	21	10	11	5.82	2.77	3.05	100.00	47.62	52.38	90.91
25—29	11	5	6	3.05	1.39	1.66	100.00	45.45	54.55	83.33
30—34	56	26	30	15.51	7.20	8.31	100.00	46.43	53.57	86.67
35—39	35	19	16	9.70	5.26	4.44	100.00	54.29	45.71	118.75
40—44	41	20	21	11.36	5.54	5.82	100.00	48.78	51.22	95.24
45—49	31	14	17	8.58	3.88	4.70	100.00	45.16	54.84	82.35
50—54	36	19	17	9.97	5.26	4.71	100.00	52.78	47.22	111.76

续表

年龄组（岁）	人口数			占总人口的百分比（%）			占同龄人口的百分比（%）			性别比（女 =100）
	合计	男	女	合计	男	女	合计	男	女	
55—59	8	6	2	2.22	1.66	0.56	100.00	75.00	25.00	300.00
60—64	26	15	11	7.20	4.16	3.04	100.00	57.69	42.31	136.36
65—69	8	3	5	2.22	0.83	1.39	100.00	37.50	62.50	60.99
70—74	15	4	11	4.16	1.11	3.05	100.00	26.67	73.33	36.36
75—79	7	2	5	1.94	0.55	1.39	100.00	28.57	71.43	40.00
80—84	5	1	4	1.38	0.28	1.10	100.00	20.00	80.00	25.00
85—89	3	0	3	0.83	0	0.83	100.00	0	100.00	0
总计	371	179	192	100	48.25	51.75	100.00	48.25	51.75	93.23

注：根据 2019 年新屯村人口统计数据制成。

由表 2–2 可知，新村屯 15—64 岁的劳动年龄人口为 278 人，占总人口的 74.93%；老年人口为 38 人，所占比重为 10.24%；少儿人口为 55 人，所占比重为 14.82%。此外，劳动人口所占的比重最大，远远超过少儿人口与老年人口。

性别比例的情况是女性：男性为 100：93.23，可见新村屯男性人口少于女性人口。而每个年龄段的性别比参差不齐，比较显著的有：55—59 岁这个年龄段的性别比最高，为 300.00（以女性为 100）；其次，60—64 岁的性别比为 136.36；第三，10—14 岁的性别比为 123.08；第四，35—39 年龄段的性别比为 118.75；第五，50—54 年龄段的性别比为 111.76。除此之外，其余年龄段的性别比低于或等于 100，在同龄人口中，女性多于男性，且女性总人数高于男性。另外在老年人口男女比例中，女性人口均高于男性，这也符合人口学的统计规律。

第二节　新村屯人口的素质状况

一、新村屯人口身体素质

身体素质一般是指人体在活动中所表现出来的力量、速度、耐力、灵敏、柔韧等机能。身体素质是一个人体质强弱的外在表现。新村屯村民身体素质普遍较好，拥有良好的身体状态以及乐观豁达的心态，尤其是老年人口，很多老年人行动自如、头脑清楚，能够进行各种田间劳作，有极少一部分老年人口患有疾病。

TRC 老人 2019 年 72 岁，患中风，左半边身体不能自如活动，感到麻木、冰凉、无力。老人的家位于新村三队西北角，地势高，平坦地少，活动范围十分有限。我们调查时，老人和妻子还在屋内剥玉米，老人说自己当初中风时，是不能下床的，多亏妻子悉心照料，现在可以拄着拐杖活动身体。笔者用手触摸了老人家左边和右边的身体，也能感到身体左边的下肢体温低，左手抓握无力。如今，老人每日都需要服药，这是一笔很大的开销。

在新村屯除了一部分患病的老人之外，大多数人身体素质都比较好。比如 TMZ 老人，2019 年 65 岁，她依然可以带领笔者爬上新村后面的山坡，山坡是较高的石阶路，虽然不长，但是对于上了年纪的人而言，实属不易。

新村屯人身体素质比较好可能与以下几个原因有关：

（一）良好的自然生态

新村屯四面环山，植被茂盛，绿意盎然，空气干净清新，道路整洁。我们在新村期间，每日清晨起床出来，烟锁翠蔼，如入仙境，不由得使人心情愉悦。

图 2-5　新村屯清晨一景（摄影：孟凡云）

图 2-6　新村屯附近被植被覆盖的山地（摄影：温嘉仪）

（二）健康的饮食生活习惯

新村屯的毛南饮食尚“鲜”，重清淡，不喜油腻辛辣。瓜果蔬菜，多为自家所种，既可供自家食用，余则可拿到集市上交易，换取一些零碎收入。此外，村民还擅长饲养各种家禽、家畜，如鸡、鸭、鹅、兔、猪、羊等，供自家食用和集市交易换取收入。因此，以集市交易为中心，各村屯生产的蔬菜水果、家禽家畜等剩余产品便形成了一个商品销售网络。新村也是这个网络的一环，人们在集市上买回的蔬菜水果和家禽家畜也多为其他村屯自己生产、消费后的剩余。

此外，新村人的作息多为早睡早起模式，人们日出而作，日落而息，晚上休息时间多为 10 点钟左右，早上起床时间则多为 6—7 点钟。

（三）和睦的家庭氛围与良好的村风

村民常有知足常乐的心态，他们对于自己所拥有的东西怀有一颗感恩之心，并且很珍惜。他们还认为，生男生女都一样，绝大多数的人没有重男轻女的思想。

新村屯村民很尊重老人的意见和生活方式，没有遗弃老人的现象，也极少出现夫妻双方或者是兄弟、邻里之间的大矛盾，子女之间也互相友爱，家庭成员之间联系很紧密，在外打工的人都会通过微信或者电话跟家人联系，少则一周一次，多则每天一次。

在新村文化广场上，经常会举办晚会进行山歌对唱、村舞表演，还会进行体育训练、舞龙训练、武术练习等，人们也喜欢在这里聚餐和聊天。除了农忙，新村屯夜晚的广场活动几乎是不间断的。新村屯广场设计总面积为 2600 平方米，投资额 26 万元，群众投工投料 8 万元。广大村民都踊跃参与广场建设，捐一头羊、一头猪、石料、资金、食物等。新村屯文化活动的资金，绝大多数都是通过村民的众筹得来，比如，2018 年春节文娱活动的资金便是通过村民们在村微信群里众筹得来的。

二、新村屯人口的文化素质

2018年，新村屯受过教育的村民占绝大多数，大多为初中文化水平，20岁左右的青年大多数为职业技术学校毕业。在老年人当中，有几位是初中文化水平，他们说话时用词准确、表达清晰。新村屯村民对于孩子的学习普遍特别重视，家家户户墙面上几乎都贴有“好孩子”“三好学生”等奖状。因为家务繁忙和受教育水平有限，在孩子学业辅导方面，他们普遍显得能力欠缺，但他们都表示只要子女愿意读书，就会一直支持他们，并且他们也真的希望孩子能够接受高等教育。其中有村民说道：“教育是最为重要的。”他们认为男女在受教育上并没有区别，都有平等受教育的权利。村里大学生有TXM、TYN、TYC等。

访谈一：TWH，男，45岁，有一儿一女

问：叔叔，您是什么时候出来工作的呢？

图2–7　TSY小朋友的奖状（摄影：高奕达）

图 2-8　TYG 家中孩子的奖状（摄影：孙丽丽）

答：我 17 岁初中毕业就出来打工了。

问：那您当时还想继续读书吗？家里人支持您读书吗？

答：家里人支持是支持，但当时自己就是想出来见见世面，所以初中毕业就出来打工了。

问：您孩子的学习状况怎么样？

答：大的是男孩，中专毕业以后就去当兵了；小的是女儿，今年初三毕业，她是体育特长生，文化课可能有点不理想。

问：那您会不会觉得男孩子应该比女孩多读一点书？

答：没有，男孩女孩都一样，看他们个人学习情况，重男轻女那是落后思想。我老婆在外打工的主要原因也是因为女儿继续上学费用可能会增加。

问：那您会支持女儿继续读书吗？

答：肯定啊，教育是最为重要的，孩子能读到哪儿，我们做父母的就会一直支持，能不能上学就看孩子自己的了。

可以看出新村屯这一辈村民虽然受教育程度不够高，但是对自己子女的教育很重视，外出务工人员多半是为了赚取孩子的教育费用。新村屯村民在接受教育方面主张男女平等。

波川小学始建于1920年10月，位于乡府所在地以西1.5千米处，是波川村唯一的小学，亦是一所村级教学点。学校占地面积7026.9平方米，另有学农基地5.4亩。学校现有学生93人，4个教学班，分别为一、二、三、四年级，教师6人，均为毛南族。小学高级教师6人，大专学历6人，教师合格率为100%。

波川小学教师人员紧缺，开设课程多样，有语文、数学、音乐、品德、美术、体育、写字、书法、说话课、手工课等，教师们经常会一人讲授几门课程。波川小学学生均来源于波川村各屯，新村屯绝大多数的小孩会到波川小学上学。

访谈二：TLX，女，56岁，波川小学语文老师

问：谭老师，您好！您在波川小学任教几年了？

答：我已经在这教了20多年的书了，有些老师刚来5年，我就比较早了，可以说是已经教了几代人了。刚来波川小学时，这里还有30多名教师，并且有1到6年级，而从今年开始，只有1到4年级，5年级以上都需要去中心校读。

问：您平常是如何上课的？用毛南语上课吗？

答：一、二年级主要用的毛南语，其他年级是以汉语为主。我们实行“双语教育”，上课经常是毛南语和汉语交叉使用。我们开设有说话课，主要是教学生们讲汉语。

问：那您觉得孩子们在学习上有什么问题吗？

答：有的，他们数学分析能力普遍都不好，并且学生的学习真是一年不如一年了。我觉得主要问题是现在留守儿童比较多，很多父母都是外出工作，孩子都是和爷爷奶奶一起生活的。

问：学校会经常开家长会吗？学校老师会做家访吗？

答：会的啊。每个学期开一次家长会，也有一些家长会来，但绝大多数是爷爷奶奶辈的。我们每个学期还有开学典礼和散学典礼，有些家长也会过来参加，但是人数不多。会做家访，但现在都是用手机联系，打电话把学生情况告知家长，我们也有微信群。家长和老师们也都认识，有些还是亲戚关系呢，这样交流就很方便。

第三节　新村屯人口的行业、职业状况

毛南族大多居住在自然条件恶劣、资源稀缺的上南、中南和下南一带山区，且多从事农业生产，农业仍是主要产业。1953 年第一次人口普查时，农业劳动力占从业劳动力的 98.50%。随着国民经济发展和全县资源开发需要，劳动人口就业有了很大变化。1982 年第三次人口普查时，农业劳动人口占 80.16%；1990 年第四次人口普查时，农业人口占人口总数的 82.21%；随着交通条件改善和内外交流发展，毛南人也大批外出到较为发达的城市打工。

新村屯的经济社会结构是单一的农业生产结构，生产方式是一家一户生产和自给自足；尽管有畜牧业和养蚕，但并不能改变传统的经济和社会结构。新村屯每一户中平均有 1—2 人在外打工，赚取生活费用，一般都在广东潮州、中山、江门等地的工厂上班，每个月会给家里寄生活费，逢清明或者春节时才会回到新村屯。近些年，新村屯村民发展了个体运输、养殖业等。2020 年，毛南族已经整族脱贫。

第四节　新村屯人口的家庭状况

一、新村屯家庭类型

据资料统计得知，2019 年新村屯共有 116 户，主要的家庭类型为主干家庭、

核心家庭、联合家庭、扩大家庭、单身家庭及不完全家庭。[①] 其中，核心家庭有 56 户，所占比重最大，为 48.28%；其次是主干家庭，有 29 户，所占比重为 25%。

TYH，男，现年 67 岁，其妻 TLY 与他同龄。二人共育有 4 个子女，大女儿 TLS 现定居于环江县城，与其夫育有一女；大儿子 TJH 现年 44 岁，是新村屯农用货运队伍与种植产业团队中的一员，亦是新村屯舞龙队的队员，其妻 TMC 是现任妇女主任，同时也是新村屯种植产业团队的积极分子；二儿子名为 TQH，其妻 THN 是本村人；小儿子 TZH，其妻 TYR 为下南乡人。TJH 的大儿子 TRW 现年 20 岁，现已步入工作岗位，小儿子 TRS 今年 7 岁。

TYH 的户口与大儿子 TJH 在一起，而妻子 TLY 的户口则与小儿子 TZH 在一起，“我的户口是跟 TJH 一家在一起的，所以在法律上他们一家要赡养我，但是我平时都在自己家住，奶奶（指其妻）也是的”。据 TYH 描述，其妻 TLY 身体状况不佳，每年医药费不少，医药费是三个儿子一同支付的，但小儿子 TZH 承担的会更多。实际居住上，TYH 依然和妻子住在小儿子 TZH 家中。

TYH 与 TJH 一家组成一个主干家庭，主干家庭在新村屯中较为常见，一般为父母单方与已婚子女及其孩子组成。在新村屯中，主干家庭共有 29 户，占 25% 的比重，仅次于核心家庭。

在访谈其他新村屯村民时，发现类似情况很多。60 岁的退伍军人 TCE 也表示：“我父母也不在同一个户口，我父亲户口在弟弟那边，母亲则跟我在一个户口上。父亲过世时，是我们两兄弟共同操办的，但我弟弟负主要责任，我更多的是帮他的忙。”由此，我们得知，在新村屯，父母户口的归属意味着孩子有赡养义务。

---

① 主干家庭又称直系家庭，父母和一个已婚子女或未婚兄弟姐妹生活在一起所组成的家庭模式，也包括父或母和一对已婚子女及其孩子所组成的家庭，一对夫妇同其未婚兄弟姐妹所组成的家庭。核心家庭，也称为自然家庭、基本家庭，指两代人组成的家庭，核心家庭的成员是夫妻两人及其未婚孩子。在社会中，这种家庭结构最为普遍，它们代表了大多数人的生活。扩大家庭是由有共同血缘关系的父母和已婚子女，或已婚兄弟姐妹的多个核心家庭组成的家庭模式，由两个以上的核心家庭组成。联合家庭是有血缘关系的两个或多个性别相同的人及其配偶和子女所组成的家庭，或者两个以上同辈兄弟姐妹结婚后所组成的家庭。总的来说，联合家庭在人数和世系上都比扩大家庭丰富。单身家庭是指包括终身不婚或丧偶、离婚后过独居生活的家庭。不完全家庭是指夫妇没有子女或夫妇离异、丧偶后只有一方与子女共同生活的家庭。

二、新村屯人口代际结构

新村屯家庭最常见的代际结构为二代，共有 60 户，占全屯总户数的 56.60%。二代家庭一般由夫妻两人及未婚子女组成，家庭人口规模为 3—4 人。三代家庭共有 32 户，占全屯总户数的 30.19%；三代家庭由一对夫妻及其父母、未婚子女组成，家庭人口规模数为 4—6 人。一代家庭有 12 户，四代家庭有 2 户，所占比重分别为 11.32%、1.89%。新村屯具体家庭代际情况见下表：

表 2–3　2013 年新村屯家庭代际统计情况表

代际类型	户数（户）	占总户数 %
一代人	12	11.32
二代人	60	56.60
三代人	32	30.19
四代人	2	1.89

其中，家庭代际结构为四代的家庭有 TCE 一家、TMZ 一家。TCE 的母亲、子女及外孙女与其生活在一起，TMZ 与其婆婆、子女和孙子共同生活，这都是典型的四代同堂家庭。

第五节　新村屯人口的流动状况

一、我国人口流动现状

中国历朝历代都经历过人口流动，有学者认为，中国自古以来就是一个农业大国，农业是广大国人赖以生存的基础，影响农业生产的因素是影响人口流动的因素，人们会根据农业条件而不断迁移，寻找最适宜自己生存的环境。

改革开放以来，尤其是进入 21 世纪之后，随着我国社会经济发生了翻天覆地的变化，人口流动也越发普遍。第七次人口普查的数据显示，我国人户分离的流动人口为 4.928 亿人，跨省流动的人口为 1.248 亿人，其余为省内流动。

二、人口流动的影响因素

人口流动受许多因素影响，收入差距、自然地理环境、经济因素、政治因素、社会环境等都是影响人口流动的共性因素。人口流动趋势主要由西部流入东部沿海地区、由农村流入城市，因为这些地区经济较为发达，能够提供大量的就业机会和发展平台，并且能够满足流动人口的憧憬、向往心理。此外，产业结构对整体人口流动也有影响，我国流动人口的就业结构依旧为“二三一”结构，即流动人口大多数会选择第二产业进行就业，其次是第三产业，选择第一产业就业的人相对较少。这足以说明第二和第三产业是吸收流动人口的主力。

新村屯村民流动的主要原因是务工经商。经济因素是影响人口流动的主要原因之一，人们选择流动目的地时往往更有可能选择那些收入水平比较高的城市。珠三角、长三角地区的经济快速发展，需要大量廉价劳动力。相比之下，这些地区的劳动力收入水平居高，是人口流入的主要地区。距离因素、信息交流、社会环境等因素也是影响人口流动的因素之一。如果两个地区的收入水平相同，那么人们通常会选择距离较近的工作地，所以说距离远近也是影响人口流动的因素之一。信息交流是指流出地的人对其他地区相关信息的获取，通常是通过亲戚朋友及老乡等组成的初级社会群体内部获取用工消息，这是获取流动信息的主要途径，新村屯村民结伴外出工作就是很好的证明。社会环境也是影响因素之一，语言文化、气候环境、饮食习惯等相同或相似的地区更有利于两地间的人口流动。在性别方面，外出务工经商的男性的比例高于女性。在新村屯中，外出务工的男性明显多于女性。

三、新村屯的人口流动

人口流动是人口在不同地区之间所做的各种各样短期的、重复的或周期性的运动。根据人口流动的时间，可以把人口流动划分为：长期人口流动，即离开户口登记地1年以上，在外寄居，而户口仍留在原地；暂时人口流动，指离开户口登记地1天以上、1年以下，在外寄居或停留，而户口仍留在原地；周期性人口流动，即有规律地定期离开、返回户口登记地；往返性人口流动，一般指早出晚归，不在外过夜的人口流动（如城市职工的上下班等），又称为钟摆式人口流动。新村屯的人口流动有长期人口流动、暂时性人口流动，也有周期性人口流动和往返性人口流动。新村屯的长期人口流动主要是指高铁工程队的进入，而暂时性的人口流动和周期性人口流动则是从新村屯到别处务工或者是求学的村民，往返性人口流动则主要是指在家务农的新村屯村民。

新村屯人口流出的主要形式是外出打工，屯中58.73%的人都属于外出打工的流出人口，打工地点一般为广东潮州、江浙一带，主要就业结构为第三产业和第二产业。此外，流出方式一般为夫妻二人同行、夫或妻一人外出另一人在家照顾子女及父母、青年伙伴一同外出工作。新村屯村民除了和本屯村民一起外出打工之外，还会和川山镇等其他地区的村民一起外出，这也是新村屯中有许多从川山镇嫁进来的媳妇的原因之一。

（一）新村屯的人口流入

新村屯的人口流入主要有两类：一是通过婚姻缔结嫁入的女性或通过入赘上门的男性；二是高铁工程队的流入。据了解，在新村屯已婚家庭妇女中，有80%的人口是从别的村屯嫁入到新村屯的，20%的人口为本屯村民相互联姻。2008年开始，新村屯大量人口外出打工，外地女性开始嫁入，同时屯中女性开始外嫁。

高铁工程队是因正在修建贵南高铁而入住新村的一支工程队，目前有36人，2018年8月底增加至150余人。我们访谈了其中的一名李姓负责人。

李姓负责人，男，54岁，湖北十堰人

问：你们什么时候来到新村屯的呢？此次施工待多长时间？

答：今年（2018）3月份来的。合约签的是6年，2023年12月31日之前一定完工。如果工作进度快的话，我们是有可能提前完工的。所以在这边待的时间其实也不是很确定。

问：你们一般什么时候休假回家？回家大概会待多长时间呢？

答：我们只有过年的时候才会回家，春节假期会比较长，所以大家都会回家。平时若家里有事的话也是会请假回去的啦。回家大概就待两周左右吧。

问：你们会不会参加屯里的活动呢？

答：会经常参加，如果我们参加不了的话还会捐钱。2018年的新村屯春晚我们还赞助了1000块呢，上个月为你们举行的欢迎活动我们也赞助了50块。

问：你们觉得这边的村民怎么样呢？会经常跟他们来往吗？

答：我们相处挺好的，工作了这么多年，从没见过哪个村能像新村屯的村民这样好。他们很友好，我们经常到小卖部下棋，跟他们聊天，他们有吃的都会拿出来给我们。

流入人口与新村屯人联系紧密，工程队工人工作之余会参加屯里的活动，会经常到村中小卖部买东西，闲暇时会和村民下棋、喝茶和聊天。吴姓负责人提到，最先来到新村屯的是高铁建设指挥部，在人生地不熟的地方，妇女主任TMC最先接纳了他们，因此和他们家人的感情最好。

（二）新村屯的人口流出

新村屯人口流出主要体现在两个方面，一是青壮年劳动力外出务工，二是年轻适婚女性嫁到外村或者更远的地方。

青壮年劳动力数量多且集中，男女数量持平衡状态。家家户户都有人出去在外务工，家家户户有上学孩子或者有老年人需要抚养。所以，新村屯出现更多的是空巢老人或者留守儿童。根据有效数据，平均每户有两人在外打工，近的在县城或者南宁，远的在广东、上海等省市，一般是进厂务工。

以 TLD 为例，我们对他进行了访谈，他现年 20 岁。

问：你第一次出去打工是什么时候呢？打工的时候多长时间回家一次？

答：2016 开始出去打工的，一般都是过年回来或者国庆假期才回来。

问：这一次回家打算休息多长时间呢？还会不会出去工作呢？

答：一个月左右吧。会啊，之前干活背后受伤，回来养伤而已。

问：打工时会不会很想家呢？你在外出打工的时候多久和家里联系一次？

答：刚出去工作很想，特别是奶奶年纪大了，喜欢我们回来看她，这次就请了个长假。我和奶奶的感情很好，奶奶很宠我，在外面工作经常打电话回来，问奶奶身体怎么样，怎么能让她开心，也让家人对我放心一些。她说她在家看不到我经常哭，每次都问我在外面有没有钱吃饭，没钱的话她就说要寄钱给我。她老了，我只能让她多开心，现在我又没什么能力让她去享福。在外面工作，很少能回来跟家人团聚，只能过年放假回来，假期也短，只有十来天。如果有机会在外面定居的话，我会愿意的，但是也会回来看家里，因为念家，等以后有能力我会多陪陪家人。

问：一个月工资大概多少？会不会专门拿出来一部分存上或者往家里寄呢？

答：目前工资是在 5000 到 5500。三分之二寄回来给父母拿，剩下的自己用。

问：你外出工作的原因是什么呢？当时毕业出来有没有想继续上学呢？

答：当时没有考上大学，家庭条件又不怎么好，只能出去工作，给父母减少负担。上初中经常打架，学习成绩都下降了。

问：外出务工时，居住环境怎么样呢？

答：我是进大厂，是京东快递分拣员，上面打包下来，我负责把货打包好装车。住的地方还不错。以后有能力的话，我会考虑回家乡工作，但是我们这里没什么经济来源，都是出去外面挣钱。我们村很多人都去了广东打工，因为那边工作多，也能挣到钱。

TLD是新村屯新流动人口的典型案例，因为高考失利，为了承担起家庭的责任早早地就外出务工，这表明新村屯青壮年的家庭意识很高，非常重视亲情，外出务工的主要原因多是支撑家里的经济，担起家里责任。通过这个案例我们也可以明显地感受到，在新村屯外出务工人员的心中，家是最为重要的。

第六节　新村屯计划生育状况

一、新村屯生育观念与现状

生育观是人们对生育问题相对稳定的看法和主张，也是指人们对于家庭生育功能的基本认识及态度。人们的生育观念与社会发展的阶段、国家、社会伦理观念和价值观念都有着密切联系。生育观包括生育子女的社会价值角度和家庭价值两种角度，生育子女的时间、性别、数量和培养四个侧面。

新村屯毛南族传统观念里，旧生育观通常表现为早育、密育、多育，只求孩子长大成人，成为正常劳动力。然而，在云贵高原南麓、地处偏远的新村屯，计划生育工作做得异常好。

访谈对象一：THN，男，50 岁，毛南族

问：叔叔您有几个孩子啊？

答：我就一个孩子，是个男孩，今年 20 岁了，已经出去在外面打工了。

问：叔叔，我看这边一般都是两个孩子，您是怎么想的呢？有想过要二胎吗？

答：没有，当时结婚时也没想过要生第二个，我觉得一个孩子就够了。

问：那叔叔对为生儿子而超生的现象怎么看啊？

答：我觉得没必要啊，生男生女都一样，更关键的不是生男孩还是女孩，而是这个孩子等我们老了会不会照顾我们。有些人生很多，但是到头来还是不顾家里老人，这样生男生女都是没用的。

访谈对象二：TLJ，女，40 岁，毛南族

问：阿姨您有几个孩子啊？

答：我有两个女儿，大的上高二，小的上四年级了。

问：那两个女儿的学习都很好了呀，看墙上有好多张奖状呢。

答：没有没有，感觉大的学习好像没有小的好，有点着急啊。

问：那阿姨您生了两个女儿，你有没有想过继续生个男孩啊，您和您老公有说过这方面的事情吗？

答：没有的，生男生女都一样的，女孩子更贴心一点，而且女儿和父母关系都很好，这边没有那种重男轻女的想法的。我老公一直在外面打工，为的也是两个孩子的学费，我们就是想让她们多读一点书。

通过以上两个随机访谈对象的陈述，我们可以大概了解到新村屯群众的生育观念。他们秉承传统，与时俱进，把重点放在培养孩子身上，而不是把重点放在生育数量和性别上，人们的婚育观念正在向晚婚晚育和少生优育方面转变。

二、新村屯计划生育工作的开展及成效

计划生育是我国基本国家政策，有计划地节制生育人口的常见方法有生育控制、增加家庭生育的时间间隔，从而减轻人口压力与家庭负担。

在人口和计划生育方面，波川村有专门的自治村规民约，为开展计划生育工作带来了方便，下面摘取几条：

第二条：居住在本村行政区域内的公民和有本村户籍但在外省、市居住的公民以及本村行政区域内的法人和其他组织，必须遵守本村规民约。

第三条：提倡一对夫妇生育两个子女，每个村民要自觉实行计划生育。村民委员会每年定期公布人口和计划生育政策、法律法规的落实情况，接受村民的监督。

第四条：对实行计划生育育龄人员实行以下补助奖励办法。

每年评选十佳计生协会会员和文明家庭示范户，对协助村里做好人口和计划生育工作的积极分子给予表彰奖励。

第五条：树立社会主义新型婚育观念，提倡男女平等，生男生女都一样，优待孤寡老人，优待独生子女，禁止粗暴干涉他人婚姻自由。

第六条：每个未婚青年都要掌握依法生育、优生优育知识，尽义务参加人口学校的培训学习，做到结婚先登记，严禁未到法定婚龄，非法同居生育。

第七条：要求生育子女的夫妇应当在依法登记结婚后，到计生办办理生育登记或再生育申请审批手续，严禁违反政策生育。

这些村规民约不仅约束村民自身，在配合政府机关工作方面也起到了积极作用。

计划生育基本国策需要全社会关心、支持和参与。新村屯把宣传教育放在计划生育工作首位，通过村务公开栏、宣传栏、广播和散发宣传资料，开展计划生育婚育文化宣传，利用大小会议向广大村民宣传计划生育方针，对育龄妇女进行“优生、优育、优教”的宣传和避孕节育知识宣传，促使全村群众更加深刻地认识到计划生育政策和知识，激发群众参与热情，营造良好的社会舆论氛围。

我们对波川村负责计划生育的妇女主任TMC进行了访谈。

TMC，女，40岁，毛南族，妇女主任

问：请问您从什么时候开始接这个工作的？

答：从1998年开始我就接任了计划生育工作。

问：那您刚开始做这个工作有没有感觉比较困难？

答：肯定啊，刚开始都没有人理，说话也没有人回答，我每次做工作都是一个人去，我尽量少跟工作组去，然后（到）家家户户跟育龄妇女聊家常式的聊计划生育这件事情，说这个会造成的后果，这个对他们自己的影响。

问：那您是怎么处理村民的个人情感与工作之间的平衡？

答：我尽量做到不伤害村民感情，但是也不能影响工作，比别的人多做的就是沟通，多往村民家里跑，多跟他们传达正确的想法，把超生的弊端向他们说清楚。万一出现这种情况（超生），我会用国家政策正确地解决。

问：那您自从接了这个工作后，咱们新村屯有没有出现超生情况？

答：（咱们新村屯）没有出现过。

问：那您觉得村民们最大的变化是什么呢？

答：我觉得他们接受得挺快的，而且他们更加注重孩子教育方面的问题，这也为我们工作的开展带来了方便吧。

第七节　新村屯现存人口问题

一、新村屯人口老龄化

人口老龄化是因人口生育率降低和人均寿命延长导致的，总人口中因年轻人口数量减少、年长人口数量增加而导致老年人口比例相应增长的动态。当一个国家或地区 60 岁以上老年人口占人口总数的 10%，或 65 岁以上老年人口占人口总数的 7%，即意味着这个国家或地区的人口处于老龄化社会。通过调研我们得知，新村屯 60 岁以上的老年人口现有 64 人，占新村屯总人口的 17.25%，由此说明，新村屯的人口老龄化情况较为严重。

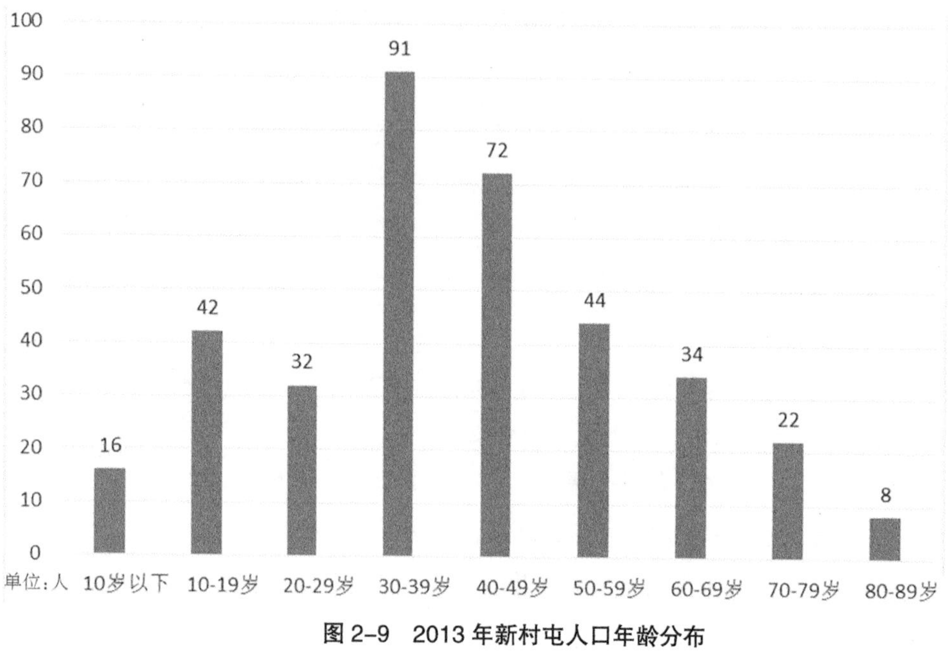

图 2–9　2013 年新村屯人口年龄分布

通过上图得知，新村屯30—59岁的人数最多，有207人，占总人口的57.34%，其次是10—29岁的年龄段，该年龄段有74人，占总人口的20.50%，之后是老年人口，占总人口的17.73%。

新村屯老年人所占的比例逐年提高，但儿童以及中青年人口的数量增长速度却相对缓慢。据调查了解到，每一户人家至少有一位60岁以上的老年人口。2020年，全国第七次人口普查数据显示，环江县60岁及以上人口为51238人，占18.56%，其中65岁及以上人口为39000人，占14.13%。

二、新村屯留守儿童

对于“留守儿童”的认定标准，学术界一直存有争议，争议点主要涉及三个方面：一是父母外出的结构，即双方外出还是单方外出；二是父母外出时间，即外出时间为半年以上还是一年以上；三是留守子女的年龄，是18岁以下，还是15岁以下或者是12岁以下。为明确概念，我们采用中国人民大学社会学与人口学院段成荣教授对于留守儿童的界定：父母中至少有一方外出的情况就被界定为留守儿童，“农村留守儿童”则是指留守儿童的户籍所在地为农村地区的情况。

在留守儿童中，农村地区儿童占了绝大多数。根据资料显示，全国留守儿童中，80%是农村留守儿童。农村留守儿童与城镇留守儿童相比，面临的问题更为突出。造成农村儿童留守的主要原因是父母外出务工，祖父母则成为留守儿童的主要照料者。调查资料显示，父母都外出务工的留守儿童由祖父母或外祖父母照料，父母单方外出的留守儿童由父母中的一方或者是与祖父母一同生活。据现任村委书记TRQ的调查统计，新村屯平均每户都有外出务工人员，青壮年占绝大多数。与此同时，他们的孩子多数留在家中交给夫妻双方的父母来照顾。

63岁的TYZ有3个孩子，其与妻子跟大儿子一家生活在一起，大儿子与儿媳目前在广东打工，一般是春节假期才会回到新村屯与家人团聚，两个孙女由祖父母照顾。家中玩具随处可见，有电子汽车、小玩偶、积木以及电子琴，TYZ 说道："这都是我买的，我挺喜欢给她们买玩具的，她们两个也很喜欢。"平日里，TYZ 与妻子一同照料孙女，从一日三餐到上学问题，TYZ 都做得一丝不苟、面面俱到，从不让儿子和儿媳担心。TYZ 也有自己的顾虑，他最害怕的不是孙女哭闹和自己是否辛苦，而是孙女的健康和安全问题。他说，以前有一天夜里大孙女突然发烧，他和妻子顾不上天黑路远，赶忙骑上摩托车前往乡里的卫生所，直到孙女痊愈了他们才松了一口气。"小孩子生病了，她的爸爸妈妈会很担心的，他们在外面打工已经很不容易了，我不想再让他们担心了。"TYZ 如是说。

"生活费我是可以支持的，在农村也不用花多少钱。但是学费是她们的爸妈出的。他们偶尔也会寄生活费回来，但是我让他们别寄了。"儿子和儿媳春节才可以回到新村屯，每次回家，两个孩子对他们都感到很生疏。平日里想念父母的时候，两个孩子会主动请求 TYZ 打开手机视频通话，但主动视频的次数少之又少。TYZ 还说："她们的妈妈说了，再坚持一年就回老家，她说想孩子了，要跟孩子住在一块。"

问：家里就您和奶奶照顾孙女吗？

答：是的啊，家里现在就我们两个老人，还有两个小孩子。

问：那您有几个孩子啊，这两个孙女是您哪个孩子的？

答：我有三个孩子，这两个是我大儿子的孩子，他们在广东潮州打工，所以我们在家帮忙照顾孩子。

问：那他们多久回来一次呢？他们会经常打电话回来吗？

答：他们就是过年的时候回来，或者是孩子生病了会请假回来。太远了回来一趟不方便，车费也贵。我儿子和我儿媳妇不在一个厂子里工作，但是回来的时候是一起回的。会啊，他们经常打电话回来，也会经常视频，孩子们想爸妈时也会让我打电话。

问：那您今年多大岁数了？会不会在抚养两个孙女的时候感到辛

苦或者有压力？

答：我63岁了。压力倒是没有啊，只是特别害怕她们生病，她们一生病我就会很紧张，之前有一次生病，我和她奶奶半夜送去乡里的医院。

我们访谈时还了解到，在新村屯中，父母单方外出务工的现象最为普遍，并且外出时间一般为一年以上。其中，父亲外出务工的现象最普遍，由母亲照料家中老人及小孩。这些外出的人员会定期往家里寄生活费，也会经常性地和孩子进行电话或者视频联系。但长时间的聚少离多，使得父母与孩子的关系越来越疏远。村民也逐渐意识到陪伴孩子的重要性，都纷纷表示会尽快返回家乡工作，争取和孩子多接触。

三、新村屯青壮年劳动力

人口流动是市场经济发展的必然趋势，人口大量流入会给流入地的社会治安、社会保障、城市住房、交通、基础设施建设等带来巨大压力。人口大量流出则会使当地劳动力流失，造成当地出现“空心化”及“空巢化”现象。

从环江县县志办公室得知，自2008年开始，新村屯外出务工的人员开始增多。近年来，环江县每年外出务工的男女青年约为6万人，占劳动力总数的60%左右，“80后”“90后”为最主要的劳动力，这加剧了当地人口结构的不平衡。青壮年人口远离家乡，远赴广东、江浙等发达地区务工，造成了留守中老年比例、留守儿童比例逐步上升。精壮年劳力大量外出，个别家庭因在农田精耕细作上欠妥，正常农业生产劳动力不足，农业发展出现倒退现象。

第八节　新村屯人口发展展望

人口是处于不断变化之中的，不断地得到更新，不断地面临新的挑战。

近几年来，新村屯村民的人口出现了新问题：一是人口老龄化速度加快。老年人所占比例较高，新生儿和儿童以及中青年人口数量却相对较少。二是文化素质较低。新村屯村民受教育情况不理想，综合素质远低于全国接受教育的平均水平，超过八成的人口受教育程度是初中或者以下。三是留守儿童增加。与父母的交流和沟通少，留守儿童缺少关心和关爱，长期亲情缺失很容易使留守儿童产生自卑的心理障碍，隔代监护也几乎很难让留守儿童获取良好的家庭教育。四是就业结构单一，收入不稳定。缘于自然环境和历史条件，传统农业依旧是新村屯村民的主要产业，收益不高，影响了人口的可持续发展。

如何改变新村屯的人口现状、教育现状、经济现状等，对于促进新村屯人口可持续发展极为重要。以下提出几点建议：

调整生育政策，建议适当放宽生育政策或鼓励生育，减缓老龄化的趋势。加强宣传教育，转变婚育观念；进一步完善养老保障体系，鼓励乡政府建立养老院等。

加强教育观念，引导外界援助以及加大教育经费的投入。提高对新村屯的教育投入，确保适龄儿童有机会入学接受教育；加大对师资力量的投入，改善学校教育的基本设施；制定政策鼓励大学生到该区域进行教学，或者鼓励教学经验丰富的老师担任教学骨干。

转变经济结构，提高经济建设水平和加强外界援助。加强扶贫政策的制定与落实，完善基础设施，改变较为单一的产业结构；在提高第一产业发展的同时，招商引资，拓宽渠道，带动第二、第三产业的发展；乡政府开展技能培训，培养当地中专技校毕业生学习知识理论和技术，提高农村劳动力城镇就业能力；

吸收当地人员就业，形成人口、教育和经济的可持续发展；制定优惠政策，鼓励优秀人才回村做贡献；挖掘内部优秀人才以及有发展潜力的人员进行学习或者培训，提高当地人口素质。

第三章　新村屯毛南族婚姻、家庭与亲属制度

第一节　新村屯毛南族婚姻

婚姻是人类社会的一种普遍现象，它具有多种形式、规则以及习俗。人类学对婚姻进行研究，并且提出过多种理论和解释。韦斯特马克（Edward Alexander Westermarck，1862—1939）认为婚姻是习得的习俗或法律承认的一男或数男与一女或数女相结合的关系，并包括他们在婚配期间相互所具有的以及他们对所生子女所具有的一定的权利和义务。美国人类学家默多克（George Peter Murdock，1897—1985）则认为婚姻仅仅存在于当经济的功能和性功能结合为一种关系之时。我国学者林耀华认为婚姻是指男女两性的结合，而且这种结合就是为一定历史时代和一定地区内社会制度及其文化和伦理道德规范所认可的夫妻关系。

人类的婚姻形式多种多样，如一夫多妻制（polygyny）①、一妻多夫制（polyandry）②、一夫一妻制（monogaym）、交表婚（cross-cousin marriage）③、平表婚（parallel-cousin marriage）等。按照婚姻缔结的形式还可以分为自主婚（marriage by mutual consent）、媒妁婚（marriage by matchmaker）等。

---

① 一个男人有一个以上（>1）的妻子。在不同的社会中它的内容和功能都不相同，即使是共同的社会，其内容和功能也有所差异。

② 一个女人有一个以上的丈夫，是对男性迁移的一种文化调适。保证家庭中至少有一位男性可以完成性别分工分配给他的任务。

③ 嫁娶父亲姐妹的儿女或母亲兄弟的儿女。细分为四种形式：双边交表婚（bilateral cross-cousin marriage）；父方交表婚（paternal cross-cousin marriage）；母方交表婚（maternal cross-cousin marriage）；交错姑舅表婚。

同我国许多兄弟民族一样，毛南族历史上也曾经存在过姑舅表婚①、一夫多妻、转房婚（levirate）②的婚姻形式，居住模式上也曾经呈现出过不落夫家③的现象。新中国成立以后，随着新婚姻法的实施，一夫一妻成为毛南地区的婚姻形式。

一、新村屯居民的通婚范围

新村屯人对于通婚的地域范围和族际范围都没有过多限制，主要是看夫妻双方是否合适。根据新村屯村委书记 TRQ 的估计，从嫁入新村屯女性的原生家庭（family of orientation）④分布地区范围来看，有将近 40% 的女性来自新村屯内部（当地人风趣地将其称之为“自产自销”），其余的 60% 则来自新村屯以外。从嫁入新村屯女性的民族成分来看，以毛南族、壮族为主，而从新村屯嫁出的女性则主要与毛南族、壮族、汉族等民族的男性通婚。随着大量青壮年劳动力外出务工以及微信等社交软件的普及，一方面新村屯适婚女性向外流入其他省份增多，另一方面新村屯适婚男性择偶也不再局限于本屯、本乡或者本县市。

二、新村屯人的择偶方式和条件

（一）择偶方式

媒人介绍，自主决定。媒人介绍是新村屯适婚男女缔结婚姻关系的传统形式之一，现在仍起主要作用。

TYS 老人自称曾经多次充当媒人。他说，如果男方有中意的女方，可以在

① 舅方嫁女到姑姑家、姑方嫁女到舅舅家。

② 如果一位妇女的丈夫去世，她会优先再嫁给其丈夫的兄弟。

③ 短期从母居、长期从母居两种形式。从母居（matrilocal residence or matrilocality）亦称从妻居（uxorilocal residence or uxorilocality），婚后居住在母方家中或母亲居住的村落，他们的子女将在这对夫妻母亲所在的社区中长大。毛南族的“不落夫家”属于短期从母居。

④ 人们出生与成长的家庭，或者说出生在同胞（siblings）兄妹组成的家庭中。

家里煮两个鸡蛋，将它染红，请对方父母或者自己将这两个鸡蛋放置在女方卧铺内，用被子将其覆盖，并且不能让女方本人知道。当女方回来之后，发现被中放有染红的鸡蛋，就会知道有人给自己说媒了。

适婚的青年男女通过媒人相识，如果双方相处融洽，则会自由决定是否缔结婚姻；如果双方性格不合，则基本没有缔结婚姻的可能。

自由恋爱。自由恋爱是新村屯适婚青年男女缔结婚姻的主要形式。在新中国成立前后，毛南族地区存在着两种自由恋爱的方式：青年男女之间的“打手帕语”及“抢花竹帽”。所谓“打手帕语”，是指在圩日等特殊时刻的公共场合，一方如果中意另一方，则会吹口哨吸引对方注意，然后将手中的手帕从下往上挥动，如果对方有意交谈，也会重复同样动作；如果对方无意交谈，则会重复相反方向动作，表示让“自己”回去。“抢花竹帽”则是在集会活动时，男方看中了女方，会抢过对方花竹帽，如果女方表示不愿意，就会重新抢回；如果女方表示愿意，则会默许这样的行为。新中国成立以后，通过这种方式交流的习俗逐渐消失。

现在新村屯适婚男女之间的自由恋爱方式多种多样，总的来讲，其共性特征都是建立在男女双方彼此欣赏的基础之上的。双方家长很少对其进行干涉，即便双方家长有所干涉，最后也主要是顺从儿女的意见。访谈对象 TYN 与其妻子 WSF 就是基于自由恋爱而结婚的，尽管他们之间的感情当时不被双方父母所看好。

（二）择偶条件

新村屯人缔结婚姻关系时，女方考虑的择偶条件主要是看男方是否勤劳、身体是否健康、彼此之间感情是否牢固、性格是否互补等；男方考虑的择偶条件一般比较模糊，对女方没有过多要求。绝大多数的新村屯人都认为婚姻关系中最重要的是夫妻之间相互关心、相互尊重，能够共同履行家庭生活中的各种责任和义务。

三、婚姻形式

男娶女嫁。男娶女嫁型婚姻指的是妻子与丈夫结婚之后，跟随丈夫一方生活，所生育子女使用丈夫一方的姓氏，继承丈夫一方的财产。男娶女嫁型婚姻是新村屯人最主要的婚姻形式。

上门婚。上门婚又叫“入赘婚”，男方跟随妻子一方居住，所生子女通常需要随妻子一方姓氏，继承妻子一方财产。上门婚是为确保女方父系继嗣有序而进行的一种补偿形式。访谈对象TJF老人，2019年88岁，是新村屯年纪最大的“上门女婿”。据他本人讲述，当时他考虑到自己岳父母只有3个女儿并没有儿子，他与妻子结婚之后不久，便搬到妻子所在的新村屯居住，成为“上门女婿”。他妻子的两个妹妹的婚姻也都属于上门婚。

四、婚姻礼仪

新村屯传统的婚姻礼仪主要存在于新中国成立以前。随着时代发展，毛南山乡生活水平的提高，婚姻礼仪中很多内容和程序都发生了明显变化。

历史上传统的毛南族婚姻礼仪一般需要经过以下步骤：

落典。同许多兄弟民族一样，历史上毛南族地区早婚比较盛行，且多数都是父母包办婚姻。男方父母中意谁家女儿，则会试探对方是否有意将其女儿嫁与自己儿子；如果对方没有明显回绝，男方父母便会请“媒人”前去女方父母家中索要女孩的生辰八字，之后则请算命先生测算两人八字是否相合。如果相合，双方父母便会寻觅特殊聚会场合携带儿女相亲。相亲之时，媒人当着双方父母的面向他们各伸出一只手，并说：“侬哈，你中意不中意？中意就‘送典’来。”双方父母会把自己准备的零钱放到媒人掌心，放的钱越多越麻利则表示双方“情投意合”；放的钱越少越拖延甚至不给钱则表示双方“难成伴侣”。毛南语把这个过程叫作“落典”。

“焊典”。所谓“焊典”，毛南语中又叫作“穿耳”。经媒人说和之后，双方父母同意了子女婚事，男方则会派一位长者到女方家中商定聘礼，毛南语叫作“送牛钱”。一般而言，所需聘礼包括糯米、鸡、酒、肉、面条等物，其数量根据男方家中的经济情况而定。

“踩门”。所谓“踩门”，毛南语又将其称作“纱结”。这是正式缔结婚姻关系前的一个过渡状态，目的在于确定男女双方之间将要缔结的婚姻关系。这种情况的出现常常与男女双方年纪尚小，或者男方家中一时准备不齐无法马上结婚有关。“纱结”时，女方由其娘家人陪同来到男方家中认亲，男方家族中的长辈每人都需要给予女方一些见面礼，这种见面礼被称作“哄媳妇钱”。经过这样的程序之后，人们对女孩的称呼发生了变化，称之为“某某媳妇”。“纱结”实际上是某一名女子及其亲属集团与某一名男子及其亲属集团建立稳固关系前的过渡阶段。

婚礼。毛南族的传统婚礼一般在新春前后举行。其主要过程有迎亲、叠被、开被、回门等几个程序。现如今，这些程序都发生了很大变化。即便是在过去，也并非所有人都严格按照这种婚姻仪式的程序进行。现在新村屯人的婚姻礼仪出现了一些新特征，一方面年轻人外出务工，接受了主流文化观念，穿着西方样式的婚礼服装；另一方面，随着族际通婚以及通婚范围的扩大，婚姻风俗呈现不同民族、不同地域相互交融的新情况。

第二节　新村屯毛南族家庭

家庭在人类学术语中指的是基于婚姻关系、血缘关系或收养关系而产生的最基本的社会生活单位和社会组织单位。家庭与婚姻是人类学研究的经典领域之一。人类学家通过研究从中抽象出了家庭结构、家庭功能等概念作为分析工具。

一、家庭结构

新村屯传统家庭结构是扩大家庭，家族意识十分浓厚，这在每家每户供奉的祖先牌位上可以体现，直系与旁系并存的多个扩大家庭组成联合体。另一方面，现代小家庭经营模式的发展，新村扩大家庭逐渐向主干家庭的模式转型。村里的空巢老人和留守儿童增多，在现实中，祖辈也开始承担起照顾整个家庭的责任。家庭结构又有了新变化。

二、家庭关系

（一）夫妻关系

过去男主外女主内，女性地位不是很高。但从 20 世纪 50 年代开始，随着时代变化及村里越来越自由的恋爱观，女性受教育程度逐年递增，村里女人的地位越来越高，很多女人也担负起外出打工的责任，家里男主人也会回家帮助做饭、洗衣服等。中年男子 TCE 说，以前男主外女主内，现在不同了，他和老婆都出去打工，挣得钱也差不多。这次他们回家，因为儿媳妇生孩子，妻子去医院照顾儿媳妇，他在家里负责给老人、小孩煮饭做菜。他说："时代已经不同了，谁多照顾家里一点又有什么关系？"可以看出，新村屯男性对家庭男女分工的看法变化很大。而且新村屯自由恋爱结婚的大部分夫妻感情十分融洽和睦。女人在外打工，男人也可以在家带孩子，做家务，夫妻关系也维持得很好。

在问到 TYH 的夫妻关系时，他说："我们的关系很好的，没吵过架，（吵架）让别人知道也会说闲话，所以我们不会吵架，和睦相处。"村民希望与家人、与邻居、与朋友的关系都能相处融洽，不会因为一些小事而撕破脸，夫妻间关系更是如此。新村屯人的道德观是健康的，富有感恩心。无论是对家人、邻居、朋友都以一种平和的态度对待。不能说全村人的道德标准都很高，但是村民整体的精神面貌还是非常健康积极向上的。

TJF 爷爷 2019 年 88 岁，是来本村做上门女婿的。据他自己说，他来到村里已有60年之久了，在问起夫妻感情时爷爷说道："我们老奶（奶奶）心地很好的，多是我照顾她。"以前爷爷上班，也都是他回来做饭给奶奶吃。村里人提起他们都会说，他们感情很好，爷爷非常照顾奶奶。

（二）兄弟姐妹关系

在新村屯，兄弟姐妹一起成长，成家之后仍生活在一起的也很多。我们采访了村民WSF女士，她是壮族人，来到这里生活也有20年了。

她说，刚开始她也很不习惯这里，觉得新村屯的很多习俗和她们那里都不一样。但是丈夫对她很好，加之丈夫家的人对她也很尊敬，后来就在这里生活了。

问：您丈夫有几个兄弟姐妹呢？

答：我丈夫有两个弟弟，一个妹妹。

问：那现在他们都在哪里？

答：妹妹嫁出去了，两个弟弟出去打工了。

问：为什么还住在一起，没有分家吗？

答：我们家就这个房子，三兄弟住在一起，只是分了屋子，也没有再新起房子。

问：那当时是怎么分的？

答：当时，是爸爸（公公）说的，可以抽签，三个儿子他不好说把哪个屋子分给谁，抽签就公平了，你抽到了不好的屋子，也不会怨别人。当时弟弟抽到一个屋子，他不喜欢，和爸爸商量要换，爸爸让他和我们（老大）商量，但是当时我家老大（丈夫）就问为什么要换，弟弟说，怕将来媳妇嫌弃家里的屋子。我们老大就说："要看见人品才行，房子屋子都是不实在的东西，那样的媳妇来了也不会顾家，也不好的。"后来就没有换。

问：那平时住在一起，吃用的都分开吗？

答：也不用分开，吃用都在一起，就是屋子分开了，而且我们的两个弟弟很顾家的，不是在外面就一点都不想家，不是的。村里有什么活动，他们知道了一定会寄钱回来支持一下，现在那个微信（转钱）也方便。但是，我们不会向他们要（钱）的，村里谁家结婚谁家有事，我们就直接帮他们给了，包红包时给他们也准备一份，不会（向他们）提起。但是他们如果回家，村里人会跟他们说，谁家办事了之类的，他们就知道我们一定把他们的红包也准备了，回来就会把钱给我们。这个就是这样，一家人嘛，都为对方着想，家里和睦，外人也不会看笑话。

在新村屯，兄弟姐妹之间以及兄嫂之间相处很融洽，计较的人比较少，家庭关系才会往好的方向发展。而一个家族除了承担生产、生育等责任，它还应该有文化传承，即一个家族的“性格”，每个大家族都有自己的“脸面”。在新村屯这种代表性的家族体系中，我们可以看见，人们把“共”作为传家之本，立家之魂。

（三）父母与子女的关系

在新村屯，长辈地位是非常高的，即使因为子女外出务工或者分家，和老人见面的时间缩短，也不会因此减少自己应该承担的义务，外出务工的人每年过年都必须回家。新村屯的家庭中，如果分家了，父母户口归属到了某个儿子的家庭户口之下，但是其他兄弟也同样承担该尽的赡养义务。

新一代家庭中留守儿童增多，年纪小的孩子就由爷爷奶奶或者外公外婆照顾。因为没有面对面的交流，孩子与父母的关系就显得十分疏离，父母也缺席了孩子的成长阶段，在一定程度上影响了亲子关系。

（四）婆媳及翁婿关系

在新村屯，大概 60% 的妇女是外村嫁入本村的。至 2018 年新村屯的上门女婿仍然在世的还有四人。从整体上看，新村屯的儿媳妇或者上门女婿都十分孝顺老人，尤其是妇女表现突出。TFS 是南丹县嫁过来的，开始时她也犹豫过，

TFS的家婆直接提醒她说，自己的儿子懒一些，怕她嫁到家里后不高兴，但是TFS把这一切看作是一种缘分，她认为家婆人很好，这也是女孩子考虑婆家的因素之一。和公婆长时间交往，务必要选择好相处的人。当地的人在描述他们的婆家或岳父家时总会讲："这户人家好。"

三、家庭的功能

生育功能。家庭最基本的功能是生育功能。从人类进入个体婚制以来，每一个家庭一直是一个生育单位，是种族绵续的保障。在新村屯，每一个家庭的组建都意味着香火延续，每一家族谱上都记载了历代祖宗的姓名，每一户人家香火堂内都有灵位牌，逢年过节要祭拜祖先，摆上糯米饭、肉和酒，置上碗筷，供奉灵位。可以看出，灵位牌上的历代祖先，就是家庭生育功能中子孙繁衍、家族有后的证明。

赡养功能。和中国广大的农村地区一样，新村屯家庭对老人的赡养义务比较明显，一方面是由于子女对父母自然的感情流露，另一方面是当地人对祖先的浓厚情感，赡养老人也是崇敬祖先的具体体现。

新村屯老人赡养大概呈现以下几种情况：

父亲母亲健在，若有两个儿子，则在尊重父母意愿的情况下，父母二人分别各选择一个儿子一起居住。TCE家兄弟二人，父亲在世时，父亲跟着弟弟TCJ一起过，母亲跟着TCE一起过。父亲去世之后，赡养母亲的责任主要还是由TCE负责，弟弟也会帮衬他一起赡养母亲。

父亲母亲健在，他们有两个以上儿子，则由父母做出选择，跟着某一位儿子一起居住，其他儿子提供帮助。父母在做选择时的判断，主要是依据哪个儿子更需要哪一个方面的帮助。比如，哪个儿子的孩子小，需要妈妈帮助照顾；哪个儿子养牛，需要爸爸出工出力。当然也不排除父母在和哪个儿子、儿媳比较合得来的情况下做出选择，甚至存在抽签决定父亲母亲分别跟随哪个儿子居住的情况，主要是因为父母不选择，儿子们无法做出判断。

父亲母亲健在，虽然他们有几个儿子，但是父母选择自己居住，儿子定期供养。有的老人依靠国家发放的社保基金，有的老人自己有退休金。TJF 的爷爷 1958 年参加工作，退休后每月领取退休金，现在每月退休金有 4000 多元，不用儿女支付生活费用，并且老人身体很好，也可以自己煮饭，负责自己的日常生活起居。

父亲母亲一方去世，如果他们有多个儿子，也是在尊重父亲或母亲意愿的情况下，一个儿子和他（她）一起居住，其他儿子会帮助自己的兄弟赡养父亲或者母亲。TLY 已经搬出村子居住，母亲由大哥赡养，但是他自己也会每隔两三天回来看望母亲，逢年过节更是要回来。

父亲或母亲一方去世，又只有一个儿子，且外出务工，老人一般是自己独居，儿子会定期打回生活费赡养父母。

如果生育有女儿，女儿也会承担起赡养老人的义务，会定期来到娘家探望、照顾自己的父母。

新村屯的五保户家庭，由政府出面修建养老院负责赡养老人。

新村屯也存在极个别家庭，因为赡养父母发生争执，从而兄弟不和的情况。但绝大多数家庭都不会把赡养父母亲视作自己的负担。

财产分配。新村屯家庭的财产分配主要体现在分家上，在新村屯成家并不一定就意味着分家。成家与分家大致有以下几种情况：结婚后没过多久就分家；结婚后过了很多年才分家；即使结婚也不分家。前两种比较常见，分家有时是儿媳妇决定的，有时是父母决定的，原因各有不同。但是不分家不一定是因为经济条件不好，而是家庭比较团结。一个房子居住三代人甚至是四代人的情况不少，有时候一个家族几代人齐心协力就会把一个家族的功能发挥到最大化，并且惠及每位家庭成员。在采访中我们了解到，在新村屯，分家后的财产、责任等随之更明确了，并没有因为老人由其他弟兄赡养减少自己对父母的赡养义务。这种相亲相爱的模式是新村屯自古有之的，随着社会发展也有个别反例，但是在考虑到实际情况时，还应该具体问题具体分析。

教育功能。随着近几十年来屯里青壮年男女外出务工，村里留守儿童不断增多。在孩子成长过程中，父母不在身边，孩子缺少最基本的关心与爱护，父母的言传身教已经大打折扣。而祖父母成为孩子的监护人，代际差异导致他们与孩子的情感和交流存在诸多问题。在学校教育方面，老师和父母也尽量利用现代信息技术保持直接而频繁的沟通，以帮助孩子顺利成长。如果孩子在学校不听话，不接受教育，那么老师会给孩子父母打电话、微信视频，让孩子与父母面对面地交流，增加对孩子的了解，规范孩子的行为。老师和父母共同采取行动，督促孩子学习，助其成长。村里长辈对孩子的教育也起到了一定作用。和城里人自家管理自家事不同，新村屯的长辈，即使和孩子没有亲缘关系，看到孩子行为有不规范的时候，也可以管教，并告诫其直接监护人，起到监督和管教作用。

娱乐功能。在新村屯，家庭娱乐功能主要是家里的传统文体娱乐及现代电视、手机等提供的娱乐活动。其中，时代发展变迁，传统娱乐越来越淡化。新村屯的家庭娱乐更集中体现到整个村子层面。2014 年，修建新村屯“松米稿”文化广场，在动工之前，村里很多老人反对，他们认为这样会破坏当地风水，尤其是居住在广场周围的几户人家，反对意见最为强烈。在村民理事会和村中有威望的人动之以情、晓之以理的劝说工作后，“松米稿”文化广场终于正式开工建设。随后村民们以家庭为单位，齐心合力，以极大的热情投入到文化广场的建设中。从捐资到道路拓宽，人人参与，个个出力，无论男女老少，都把建设文化广场当成自家的事情来做。广场建成之后的新村屯，文化内容更加丰富。天气好的晚上，全村老少都会聚在广场，孩子们追逐打闹，老人们围坐聊天，妇女们会跳广场舞；逢年过节，村里会在“松米稿”文化广场上举办长桌宴，进行舞龙、舞狮表演；春节期间会有新村屯文艺晚会，引来附近的村民前来观看。从最初的反对，到如今人人受益，村民的凝聚力更强了。在外打工的人，每天通过朋友圈了解到家里老人和孩子的情况，也放心了许多。我们采访一位老人，问他有广场之前和有广场之后的生活，差别在哪里，他说：“没有广场，老人家成天除了吃饭就是看电视，很早就睡了；有了广场，老年人多来活动，身体也疏通了。”这位老爷爷当时对修建广场也不是很看好，如今亲眼看到了广场改变了全村面貌，给全村百姓带来的好处，心悦诚服。

第三节　新村屯毛南族亲属制度

一、继嗣规则

继嗣（descent）一词具有“世系”“血统”的含义，作为人类学中的专有术语，它指的是“一个人为社会承认的、与其祖先之间的联系”。继嗣作为人类社会中存在的一种普遍现象，它使得一个人不仅仅局限于自己的亲生父母和同胞兄弟姐妹组成的狭小社会关系之中，而且将一个人放置在基于继嗣而组成的、

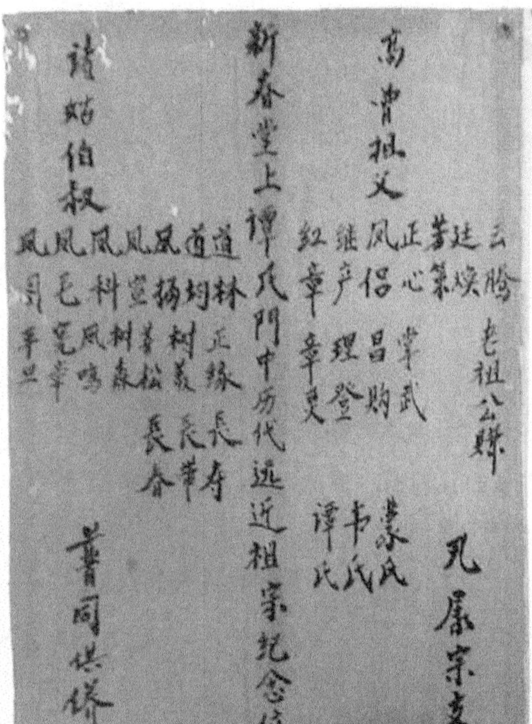

图 3–1　新村屯某家庭中供奉的祖先牌位

更为广大的社会群体之中。人类社会的继嗣现象具有普遍性，但具体到各个社会的继嗣规则各有不同。如果一个社会不对“自我”的亲属加以区分，没有形成相应的继嗣规则，那么这个社会的每一个成员所具有的亲属关系网络几乎是无限大的。所谓的继嗣规则就是只强调与一部分亲属的联系，忽略与另一部分亲属之间的联系，使得每一名社会成员所具有的亲属关系网络都是清晰的、明确的。

在新村屯，他们的继嗣规则体现为父系继嗣（patrilineal descent）。父系继嗣是一种单系继嗣（unilineal descent）规则，它指的是在这一继嗣群体内部，血统按照父系计算，每一代出生的儿童世系都是由他们的父亲或者父系血统所决定的，财产也依照父系继承。如果某户人家没有男性继承人而只有女儿，则会采取为女儿招上门女婿的方法确保父系继嗣的顺利进行。新村屯几乎每一户人家厅堂上都挂有自己男性祖先的世系。不过，男子在36岁之前去世是不会被接纳到祖先世系之中的。

二、亲属称谓

亲属称谓是在一些特定语言中，用来称呼各类不同亲属的称谓，表达亲属关系，区分亲属亲疏，是一个具有社会意义的体系。

在生活中，每个个体的亲属关系都非常复杂。而亲属称谓则是不同文化中对“我”的“亲属”的一种称呼。例如，在汉语书面书写中，“我”的母亲称呼为“妈妈”，“我”的“父亲”称呼为“爸爸”，但是在汉语口头语言中，由于方言差别，不同方言中“妈妈”和“爸爸”的称谓有所不同。

1909年，美国学者克虏伯在《亲属关系的分类系统》一文中提出了划分亲属关系的八项原则。这八项原则分别是辈分原则、年龄原则、直系旁系有别的原则、性别原则、称呼者本身性别的原则、中介亲属性别差异的原则、婚姻的原则、亲属关系人的存亡原则。

我们根据对TFS和TLJ访谈和录音的结果，分析新村屯毛南语中的亲属称谓词汇，主要体现了辈分原则、年龄原则、直系旁系有别的原则、婚姻的原则。

其亲属称谓的具体特征如下：

所有年龄比自己小以及自己的晚辈皆可以直接称呼其名字或者称呼为“劖”。

比较而言，对自己父亲的兄弟姐妹及其妻子或丈夫的分类非常清晰，尤其是对自己父亲的哥哥及其妻子的亲属称谓会随着其是否生育以及先生育男孩还是女孩而有所变化。对自己母亲的兄弟姐妹及其妻子或丈夫的分类中，对自己母亲的哥哥与弟弟称呼一致，皆称呼为“潫劖卿”，他们各自的妻子的称呼也一致，皆称呼为“厓”。也就是说，没有对年龄作出区分。

对与自己平辈的堂兄弟姐妹、姑表兄弟姐妹、舅表兄弟姐妹、姨表兄弟姐妹及其妻子或丈夫的亲属称谓区分不十分严格，对自己的胞兄弟姐妹的亲属称谓相对而言比较严格。几乎所有的堂兄弟、姑舅姨表兄弟、堂姐妹与姑舅姨表姐妹的丈夫皆使用同一称谓，但是对年龄有所区分。堂兄弟姐妹、姑舅姨表兄弟姐妹的年龄比自己大时，他们被称呼为“厓”；年龄比自己小时，他们被称呼为“劖”或者直接被称呼名字。除了自己父亲的弟弟的女儿与自己母亲的弟弟的女儿之外，所有的堂姐妹、姑舅姨表姐妹皆使用同一称谓，但是对年龄有所区分。堂姐妹、姑舅姨表姐妹年龄比自己大时，她们被称呼为“厓”；年龄比自己小时她们被称呼为“劖”。自己父亲的弟弟的女儿与自己母亲的弟弟的女儿，无论年龄比自己大或小时，她们被称呼为“劖”。

对自己的堂兄弟、姑舅姨表兄弟的妻子使用同一称谓，但是对年龄作出区分。当堂兄弟、姑舅姨表兄弟年龄比自己大时，她们被称作“厓”；年龄比自己小时，她们被称作“劖”。

三、亲属关系

在中华人民共和国成立以前，新村屯人的亲属关系中，“自我”与舅舅的关系尤为重要。随着时代发展，社会结构逐渐发生变化，亲属关系中最为重要的部分则是自己与父母以及胞兄弟姐妹之间的关系。

四、亲属关系的拓展

（一）认干亲

“认干亲”是人类社会亲属关系拓展的形式之一，父母亲与子女之间可能存在亲属关系但没有直接血缘关系。世界各地“认干亲”的形式和方法各种各样，不一而足；“认干亲”的具体原因在各个地方也有所不同。新村屯毛南族也存在“认干亲”这种亲属关系拓展的形式，且历史非常久远。据访谈对象TYH老人讲述，在新村屯，父母一般都会请算命先生为孩子测算一下八字命理五行（金、木、水、火、土）。如果孩子五行缺一行，甚至缺多行，则需要为孩子寻找命理五行齐备的人寄养。这位接受孩子寄养的人便是孩子的“干爹”或“干妈”。不过，由于五行中的“土”太“多”，一般而言，命中缺土的孩子不需要被寄养。男孩子会被寄养到一位命中五行齐备的女性那里，这位女性便是他的“干妈”，而这位女性的丈夫则是他的“干爹”；女孩子会被寄养到一位命中五行齐备的男性那里，这位男性便是她的“干爹”，这位男性的妻子便是她的“干妈”。具体“寄养”程序是命中五行欠缺的孩子，由父母为其寻找能够接受她/他的孩子作为其“干儿子”或“干女儿”的人。这些人如果对孩子父母的请求支支吾吾，犹犹豫豫，则表示双方没有建立亲属关系的可能。相反，如果这些人爽快答应了孩子父母的请求，孩子父母则会请“先生”选择一个黄道吉日，携带鸡、糯米、面条、酒到孩子的“干爹”或“干妈”家中去，请孩子的“干爹”或“干妈”为孩子取一个新的名字，并且将名字书写在红布之上，然后将这块红布缝在将要送给他/她的孩子的上衣背部的内衬中。这套衣服连同一些零用钱、布匹、粽粑等物品一起作为回礼送给他/她的“干儿子”或“干女儿”。在回赠物品中，有一样是根据孩子命中五行所欠缺的那一种而挑选的：如果这位孩子命中缺“金”，其“干爹”或“干妈”则会送他/她一枚硬币；如果这位孩子命中缺“木”，其“干爹”或“干妈”则会送他/她一根果树苗；如果这位孩子命中缺“水”，其“干爹”或“干妈”则会送他/她一瓶水；如果这位孩子命中缺“火”，其“干爹”或“干妈”则会送他／她一个打火机。所谓“寄养”，并不需要被寄养者脱离自己亲生父母的家庭到其“干爹”“干妈”家庭中生活，而只是经过一系列的程序之后，这个孩子与接受其寄养的“干爹”“干妈”的那一方建立形式上的亲属关系，在亲属称谓上做出了新的调整，在彼此间的责任、义务关系上有了新的要求。“干爹”或“干妈”对孩子成长也开始负有部分责任，他／她们会为自己的“干儿子”或“干女儿”购买学习用品和服装等物品，在他们的成长过程中起到一定监护作用。“干儿子”或“干女儿”也开始有义务在节日及“干爹”或“干妈”的生辰看望他／她们。但是需要指出的，由于双方所建立的只是一种形式上的亲属关系，他们彼此之间一般并不存在财产继承方面的联系。他们之间形式上的亲属关系只在“干女儿”或“干儿子”与“干爹”或“干妈”两个世代之间维系。

（二）抱养

“抱养”也是人类社会亲属关系拓展的形式之一，养父母与养子女之间可能存在亲属关系，但是没有直接的血缘关系。与“认干亲”不同的是，“抱养”意味着养父母与养子女具有共同的家庭生活，彼此之间存在财产继承方面的联系。新村屯“抱养”孩子一共有 2 户，抱养没有经过什么特定的仪式。

第四节 新村屯的宗族与族谱

一、新村屯宗族

宗族是一种通常聚居一地，身份关系明确且具有一定经济联系的父系血缘亲属组织。宗族是宗和族的合称，实际上，宗和族具有不同的含义。族一般指有血缘联系的一群人的集合，这里专指男系同姓同祖成员的集合，由众多的同姓同祖家庭组成，族人包括各个家庭的家长、妻子和子女等；而宗是指族人的主干和统帅。《白虎通义·德论》说："宗，尊也，为先祖主也，为族人尊也。"宗比族的范围要小得多。①

新村屯是毛南族谭姓的主要聚居村落之一。尽管村屯名字是新村屯，但屯里老老少少都一致认为自己的村屯历史悠久，并且一致认为自己祖先就是谭三孝（环江县毛南族谭姓都这样认为）。根据村里老人的描述，他们都是"公定"和"公赚"（"定公"和"赚公"）的后代，"公定"和"公赚"就是他们的宗族始迁祖。

根据TYH的口述，我们得知目前生活在新村屯的谭姓氏族，主要是赚公和定公的后代。在村民家里的灵位排位上可以知道他们是属于哪一个公。宗族在现代就是有亲属关系的人聚居在一起，有些宗族子嗣繁衍得多，宗族规模大；有些宗族子嗣少，宗族规模就小。

二、新村屯宗族的内部关系

新村屯谭氏家族之间的经济关系，主要体现在农忙季节，新村屯村民、家庭之间的相互帮工，既有纯粹义务的帮工，也有要报酬的帮工。纯属于义务性质的帮助是完全自愿的，不需要报酬与回报。同时还有自愿帮助亲戚或者有需要的邻居进行种田、收割等情况。有些家庭里只有老人与其孙辈生活在一起，子女出去打工赚钱，老人因身体状况等原因，无法独自进行种田与收割。

宗族关系更多地体现在村民家庭遇到大事的时候，一定会有亲缘关系比较近的宗族内部人前来帮忙。当然有时也不限于宗族内部成员，而是全体村民齐上阵。当村民家庭有喜事、白事、生病、做生意亏本、祈求家庭平安、春节宰猪之时，他们就会邀请师公来做相关的宗教仪式。比如，"还愿舞"，毛南语称"肥套"。

毛南族"肥套"是一种以家庭为举办单位，由师公唱谟（指经文）舞蹈、祈神酬愿的综合性民间宗教仪式，集中表现了毛南族人的情感生活和宗教期盼，蕴含着古朴而丰富的艺术和宗教元素，是毛南族人最为重要的人生礼仪和精神

① 孙秋云主编：《文化人类学教程》，232页，北京，民族出版社，2004。

寄托。毛南族肥套以一系列复杂的宗教仪式为媒介，集中展示了毛南族人对自然、社会的认知和美好期盼，是一部丰富的毛南族生活百科全书。毛南族肥套有着独特的孕育和发展道路，具有悠久的历史文化积淀，不仅是毛南族诸多日常生活场景的缩影，更是打开毛南族人传统文化心理的重要钥匙，同时也是毛南族传统文化艺术的重要研究视角。

肥套习俗的由来：在毛南语中，“肥”是举办的意思，“套”专指还愿仪式，与“道场”意思相近。毛南族还愿仪式有很多，但并非所有的还愿仪式都叫“肥套”。毛南人说的肥套有着特殊的指定，只有“红筵”“黄筵”“还三界公愿”才叫肥套。所谓“红筵”就是还婆王愿，“黄筵”就是还雷王愿，这两个还愿仪式供奉不同的神，有各自的传说，但往往放在一起举办，统称“肥套”。

毛南族肥套仪式是毛南族人广泛认同的仪式，同时也是民间信仰的集中表现。在毛南山乡，很多事情的缘起和传承都承继于神话故事传说，这些神话故事与毛南族人的日常生活息息相关，成为探索毛南族历史的重要资料。但因为缺乏明确的文字记载，很多事物在岁月变迁中慢慢地变得充满神秘色彩。

在新村屯如果某家庭有喜事或者白事，不需要专门挨家挨户去发请帖或者通知。只要一个人知道了，大家一定会相互转告，届时大家都会提前去帮忙。当有亲戚远在外地时，才会提前一周或者更早一点通知他们来参加。尤其是在白事的时候，所有年轻人都会去帮忙处理后事。

三、新村屯族谱

我们调查发现，全屯仅有一家存有一本相对完整家谱，也就是在2003—2004年间由在环江县城工作的一群毛南族有识之士编写成的《毛南族谭氏谱牒》。这是众多毛南族有识之士四处搜集资料，反复求证，历经数年编撰而成，其中谭宏宇、谭蒙正、谭信概、谭桂良等族内之人，不惜劳苦、远访他乡、跋山涉水，穿梭于毛南山乡中收集谱系图，以众人之力编成这本谱牒，使得毛南族谭氏始祖三孝公以来的世系源流得到基本的记录，而且还录进了毛南谭氏具有代表性的民风民俗、文学等文化事项，使得毛南族的文化遗产得以保留下来。

《毛南族谭氏谱牒》记录了当地谭氏宗族的来源、宗脉世系图表、民族文化、人物等。在调查中，我们发现大部分村民都知道毛南族始祖就是谭三孝，而且都说自己是他的后代，在《高川谭家世谱碑》一文中也详细地记录了谭三孝事迹，其内容如下：

> 追维谱系祖派，出自公姬。当武王受命大封同宗分胙，姬孝公于谭国，即今山东济南府属地，后以国为姓，称谭公。诗云："谭公维私"可考也，越春秋失职，后及三子随军有功，始复观光。谭清奉委守越地，谭河奉守彭城，谭海奉守湖西，子孙业居汎地，在今江西赣州府疆围，迨生齿繁盛，甲第蝉联，爰立宗祠，制定字辈。有云"道元洪光大，土子必登科，昌应居远祖，宗维胜泽长"，此二十字勒碑于祠堂，凭轮班辈轮周复始，俾万代同谐，秩然有序。至明海商讳吉顺，字胜功，为中军总府，奉命平蛮，遂镇湖广常德府军营，生有八子，一三魁、二三宝、三三奇、四三德、五三才、六三贵、七三仁、八三孝，字泽深，咸入籍武陵县东关通长街古灵社，大启尔宇。三魁承职征黔苗，乃授贵州为硚卫；至孙道塘高魁，升授云南金相道台，监镌实录通传参证。始祖手著遗稿，若合符节，故铭之原。
>
> 太祖讳三孝，字泽深，当成化二十三年岁次丁未诞生，弘治十四年辛酉入泮，正德元年丙寅补廪，嘉靖元年壬午中八名举人，二年中五十名进士，主考童起风论秀书升，蒙恩次（大？）命，特授广东肇庆府高要县知县，治民有术，粤东督抚梁大栋擢升广西庆远府河池州知州事。莅任三年，母终丁忧。时迫花甲，未有子女，解组郁郁。益友洛阳学士方康振为厂商人，邀同开厂数年，上税课满足外，每剩赚八千余金，辞欲归葬慈母。幸振盟兄康节精通地理，云游到厂，相聚款洽，请赏偕，旋乞寻点一旺嗣吉地，先生畅然曰：余游过思恩县毛南甲，见有一凤腾山，凤巢天穴，后来凤腾欲集，前面凤舞三台，龙降虎伏，水蓄沙匀，左仓右库；丰盈朝案，明堂正阔；文笔奉授，天马迎攀；重叠拱复，兴隆万代；来脉千里，子孙星罗；穴合三奇，葬

必骏发。于是遂徒毛南甲，开囊捐金，买获颜家地基，即葬慈亲于凤腾山居业，于升平村娶方康振女为妾，数年生四子：一时杰、字长荣；二时直、三时官、四时金，乃欢心置产。隆庆二年戊辰，手著实录昭留，万历十三年乙酉不禄，享寿九十有九年，附亲安厝，斯其手泽犹存也。时杰生英伯，字道隆；二英果，三英性，四英繁。英伯生一貂疆、二黎疆、三汉疆、四龙疆（字元亨）、五虎疆、六塘疆、七赵疆、八马疆。龙疆生宿陈，字洪基；宿陈生一能振，字光州；二能添，字光也。能添生一壁珍，字大文；二壁宿，生公大、星大、三大、大宝；壁珍生银庙，字士俊；银庙生廷外，字子贤；廷外生一正凤，字必淳；二正总、三正宽；正凤生一寿旂，字登汉；寿眉、字登瀛；寿眉生一掌官，字科联；二掌武，字科勇；三掌棚，字科院；四掌兰，字科香；五掌杆，字科军；六掌社，字科宦；七掌印，字科金。由是孙孙相印，固自绵延。第多历年所，而本源或昧，恐遗忘字辈；而敦睦或违，故构安神主率俗，还醇醒觉，报本翼德归厚，岂若莆中二蔡，诡为君谟，徒希夸根深积厚之耀哉！唯钦圣谕，首揭一二条，庶克昭盛朝仁孝之雅化，虽陵谷变迁，而乐利无极，将本支百世，而俎豆常新，于是乎敬录。

钦命进士文林郎、谥镇远侯谭三孝，字泽深手著。

后裔进士文林郎席珍，字宗琦参续，上宽授云南金相道台侄孙懿德，字道增监镌，后裔镌士辉川、明一字宗湖录刊印

道光十六年丙申（一八三六年）桂月谷旦

在谱牒中，还记载了谭三孝墓的新旧碑文，旧碑碑文内容：

太祖之生于湖南籍常德府武陵县东关外城太平里通长街古灵社，号谭三孝，字超群，名泽深，幼学诗书，十五进步，二十补廪，嘉靖元年取中第八名举人；二年会试，复中五十名进士。主考童起凤书升东粤肇庆高要知县，粤东都抚梁大栋拔擢广西庆远府河池知州，莅任

三年，罢职归农，异乡移居，即来毛难安处。始而结盟，继而婚姻，生男育女，玲珑智慧。由是父而子，子而孙，不知几数。无人修坟，兹有孙谭有章，情念远劳，请得明之安石立碑，以是为志，万世永旺。

孝孙　景光　孙　表璋、连总

寄明、社禄、扶添、秉乾

华彰、扶松、士尧

学名武寄亮　匠人李明才

乾隆五十六年　三月初三日　志　天　德

新碑是1996年谭姓家族发起维修祖陵活动，1997年完工。族人重撰祖先历史，纪念维修祖陵活动而撰写碑文，勒石成碑。碑文内容：

维天启孝德，地竭人伦。缘木缘本，饮水思源，人之常伦。谭氏肇祖，伯益之后，伐纣有功，封于谭，以国为姓，傍强齐而治，竟为所伐，乃举族西迁，经三晋而南折，至湖广而安居。几经沧桑，迭遭离乱，谭氏一族子行止险夷中繁衍生息，支流广布海内，宗系遍及华夏。至有明初叶，吾始祖生焉。始祖讳泽深，字超群，号三孝，奶名僚，湖南常德府武陵县东关外城太平里通长街古灵社人，生于明成化廿三年（公元一四八七年）。始祖少即聪颖，喜结豪杰，游四方。嘉靖十三年（公元一五三四年），始祖寻幽探奇而至毛南地方，恋斯地之灵山秀水，爱斯人之纯厚朴实，乐而不返。初，始祖居如来木锅山，复移孤坡里喇桥，再移三百峒塘口，渔樵游猎，数载之后，至毛南腹地南昌屯安居。水族明酋方刚振奇始祖器宇轩昂、博学多才，乃引为至交，且以女妻之。始祖由是成家置业，奠毛南族谭氏万代兴降之基。当是时也，三南地方，林茂山深，虎视鹰扬，世居关闭自守，未通教化，倾尽所学，春风化雨，俾刀耕火种之乡，成人杰地灵之邑，备受土苗尊崇而美名远播。万历十三年（公元一五八五年），始祖薨，享年九十有八。子孙择凤腾山为之寝陵。至第三代兴伯公生有八子，世称“八轻”，分居于三南之上、下两团，与土苗杂而启之，互通婚姻，始开毛南族谭氏昌盛之端也。更有道轻一支远迁可道，生发都安谭家一脉，亦枝繁叶茂。八轻子弟再衍而为上团八村、下团八村，其众渐隆。后土苗散居四方，毛南地方十有八九皆附八轻苗裔之名。至清初，谭氏之众远居他姓之上，赫然称毛南族首屈一指之大姓，延绵至今，文武英才及勤劳致富者代不乏人。为敦睦本族，上敬先祖，下启后人，使子孙万代不忘其本，铭记祖德，乃重修祖公寝陵，勒石为碑，略述渊源，是以为序。

墓联：凤舞三台龙虎跃　浪腾四海潇湘激

横批：源远流长

新村屯人都属于谭三孝后裔——龙疆世系中的掌武分支。龙疆世系首先卜居高川村。到三孝后裔第六代谭能振分去板诣屯，后代又分居建成、松银、七政共三个屯；谭能添居住高川，到三孝后裔第十二代有掌官、掌武、掌兰、掌杆、掌仕、掌棚、掌印七人：掌兰建成木别屯，掌武建成塘龙屯，再由塘龙分成新村上下两屯，其余五人的后代都穿插分居在高川、下谈、庙婆、上下庭木之间。整个波川行政村，除干孟、木国、松马属马疆，新村有几户属黎疆之外，其余都是龙疆后代。此外，景阳、希远、木论、双楞诸岗，打狗河对岸八圩乡七圩村，都有龙疆后代。还有一支分去思恩乡谭村甲，由谭村迁去明伦乡柳平一带和罗城县天河古隆村。新村屯大多都属于掌武分支，是“公赚”后代；还有一部分为“公定”后代。这点从各家供奉的祖先牌位中可以得到证实，各家牌位上“公定”和“公赚”两位人物，被村民称之为来新村安家落户的始迁祖。

1. 新春堂上谭氏门中历代远近祖宗纪念位（主人：谭健夫）

公赚（1）—掌武（2）—昌购（3）—理登（4）—章灵（5）—云腾（6）—廷焕（7）—芳策（8）—正心（9）—凤侣（10）—继产（11）

2. 新春堂上谭氏门中历代远近祖宗纪念位（主人：谭永康）

公定（1）—汉义（2）—正中（3）—元常（4）—执中（5）—华山（6）—正环（7）—欢桥（8）—子述（9）—奎锦（10）—俊辉（11）—玉林（12）

村里老人 TYH 说，新村屯是公定和公赚从别处迁来定居在新村屯的，开始只有几户人家，经过一两百年之后就发展到现在的 106 户人家。我们搜集到的新村谭姓祖先牌位，也都是“公定”和“公赚”被称为老祖宗，再往上溯源都是三孝公。新村屯每家每户的正堂都供奉着祖先牌位，灵位上右边写的都是直系血缘的男性祖先的名字，左边是诸姑叔伯的名字，嫁入门中的女子都书其姓氏，如“祖母谭氏”字样，每家供奉的都是自家祖先。

族谱编制及其作用。族谱让谭姓后代子孙都能了解自己的祖先是谁、祖先的来历及源流，从而增加宗族的意识和族内的凝聚力。族谱能够增强宗族团结，同时也让毛南族的文化得以记录和保存下来，造福后代。族谱让族人同胞都能知史明鉴，爱家爱国，借鉴历史经验，教育子孙，构建和谐美好社会，开创美好未来。

第四章　新村屯经济生活

第一节　新村屯的土地承包经营概况

新村屯山多地少。据统计，截至 2018 年，新村屯共拥有 342.33 亩耕地。新村共有三个生产队，依照惯例，土地承包按生产队进行统计。每队土地家庭承包情况如下表所示。

一、一队农村土地承包经营情况

表 4–1　一队农村土地承包经营情况表

家庭序号	共有人数	地块数	承包面积（亩）	该户平均每人承包面积（亩）	该户平均每块地面积（亩）	承包期限
1	5	13	4.65	0.930	0.358	30 年
2	4	3	1.71	0.428	0.570	30 年
3	5	11	1.67	0.334	0.152	30 年
4	5	11	3.04	0.608	0.276	30 年
5	5	14	2.86	0.572	0.204	30 年
6	8	13	3.07	0.384	0.236	30 年
7	6	10	3.70	0.617	0.370	30 年
8	7	23	5.77	0.824	0.251	30 年
9	3	12	3.86	1.287	0.322	30 年
10	4	25	6.03	1.508	0.241	30 年

续表

家庭序号	共有人数	地块数	承包面积（亩）	该户平均每人承包面积（亩）	该户平均每块地面积（亩）	承包期限
11	6	14	3.42	0.570	0.244	30年
12	3	8	2.87	0.957	0.359	30年
13	3	6	1.93	0.643	0.322	30年
14	5	8	3.38	0.676	0.423	30年
15	8	13	3.46	0.433	0.266	30年
16	4	10	2.2	0.550	0.220	30年
17	6	8	1.84	0.307	0.230	30年
18	4	5	2.42	0.605	0.484	30年
19	5	9	4.68	0.936	0.520	30年
20	5	9	1.67	0.334	0.186	30年
21	3	9	2.38	0.793	0.264	30年
22	3	14	3.26	1.087	0.233	30年
23	4	12	2.72	0.680	0.227	30年
24	2	6	2.57	1.285	0.428	30年
25	5	15	3.6	0.720	0.240	30年
26	5	11	3.47	0.694	0.315	30年
27	1	8	1.98	1.980	0.248	30年
28	5	12	2.78	0.556	0.232	30年
29	3	11	2.98	0.993	0.271	30年
30	6	17	4.06	0.677	0.239	30年
合计	138	340	94.03	——	——	——

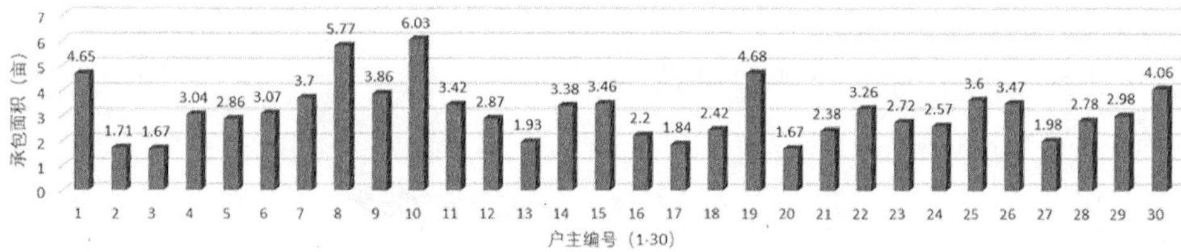

图 4–1　一队每户土地承包面积柱状图

一队每户土地承包面积的区间在 1.67—6.03 亩，极差为 4.36 亩，平均值为 3.13 亩。一队大多数家庭的土地承包面积都在 2—3 亩之间。

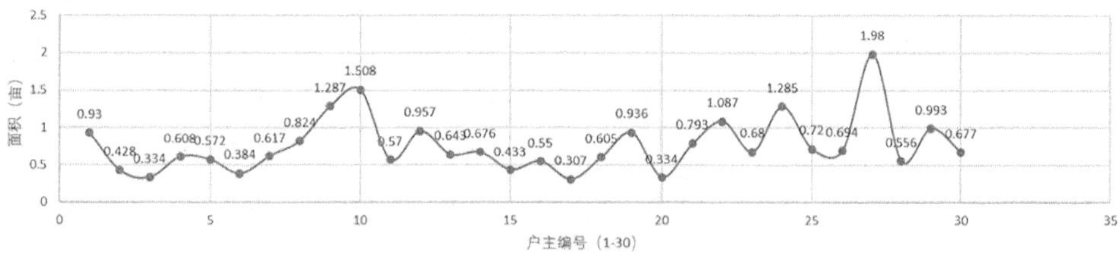

图 4–2　一队每户平均每人承包面积（亩）散点图

一队每户平均每人承包面积的区间在 0.307—1.98 亩之间，极差为 1.673。这主要与每个家庭的土地承包面积和每个家庭的人口数有关。

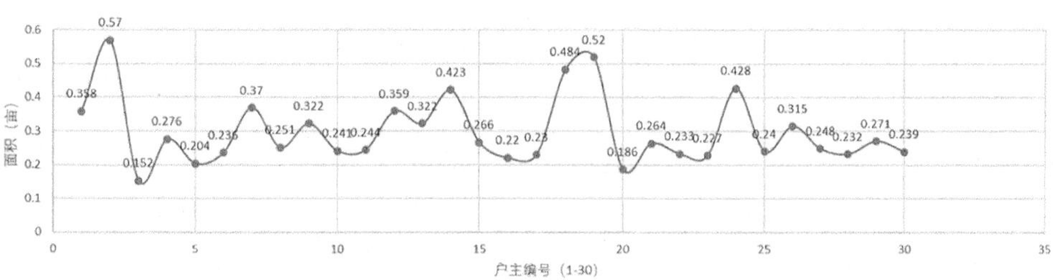

图 4–3　一队每户平均每块地面积（亩）散点图

一队每户平均每块地的面积区间在 0.152—0.57 亩之间，极差为 0.418 亩。这主要与每个家庭的土地承包面积和每个家庭土地的块数有关。

二、二队农村土地承包经营情况

表 4-2　二队农村土地承包经营情况表

家庭序号						
	共有人数	地块数	承包面积（亩）	该户平均每人承包面积（亩）	该户平均每块地面积（亩）	承包期限
1	4	13	5.08	1.270	0.391	30 年
2	4	9	2.65	0.663	0.294	30 年
3	4	20	5.02	1.255	0.251	30 年
4	4	13	4.7	1.175	0.362	30 年
5	1	6	1.69	1.690	0.282	30 年
6	5	23	6.9	1.380	0.300	30 年
7	5	15	5.52	1.104	0.368	30 年
8	6	16	4.38	0.730	0.274	30 年
9	5	17	4.36	0.872	0.256	30 年
10	4	20	4.9	1.225	0.245	30 年
11	6	29	6.91	1.152	0.238	30 年
12	5	16	4.81	0.962	0.301	30 年
13	4	8	3.15	0.788	0.394	30 年
14	2	9	2.56	1.280	0.284	30 年
15	2	9	2.1	1.050	0.233	30 年
16	4	11	2.84	0.710	0.258	30 年
17	4	6	2.21	0.553	0.368	30 年
18	7	11	5.43	0.776	0.494	30 年
19	6	21	5.66	0.943	0.270	30 年
20	4	12	5.21	1.303	0.434	30 年
21	2	22	5.07	2.535	0.230	30 年
22	1	5	1.72	1.720	0.344	30 年
23	7	25	8.43	1.204	0.337	30 年

续表

家庭序号						
	共有人数	地块数	承包面积（亩）	该户平均每人承包面积（亩）	该户平均每块地面积（亩）	承包期限
24	2	7	2.66	1.330	0.380	30 年
25	8	25	9.3	1.163	0.372	30 年
26	7	26	6.7	0.957	0.258	30 年
27	5	15	4.2	0.840	0.280	30 年
28	1	8	1.77	1.770	0.221	30 年
29	4	16	4.03	1.008	0.252	30 年
30	2	18	3.84	1.920	0.213	30 年
合计	125	451	133.8	——	——	——

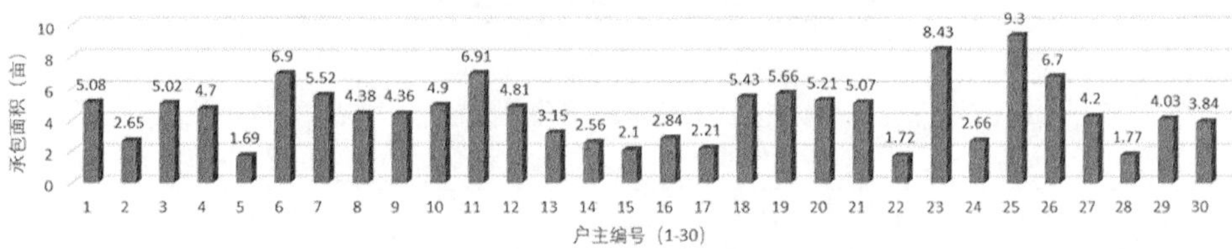

图 4-4　二队每户土地承包面积柱状图

二队每户土地承包面积的区间在 1.69—9.3 亩之间，极差为 7.61 亩，平均值为 4.46 亩。二队土地承包面积的极差比较大。

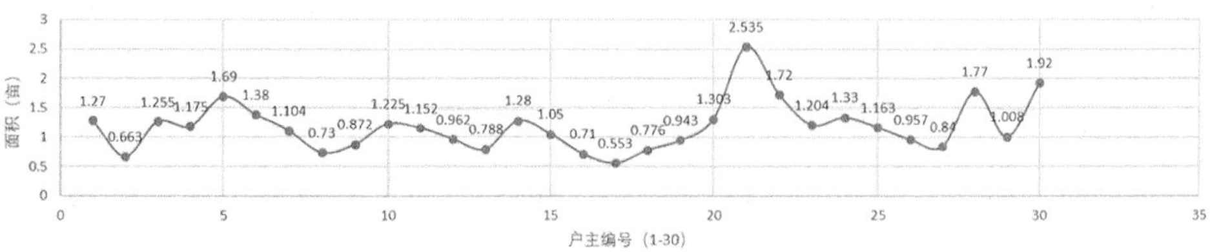

图 4-5　二队每户平均每人承包面积（亩）散点图

二队每户平均每人承包面积的区间在 0.553—2.535 亩之间，极差为 1.982。这主要与每个家庭的土地承包面积和每个家庭的人口数有关。

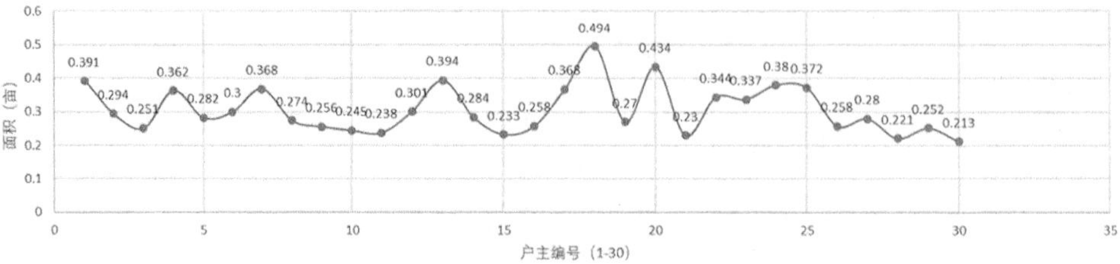

图 4-6　二队每户平均每块地面积（亩）散点图

二队每户平均每块地的面积区间在 0.213—0.494 亩之间，极差为 0.281 亩。这主要与每个家庭的土地承包面积和每个家庭土地的块数有关。

三、三队农村土地承包经营情况

表 4-3　三队农村土地承包经营情况表

家庭序号	共有人数	地块数	承包面积（亩）	该户平均每人承包面积（亩）	该户平均每块地面积（亩）	承包期限
1	5	11	4.26	0.852	0.387	30 年
2	5	10	2.88	0.576	0.288	30 年
3	6	21	5.19	0.865	0.247	30 年
4	6	8	2.83	0.472	0.354	30 年
5	4	5	2.61	0.653	0.522	30 年
6	4	16	4.78	1.195	0.299	30 年
7	1	6	1.3	1.300	0.217	30 年
8	4	16	5.31	1.328	0.332	30 年
9	5	10	3.38	0.676	0.338	30 年
10	6	18	4.85	0.808	0.269	30 年
11	4	4	1.72	0.430	0.430	30 年
12	1	2	0.73	0.730	0.365	30 年
13	5	19	6.62	1.324	0.348	30 年
14	2	10	2.87	1.435	0.287	30 年

续表

家庭序号	共有人数	地块数	承包面积（亩）	该户平均每人承包面积（亩）	该户平均每块地面积（亩）	承包期限
15	4	10	4.17	1.043	0.417	30 年
16	13	12	4.97	0.382	0.414	30 年
17	6	8	2.59	0.432	0.324	30 年
18	3	4	0.94	0.313	0.235	30 年
19	5	14	3.57	0.714	0.255	30 年
20	2	11	3.57	1.785	0.325	30 年
21	1	5	1.37	1.370	0.274	30 年
22	5	12	3.35	0.670	0.279	30 年
23	3	8	2.75	0.917	0.344	30 年
24	5	25	6.56	1.312	0.262	30 年
25	9	24	7.63	0.848	0.318	30 年
26	4	9	2.7	0.675	0.300	30 年
27	4	15	4.68	1.170	0.312	30 年
28	3	18	5.5	1.833	0.306	30 年
29	1	9	2.05	2.050	0.228	30 年
30	1	9	2.15	2.150	0.239	30 年
31	12	14	5.48	0.457	0.391	30 年
32	1	5	1.14	1.140	0.228	30 年
合计	140	368	114.5	——	——	——

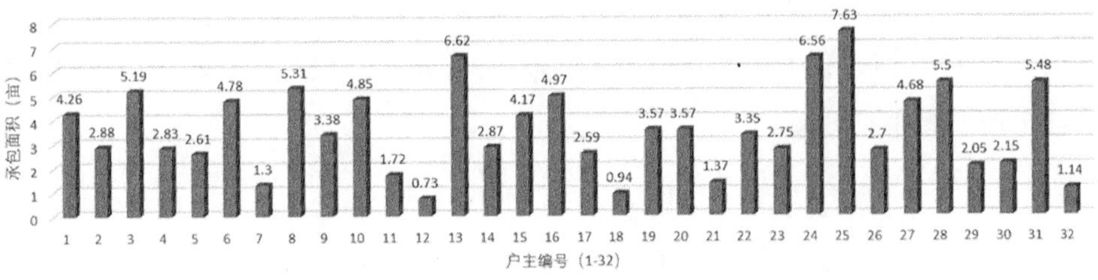

图 4–7　三队每户土地承包面积柱状图

三队每户土地承包面积的区间在 0.73—7.63 亩之间，极差为 6.9 亩，平均值为 3.58 亩。三队土地承包面积的极差相对也比较大。

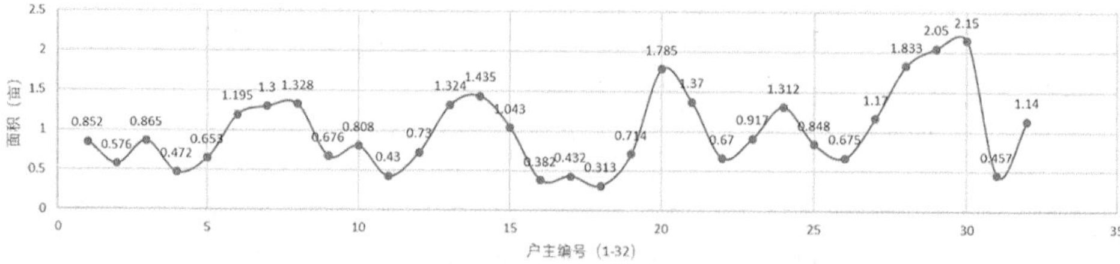

图 4–8　三队每户平均每人承包面积（亩）散点图

三队每户平均每人承包面积的区间在 0.313—2.15 亩之间，极差为 1.837。这主要与每个家庭的土地承包面积和每个家庭的人口数有关。

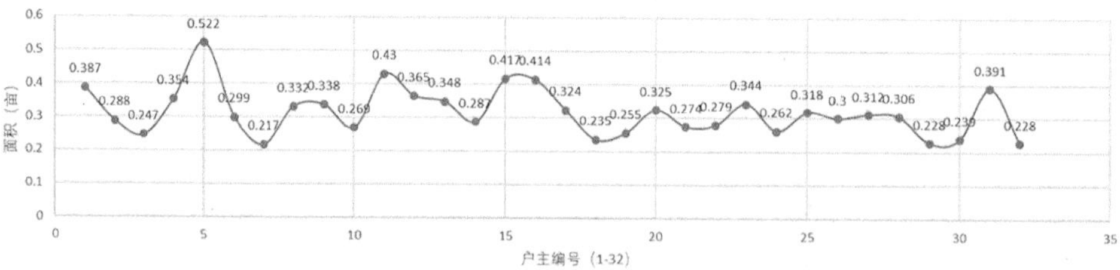

图 4–9　三队每户平均每块地面积（亩）散点图

三队每户平均每块地的面积区间在 0.217—0.522 亩之间，极差为 0.305 亩。这主要与每个家庭的土地承包面积和每个家庭土地的块数有关。

综合上述几个表格可以看出，新村的土地分布相对比较分散。综合三个生产队来看，每户单块土地的平均面积最小值为 0.152（亩），最大值为 0.570（亩）。每户人均拥有土地面积最小值为 0.307（亩），最大值为 2.535（亩）。[①] 单块土地面积小且分散。

① 数据来源：村委会提供的土地资源档案资料。

第二节　新村屯农业

一、农作物

新村屯耕作的主要农作物有中粒籼稻、玉米、大豆等。

（一）中粒籼稻

稻谷育秧与两季种植。上文已经提到，新村屯可利用的土地资源有限，在水稻种植过程中一般会采取育秧方式，秧苗从播种进秧盘到可以插秧，约需要20天。当地气候类型属于亚热带季风气候，夏季高温多雨，冬季温和少雨，一年可以种植两季水稻。第二季水稻种植有两种方法，既可以继续插秧，也可以在第一季水稻种植时选取再生稻品种，如此则无需插秧，收割第一季后再生稻会继续长出新苗，抽穗成谷。但是，再生稻产量较低，每亩田不过200—300斤。

育秧壮苗。他们把稻田分为“母田”和大田，“母田”即秧田，是专门用来育秧的，多数在村寨旁、小溪边，易于灌溉，土肥水足。一般在3月10日左右开始育秧。育秧便于集中照管水稻幼苗，对于后期水稻成长来说，十分有利。育秧一般选择秧盘育秧法，每张秧盘价格在5毛钱左右。

插秧。待秧田的秧苗长成以后，即可开始播种，因此，育秧时期也是根据将要播种的时期确定。

田间管理。TYJ说：“3月30号左右播种，秧苗长到20厘米以上就可以插秧；插秧以后7—10天，转回青就开始放肥料，尿素放在秧盘（一亩地几十张秧盘，一般我们买100张左右），复合肥一亩田（需）四五十斤左右；10—15天左右，有虫就放农药敌敌畏；除草是插秧时候把除草剂和肥料一起放进田里。最少是杀三次虫，抽穗以后就不用杀了，开花以后更不再杀虫了。稻谷晒后800—1000多斤。机器主要有打谷机、收割机，以前是用舂子。我小时候还用过，放学回来就开始舂玉米呀、稻谷呀。玉米舂碎，玉米头煮烂，用粉搅拌，最后成粥，以前大部分都是这样吃。现在有那个‘金牛’，我的‘金牛’是8年前买的，5800元，轮子是可以换的，到了田里以后换轮子就可以用了。现在我们种再生米，割了之后还会再长出来。一般一亩也是200—300斤左右，你不放肥料给它自己长出来，那个产量最低。”

新村屯水稻种植实行的是施足肥料，两犁三耙，精耕细作，合理密植，以厩肥、自然肥作基肥，中耕除草，产量可以达到个体农业的较高水平。

收割。水稻收割一般集中在7月下旬，根据每个家庭水稻的生长情况来确定是否收割。水稻收割以后需要在太阳下晾晒3—4天，以便储存。下南乡有碾米店铺，如果户主不要米糠，可以折算成碾米的工钱。

（二）玉米和大豆

玉米不是新村屯人的主食，糯玉米可以用来做玉米粑，新收获玉米可以直接煮来食用。玉米一般种植在旱地上，采用开穴点种的方法。“差不多3—4月份这样（种）。玉米都是种一点点，养猪、羊呀要种一点玉米。”玉米收获时间与水稻收获时间差不多一致。为了充分利用地力，波川村村民多实行轮种、间种、套种的方法来种植农作物，如玉米地里间种黄豆，套种红薯、南瓜等，让藤蔓攀上石头。此外，在田头地边、房前屋后还种上番茄、辣椒、香瓜等，充分利用土地、空间和阳光，也美化绿化了家园。

大豆种植时间在6月中下旬，“10月份收大豆，八月十五或国庆前后，我们就差不多收好了”。

其他经济作物。2002年开始，新村屯进行西瓜种植试点（搞了两年，现在又种水稻了）；2006年后，开始有一定规模地种植甘蔗、种桑养蚕，但种植面积都不大。现在很多农户选择种甜蔗，是因为种一年管两年，每亩能产8吨甘蔗，每吨260元，每亩卖的钱比种大豆和水稻多，所以一些农户尝试着种甘蔗，希望能改善生活。甘蔗管理很简单，不会耽误太多时间，闲时还可以搞一些副业。

为了提高土地利用率，新村屯农民在实践中根据不同作物品种的适宜性，利用不同类型的耕地因地制宜地进行作物栽培。村里的水稻主要分布在较宽阔平坦地带，亩产量300—350公斤；玉米、黄豆则分布在较平缓的山坡和山脚的旱地，玉米亩产达150—200公斤，黄豆亩产40—80公斤；蔬菜家家户户都有种植，自产自足。新村屯农民群众有稳定的基本农田，能够满足基本温饱，全村农民人均粮食占有量330公斤。

二、农业生产工具

新村屯大多数农户家中至少有一台或一台以上的农业机械。不同于华北平原的大型农业生产机械，这些农用机械适用于广西的特殊地貌——喀斯特地貌，一般为小型的手扶式机械，如手扶式小型插秧机。这种机械体积小、重量轻，操作也相对方便，不仅在大田插秧能挥洒自如，在小块水田里也能工作，插秧效率是人工的10倍以上，深受人们的喜爱。此外，还有一种农户亲切地称为“金牛”的小型耕机也备受欢迎。其价格不是很高，体积也相对较小，耗油低，操作比较灵活，非常适应新村土地地块面积小、地形不规则的实际情况，同时也可以一机多用，能犁、能耙、能拉（配上小型拖拉机），满足多种生产需求，非常适合单家独户使用。不下田时，配上小型的机具，还能碾米、磨浆、粉碎饲料，非常方便实用。现代化农机具的使用把农户从传统繁重体力劳动中解脱出来，提高了劳动生产率。当然，传统农业生产的铁锹、锄头、镰刀、铁耙等仍在发挥作用。

近几年，由于农业生产收入较低，新村屯很多青壮年都选择外出务工，留在家中的多是老人和小孩，农业经营方式就有了一些变化，除了换工这种传统方式外，还产生了短期雇工经营和租赁经营。

部分农户承包的土地面积一般在3亩以上，在种植和收割时，家中劳动力不充足，这个时期需要雇用短期雇工，雇工人数视情况而定。雇工种地一般是每人每天50元左右，雇工收割一般是每人每天150元左右，有的家庭还需要提供中午食物，因此在雇主与雇工之间形成了一种临时性的雇佣关系。这种经营方式就叫短期或临时性雇工经营。

新村屯中有一些村民是从别的村屯移民过来的，他们现在的居住地没有土地。另有一些农户是全家一起出去打工，把土地出租给愿意承包的人，一亩租金200元左右，有的以实物抵换，例如每年拿200斤稻谷给出租者。租赁经营的特点是由一方提供土地，另一方出资出力经营，并按年度支付土地的租金。

三、农药化肥的使用

现代农业生产离不开使用农药化肥。农药一般分为除草剂和杀虫剂，在农作物生长过程中，根据杂草长势和害虫密度及时喷洒农药。新村土地的地块面积比较小，喷洒农药一般使用单人背负型药桶，药桶多以电能为动力，也有少部分为手摇式。如果有的家庭土地承包面积相对较大，则有更新式的喷药工具，如TJH家承包的柑橘田里使用了农用小飞机。用于杀死农业害虫的药品有敌敌畏、阿维菌素、虱螨尿、乙螨唑等；杀死柑橘病菌的药品如硅唑·咪鲜胺等；除草剂如甲戊—丁草胺、丙草胺、苄丁等。农药化肥使用剂量一般依照说明进行，田间喷洒次数视具体的草害、虫害情况而定。

第三节　新村屯养殖业

一、牛的养殖

环江县有一种特殊的肉牛品种，当地人称之为“菜牛”。菜牛的标志性特征是后颈部有一个凸起。这种菜牛瘦肉多、脂肪少，“味美、香甜、细腻、鲜嫩”，食用口感颇佳，很受欢迎，远销至我国香港、澳门地区。早在20世纪60年代，环江县就被广西壮族自治区定为菜牛基地之一。毛南族群众有饲养菜牛的习惯，而且有一套饲养及育肥技术。

在整个环江县，为了鼓励广大农户积极参与种草养牛项目的实施，县政府制定了一系列优惠政策。一是优先使用土地。对示范场、示范户建设用地，优先给予使用土地和办理手续。二是资金重点投放，全面扶持。即对有一定自有资金、能建立30头以上大小规模示范场的农户给予项目资金扶持，对在建青贮氮化池给予一定的补助，并无偿送给大型秸秆切铡机1台。

在此基础之上，下南乡政府又进一步制定了相关优惠政策。种草2亩以上、养牛5头以上的农户都可以享受政府贴息贷款、免费提供草种、适当无偿物资援助、优先参加科技培训和帮助销售等待遇，对发展较快的养殖大户给予一定奖励。

新村屯养牛家庭有TLY、TYK等。TLY已经搬出新村屯到下南乡开发区居住，但其户籍还保留在新村屯。他很小就开始养牛，也做买卖菜牛生意，经商时间比较久，跑的地方也比较多。目前，他的菜牛主要放养在山中，也就是菜牛养殖方式中的“全放牧”。全放牧就是农户把菜牛放到牧场（由石山形成的牧场），牧场有树有草，山泉淙淙，还有岩洞供牛群避风躲雨、休息。四周有石山作天然屏障，只要把石山包围而成的牧场进出的口子用石头堵住，牛群就走不掉，每隔三五天去看一次即可。2019年夏的一天，笔者跟随他大概走40分钟的山路，来到他养牛的地方。这一次他专门买了几包食盐喂牛，平时牛在山中觅食，他只需要定期到山中照看。为了养牛，他也租种了3亩地用来种牧草（租金100元／亩），加上自己家里土地，总共种了5亩牧草。牧草草种都是乡里免费提供，根据乡里优惠政策——养牛5头以上且至少有一头母牛的农户，政府按每头母牛给予补贴300元。TLY家养5头母菜牛，共获得1500元补贴。另外，TLY还享受到了养牛贴息扶持优惠政策，部分解决了养牛资金不足的问题。

在新村屯附近，也有牧草专业化种植基地。为了保障全年养牛青饲料供应，环江县甚至还引进推广种植“桂牧一号”牧草，保证养牛春、夏、秋三季的青饲料供应；还利用冬闲田种植黑麦草，补充秋、冬青饲料不足；牧草种植户通过进行种植示范、推广，为养牛农户增加了饲料来源，自己获得了很好的经济效益。

新村屯另外一种菜牛养殖方式是圈养。牛被安置在牛圈中，在长成出栏前，基本不会放出来，从其出生到宰杀甚至都不用下地干活。这种圈养方式一方面

图 4–10　TLY 照料山中的放养的牛（摄影：高奕达）

图 4–11　上山吃草的菜牛（摄影：高奕达）

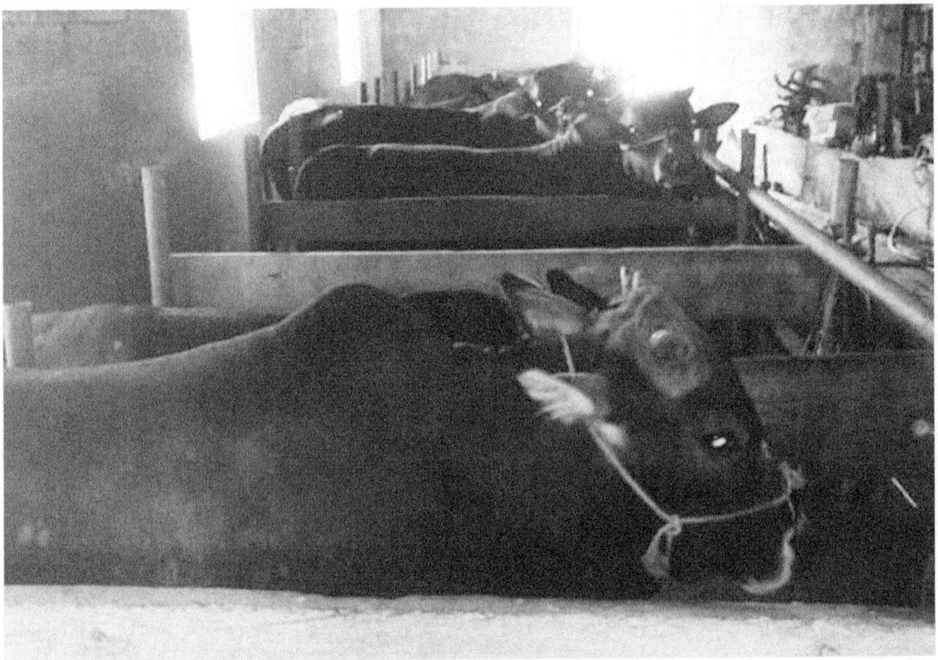

图 4-12　TYK 圈养的菜牛（摄影：高奕达）

图 4-13　喂牛吃的饲草（摄影：高奕达）

可以积肥，另一方面也可以缩短菜牛的出栏时间。新村圈养的菜牛，一般采用单栏圈养，即一圈养一头牛，毛南话叫“洪博”。牛舍中的牛都被栏杆隔开，栏杆间隙是80厘米，不能太宽，防止牛的活动空间太大，从而造成肉质口感不好。村民TYK家养殖的菜牛即是单栏圈养方式。2009年TYK的孩子出生以后，因无法外出打工，他便开始在家里养菜牛。圈养菜牛出栏一般要400—500斤左右，其价格一般情况下是大一点儿的牛可以卖到10000多元，小一些的牛也有6000—7000元钱。TYK家的菜牛主要喂养“芭茅”。他也承包了田地种植橘子，种了200多棵。这些是他家的主要收入来源。

冬季牧草数量减少，菜牛饲料短缺，一般会利用秸秆资源。

目前新村屯菜牛养殖面临以下问题：

菜牛养殖业资源优势突显，经济强势有待培育。新村屯在“一村一品”菜牛养殖发展过程中，由于部分群众思想守旧，加之信贷、保险等政策性金融没有及时跟进，阻碍了产业规模进一步扩大。资金紧缺，群众无力购买牛犊和生产资料。养殖菜牛周期长，经济效益在短期内得不到体现。

引进新技术、新品种，实施品种改良的水平有待提高。新村屯养殖的菜牛大多数都是本地菜牛，品种退化、繁殖能力低，生长速度慢，又没有及时引进外地菜牛品种加以改良，群众缺乏科学养牛技术。

随着人民生活水平的提高，食物结构的不断改善，人们对高品质的菜牛的需求量与日俱增，传统养殖法远远不能满足广大客户的需求。菜牛产业化面临品牌建设困难。由于“一村一品”菜牛养殖的规模总体不大，下南菜牛的品牌效益难以体现，村民们的品牌建设积极性不高。而一些商贩以次充好，对波川村的牛肉销售及下南菜牛品牌产生了负面影响。

二、蚕的养殖

蚕的养殖属于家庭收入中的副业，养殖不需要太多成本，但是需要精心照料。

蚕房。蚕房需要选择光线充足、通风良好、利于排湿的房间。蚕房地板最好是用水泥粉砌，墙壁用石灰浆刮好，以便能彻底消毒；有条件的话可以使用纱门纱窗，以防鼠害；尽量远离房所、厨房等建筑。蚕房进深可大可小，标准的蚕房进深约7—9米，宽4.5—5米，高2.8—3米。新村屯村民的蚕房基本都是在农户家中闲置的房间，实际上并没有特定规格。养蚕应特别注意蚕房消毒。最好使用含有效氯1%的漂白粉液对蚕房、蚕具及周围环境进行消毒，保持湿润几个小时后再进行清洗，待室内及蚕具晾干后进行二次消毒，最后再进行一次烟熏消毒，消毒后应注意将蚕架等用具晾干，待养蚕时使用。

蚕具。蚕具主要有蚕架、蚕箔、给桑架、蚕筷、切桑刀、切桑板、桑筐、塑料薄膜、大小蚕网、养蚕小盒等。蚕架的改进：现在新村屯的蚕架都统一采用长方形，一般以四根木料为柱，柱高一般为2.7米，两柱间相距六七十厘米，用横档固定。两柱上均刻或钉有木桩，分10层，各层之间相距0.23米，最下层距地面0.4米，最上层距天花板0.5米。这样既节省了空间，又有利于蚕室消毒。蚕箔的改进：现在新村屯统一选用的蚕箔规格为长1米，宽0.8米左右，每张蚕种需蚕箔8个，这样有利于桑蚕的量化管理。例如，桑蚕幼虫1—2龄时，每人可负担4—5张蚕种；3龄时，每人可负担3—4张蚕种；4龄时，每人负担1.5—2张蚕种；5龄时，每人负担1—2张蚕种。每人每天可采片叶40—60公斤，采芽叶125—150公斤。

三、养鸡

新村屯养鸡分为农户的散养和规模化养殖。散养鸡一般不需要特别照顾，而规模化养殖土鸡的就是新村屯成立的环江毛南珍林下养殖合作社。

环江毛南珍林下养殖合作社于2016年10月注册成立。为响应县委县政府脱贫攻坚号召，在合作社理事长TRQ的带领下，养殖合作社结合了本地特色产业，以菜牛、土鸡饲养为主导产业，同时以“合作社＋基地＋贫困户”的产业发展模式，执行统一品种、统一技术、统一饲料、统一品牌、打造绿色生态农产品，利用电商等渠道销售，根据市场需求适度扩大规模科学养殖，以带动周边群众共同致富，同时以用工、入社、帮销售的方式带动贫困户共同致富。

图 4-14　养鸡场的鸡舍（摄影：温嘉仪）

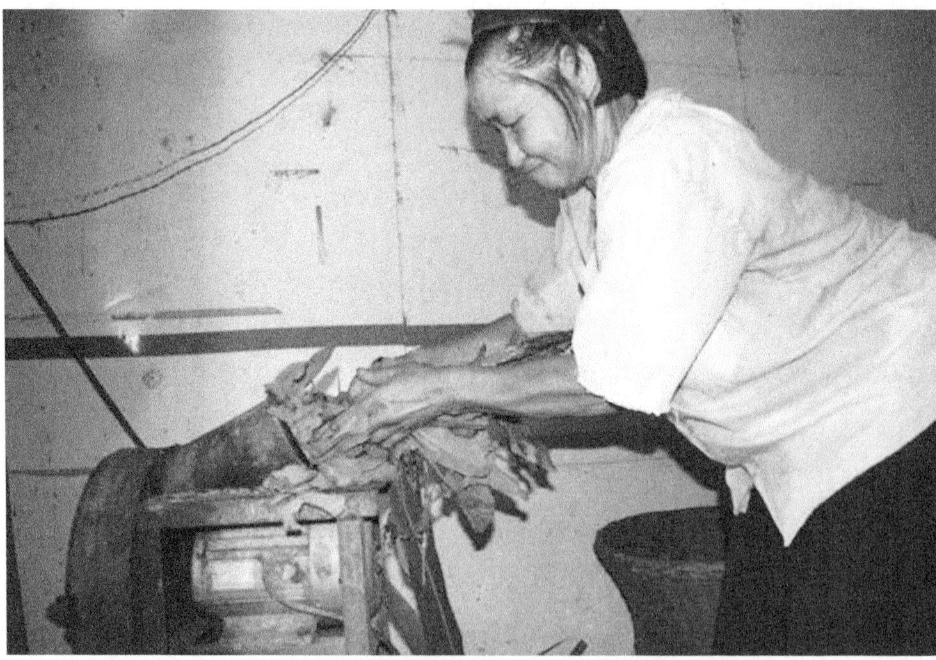

图 4-15　TRQ 的母亲正在给鸡打鸡饲料（摄影：温嘉仪）

万事开头难，合作社在发展初期困难重重。因为合作社成员均是农民，收入不高，所以合作社在起步时主要面临的是资金不足问题。合作社成员们通过向亲戚朋友们借款、小额贷款等方式筹措资金。在合作社成员们的共同努力下，通过开山修路、立杆接线、铺接水管，建设鸡舍、牛栏以及羊圈，养殖基地现已初具规模。

合作社还遇到了农产品滞销而导致的资金亏损、成员因资金问题退出合作社等问题。2016 年是“五年扶贫攻坚”的首战年，政府通过提供鸡苗、帮助销售等方式对贫困户进行产业扶持。因市场供应过多出现饱和状态，导致滞销以及价格降低等问题。这一年，本应饲养到 6 个月就出栏的土鸡，因滞销而多饲养了两个月，以偏低价格卖出，每日饲料开销将近 300 元，合作社成员亏损共计 6 万余元，其中还有两名成员因此而退出了合作社。

此后，合作社理事长 TRQ 总结了经验教训，与合作社理事会理事讨论，分析当前的市场前景，根据市场需求，决定适度扩大或缩小规模，科学养殖；还

图 4–16　混合后的鸡饲料（摄影：加那提）

图 4-17　山中散养的公鸡（摄影：方越）

图 4-18　出栏的土鸡（摄影：冉念鲜）

以电话、微信或朋友推荐等方式与亲朋好友、回头客以及环江县高中老师联系，进行线下销售，同时通过网络开始线上销售。通过以上举措，合作社才进入了平稳运营的阶段。

合作社目前发展还比较困难。现在虽然有许多商家找到了他们，想要每个月收购一批土鸡，但合作社因资金不足难以与商家达成合作。因为合作社对于土鸡品种和品质有严格的要求，必须养足6个月才可以出栏，若是要定期批量出售，就需要大规模的饲养。现有饲养基地不能满足需要，大规模饲养需要在购买鸡苗、饲料等方面投入更多资金。合作社成员因前期亏损难以再次投入资金，也无法申请贷款，向政府提交帮扶申请尚未有回音，目前只能维持小规模的饲养与销售，待后续时机、条件成熟之后，才会再考虑扩大规模发展养殖产业。

现在实现规模化养鸡只有TRQ一家，他同时又担任波川村支书，家中养鸡场交给父母和弟弟照管。养鸡场的鸡散养在新村屯后山上，公鸡和母鸡分开饲养，平时它们在固定区域随意活动，一天喂食两次。饲料有米糠、饲草、玉米和食盐等。饲养过程中还要注意鸡病防疫，鸡雏需要打疫苗等。

第四节　新村屯种植业

新村屯种植的柑橘品种主要为“默科特”，又名“少核默科特”，是从美国引进的橘类水果新品种。这种柑橘属亚热带水果，具有反季节性，当年4月开花，次年3月收果，亩植100株左右。“默科特”柑橘易剥皮，内核较少，挂果时间相对较长，属晚熟杂柑品种，可挂果至次年2、3月。果实体积中等，底部较平，果皮颜色艳丽且质地较细腻。在种植专业合作社的政策优惠下，“默科特”的苗木由当地政府部门免费发放，后期还会有专门技术员对果农进行培训。尽管如此，由于收获时间在春节之后，错过了柑橘销售的旺季，导致农民所得收入相对较少，村民种植柑橘并不积极。近年，村里逐渐出现了嫁接砂糖橘的

图 4–19　地膜覆盖的柑橘苗木（摄影：高奕达）

图 4–20　长大的苗木（摄影：高奕达）

图 4–21　成熟后的柑橘（摄影：高奕达）

图 4–22　灌溉用的机械（摄影：温嘉仪）

图 4–23　喷农药的小飞机（摄影：温嘉仪）

种植方式，嫁接后获得的新品种柑橘在每年1月份左右成熟，满足了春节人们对水果的需求，销量一路攀升，果农收入也随之而增加，更多村民也开始尝试这种新的种植方法。

柑橘种植投资成本高，需要人精心打理；又需要一定种植技术，具体实践并不容易；各项种植、人工、药物等成本都比较高，也十分辛苦。果树整个生长期间，需要适时喷洒农药，农药并不便宜。以TLD所种植的柑橘为例，单是农药一项每年投资就需要上千元。除了农药投资，还需要适时灌溉，修剪枝条。

环江毛南新村种植专业合作社是专门的农民种植合作组织，就设在新村屯，由环江红光水果种植场、环江福康水果种植场以及新村屯种植户组成。合作社于2016年11月注册成立，调查时有成员93人，贫困户22人，注册资金243万元。示范基地占地面积330亩，目前种有富硒柑橘“默科特”“红心香柚”“桂霸一号”青枣、核桃等品种。种植合作社结合了本地特色，以“富硒水果”为主要产业，执行统一品牌、统一品种、统一技术、统一肥料、统一农药，打造绿色生态的富硒水果。种植合作社结合新村屯实际，以合作联营方式运作，由村党支部组织发动贫困户以土地入股、资金入股以及劳动力入股等形式，积极探索“党支部+合作社+贫困户”的扶贫新模式，通过合作社带动村内的贫困户共同致富。

种植合作社的发展历程。种植合作社主要负责人TMC是县水果局的技术员，2012年，参加了县城组织的30名劳动模范到桂林实地考察，认为新村屯可以借鉴其他地方的发展模式，发展具有当地特色的水果产业。村里水田较少，旱地较多，种植水稻和玉米所获得经济收入较低，难以维持生活。反之利用旱地以及开荒用地，因地制宜，发展水果产业，不仅能够获得经济收入，还能兼顾家庭，因此便有了创办合作社的想法。

因为每家每户耕地较少，合作社成员们通过征地的方式，发展规模化种植。刚开始时，村里参与种果的56户家庭中有90%的农户同意以300元一亩的价格征收土地，部分农户（老人）认为根据合同征地15年的要求，若是自己孩子回家就会没有土地务农了。TMC通过这些农户的孩子对老人做思想工作，详细解释签约合同的细节、水果产业发展前景等，最终56户家庭都同意征地。

当地政府也十分支持合作社发展水果产业，向合作社提供了资金及物资等帮助。首先地方政府于 2015 年 3 月份向合作社提供了“默科特”苗木，成员们便开始挖坑种植苗木，将近一个月时间种植完毕。种植期间正逢旱季，而水库在山下，水果种植在半坡位置，人们每天都要挑水浇灌，十分辛劳，但成功保证了苗木存活率。现在，他们在有水源的地方修建一个小水库，通过柴油机抽水至半坡浇灌果树。其次，地方政府至今仍会组织技术人员到村里进行果树种植及护理培训，或是邀请合作社代表到其他种植园进行实地考察学习，再由代表给村民进行相关的技术培训。2015 年，地方政府还投资了 300 万元修建了长 1500 米、宽 7 米的道路通往果园，以便村民们进行农业劳作。

合作社克服了种种困难得以初步发展。首先，果园在征地及种植方面需要投入大笔资金，合作社向乡里扶贫办提交申请帮扶材料。在政府的帮助下，以风险抵押方式申请了 500 万元贷款，得以解决燃眉之急。其次，2018 年，正逢果树结果期间，需要投入大量肥料和农药，一亩地至少需要投入 1 万元左右，合作社再次面临资金不足问题。通过合作社负责人 TMC 介绍，合作社成员向环江县水果局赊欠了 50 吨的肥料和农药，一年内还款；还有部分成员向亲戚朋友借款，或以贷款方式筹集资金，以购买肥料及农药。近期合作社仍在向政府申请贷款，即以政府名义向农行贷款，再由水果局以及农监局的工作人员查验果园情况后，经过村委以及乡政府的同意，即可申请贷款。此次的资金问题得以解决，合作社水果产业的发展又迈过了一个关口。

2018 年果园已有部分果树结出水果。合作社通过网络进行销售，并在包装盒上附上村屯风景、果园图片以及负责人联系方式等信息，有效地宣传了本地水果。浙江、安徽等地的许多商家也与合作社联系，洽谈合作事宜，为日后合作社稳定销售水果渠道打下了基础。

合作社负责人还表示，等到合作社发展起来后，会用合作社部分收入在新村屯村口建一个村屯大门、建设新村屯的绿化及公共设施等，尽最大的可能促进新村屯全面发展进步。

图 4-24　环江巾帼现代农业科技示范基地标牌（摄影：温嘉仪）

图 4-25　“默科特”种植示范基地标牌（摄影：温嘉仪）

第五节　新村屯副业

一、劳务输出

新村屯 67.3% 的水田为“望天田”，人均耕地面积不到 1 亩，人均水浇田和旱地不到 2 分。面对这种情况，新村屯大部分村民利用农闲时间从事其他副业，如外出务工、跑运输、开小卖部、卖米粉、做豆腐、修理、做木工以及搞建筑等。2018 年新村屯有 50 多人外出打工，其中有 8 户是夫妻俩长期外出务工。每年全村劳务经济收入为 18 万元。1994 年之前 80% 的农户住瓦房，只有 20% 的外出打工者返乡后建起了楼房，现在基本上每户都住上了楼房，即所谓的“打工楼”。村民中只有极少数靠种植业住上了楼房。劳务经济对波川经济增长起到了“领头羊”的作用，外出务工是新村屯农民的主要收入来源。但是近些年劳务输出对当地经济产生的负面影响也日渐凸显。一方面，青壮年劳动力大量向外输出，留在家里的多为老人和小孩，留守的家庭成员劳动强度加大，留守儿童的教育问题突出；另一方面，大量青壮年劳动力输出对新村屯新农村建设产生诸多负面影响，如生产主体缺失、农业生产积极性受挫、农村消费市场萎缩以及大龄人口婚姻等问题。

新村屯生产方式变迁，机械化生产推广，农业生产力水平提高，使得农村劳动力富足，加之人均可耕地面积少，便产生了大量的农村剩余劳动力。而剩余劳动力输出的原因复杂，各地区原因各异，总的来说有城乡收入差距大、产业结构变化和劳动力就业结构的变化。美国著名经济学家刘易斯创立的“二元经济”学说，即发展中国家的经济主要是由两部门组成的，一是传统的农业部门，二是现代的工业部门，并认为在传统的农业部门中存在着大量的边际生产力接近于零或者等于零的剩余劳动力，工业部门的工资水平高于农业部门的工资水平，从而工业部门可以从农业部门得到无限的劳动力供给。从此角度看，中国经济的二元结构性突出，一方面，城乡居民收入差距大，引起农村剩余劳动力向城镇转移；另一方面，由于产业结构调整，就业结构也会因产业结构的调整而调整。新村屯的劳务输出正是在此种背景下产生的。

首先，耕地稀缺成为新村屯劳务输出的重要影响因素。可灌溉地和旱地分别占总耕地面积的16.3%，而67.3%是“望天田”。为了提高产量，鼓励粮民种粮，新村屯认真贯彻执行中央精神，围绕农业增效、农村发展、农民增收目标，以改善农业装备结构、提高农机化水平、增强农业综合生产能力、发展现代农业、繁荣农村经济为主要任务，以推进主要粮食作物的机械化为重点，提出狠抓粮食生产，采取尊重农民自愿购置农机产品、政府适当补贴的办法，实行机械化生产。这些政策得到了广大农民的支持，不仅增加了粮食产量，提高生产效率，还减轻了劳动者的劳动强度。由此可见，新村屯人均可耕地面积少，加上农业机械化推广，产生了大量农村剩余劳动力。闲置劳动力不得不向外输出，一方面可以缓解人地矛盾，另一方面还可以增加家庭收入。

其次，城乡收入差距是新村屯农民劳务输出的拉力。2018年波川村人均收入1536元，2017年广西城镇居民人均可支配收入7756.92元，同年广东省城镇居民人均可支配收入11960.88元。波川村2018年的人均收入水平仅占2017年广东省城镇居民人均收入的12.8%，占广西城镇居民人均收入的19.8%。在巨大的收入差距、城市劳动力需求增加和工人工资上涨的驱动下，农业生产的预期收益相比城市低了很多，于是一系列农业优惠政策再也无法阻挡农民外出打工的脚步。

再次，新村屯农民外出务工在一定程度上受城市相对优质的生活所吸引。新村屯与全国其他农村地区一样，农民以“面朝黄土、背朝天，日出而作、日落而息”的耕作方式，传统生产方式和生活方式，无法与城市相比，城市先进的教育、医疗、交通设施等都与农村形成鲜明对比。

最后，新村屯一部分农民因家庭负担过重而外出务工。农民家庭最主要的消费是建房、教育和医疗。单靠传统农业收入不敷支付，迫使一部分农民外出务工。虽然进城务工的实际收入不一定比农业收入多，但农业收入随农业生产的风险性、季节性和周期性而相应地具有不确定性，农业预期收益具有不可测算的特点。进城打工，按时发放工资，收入相对稳定。从这个角度出发，进城务工的吸引力远大于在家务农。

新村屯外出务工的农民，从文化程度看，大部分都是初中文化。从性别比例看，新村屯外出务工的农民有 31% 是女性、69% 是男性。男性外出的比例比女性大，有两个原因：一是女性需在家照顾孩子、老人，料理家务；二是波川村土地少，他们非常珍惜每寸土地，不愿意外出务工而将自己家的土地荒废，于是多数家庭留下青年妇女或者老人在家种地。从年龄结构看，外出务工者年龄最大者 52 岁，最小的 18 岁。外出务工的年龄集中在 20—40 岁之间，此年龄段是外出务工最多的。特别是年轻人由于未婚或者初婚，希望走出村子，开阔视野，都纷纷外出打工。30—40 岁年龄段的农民基本上都已婚，为了一家人的生活，闲置劳动力不得不向外输出。从所搜集到的数据看，40 岁以上外出打工的相对较少，而 50 岁以上的只有 1 人。

从劳务输出的目的地来看，主要集中在广东和福建两地。由于两地有较多的广西人聚居，这对于外出务工的村民有着较强的吸引力。少数村民选择在广西当地就业，极少数选择前往北京、上海等其他城市。从外出务工的就业分布看，从事陶瓷业的居多，其次是电子产品，还有部分从事建筑、皮革加工、焊工等行业。从他们所从事行业的产业结构看，一、二、三产业基本均衡，26% 的农民从事第一产业，38% 从事第二产业，36% 从事第三产业。从外出具体方式看，有三个具体方式：一是农民自发外出，二是亲戚朋友介绍，三是政府引导。

外出打工是新村屯人民增收的重要途径，同时也是土地较少家庭的主要收入来源。从劳务输出特点可见，存在的问题仍然凸显。从年龄看，外出打工的集中在 20 岁到 40 岁之间。30—40 岁是农业生产和新农村建设的主力军。从文化程度上看，基本上都是初中文化，初中毕业就外出打工，文化素质低，导致从事的工种单一且技术含量低，所从事的职业工资水平低。

此外，分布区域主要集中在广东。分布行业相似性大，主要从事制造业和服务业，都从事劳动密集型产业，劳动强度大，工作时间长，工资待遇不高。

二、运输业

新村屯有 14 户从事运输业，其中从事客运的车辆 1 辆，从事矿石运输的车辆 4 辆，剩余主要是在矿山上负责矿石装车，也有部分主要用于波川村的移民工程建设、水利工程建设。由于波川村移民建设和水利建设都需要运石头、沙、水泥等。一部分农民就抓住此机会，买辆农用车开始搞运输。从收益和经营时间看，从事矿石运输的时间长，收入多，工作比较稳定。

波川村要门方解石厂是当地农民利用农闲时节经常从事临时性工作的矿厂。村民在此临时务工，离家近，回家方便，便于农闲时节挣点额外收入。要门方解石厂坐落于距波川村村委会约 3 千米处，该厂最初由政府投资开采，1996 年由于缺乏资金，被一位桂林老板买断了方解石厂的开采权，直到开采完为止。当地农民在矿山运输矿石，到结账日按所运车数和所运距离计算报酬。根据调

图 4-26　用于运输的货车（摄影：高奕达）

研组访问的运输户所提供的数据，一年一辆车运输至少可收入 241200 元，相当于种植大户收入的 4.5 倍。正因如此，有少部分农民把农业种植作为副业，而将运输业转成主业。

新村屯农民经济生活特点：

一是当前农民家庭负担重。尽管波川村当前经济得到发展，80% 以上的农民家庭住上了楼房，家里有了电视机，甚至电冰箱、饮水机、消毒柜、摩托车，但还是主要靠种植业和打工维持生计，经济收入有限。这些收入不仅要维持农业生产投资和日常生活开支，还要供子女上学。从那些有大学生读书的家庭看，教育费用成为最重的经济负担。该地家庭电视机和手机的普及率较高，而冰箱、电脑、汽车等仍然是奢侈品。

二是农民增加收入的渠道窄，收入不稳定，收入水平差距较大。农民增加收入的愿望非常强烈，但多数农民在选择增收创收的途径时，仅基于已有的方式，不敢去探索与冒险。访问的对象中，只有少数家庭敢于探索新出路，如承包工程、跑运输以及开豆腐加工店、米粉店、汽车修理铺等。一方面农民抗风险的能力弱，尤其是有孩子上学和需要赡养老人的家庭，他们不敢轻易尝试新的增收途径。另一方面农村产业结构单一，除了在原有种植技术基础上再增加投入和提高生产技术外，就只能外出打工。此外，由于农业产业受气候和价格影响较大，农业收入不稳定；打工在就业机会和工资待遇方面都不稳定，这些都导致了农民的收入不稳定。

三是农民对经济发展的需求多样化，但现实问题却很多，集中在自然环境差、土地少、劳动力少、看病就医和教育方面困难。新村屯农业用水主要靠水库水和降雨，靠天吃饭的那部分田土收成更具有不稳定性。除了增加收入外，农民还关注大学生的教育问题、看病难和看病贵问题。

四是农民希望获得增加就业机会，及自主创业的优惠政策等。

第六节　新村屯村民收入

改革开放以来农村经济得到长足发展，农民收入较改革开放初期有明显提高。新村屯调查结果显示，其收入呈现“橄榄状”，高收入和低收入群体比重较小，中等收入群体比重较大。

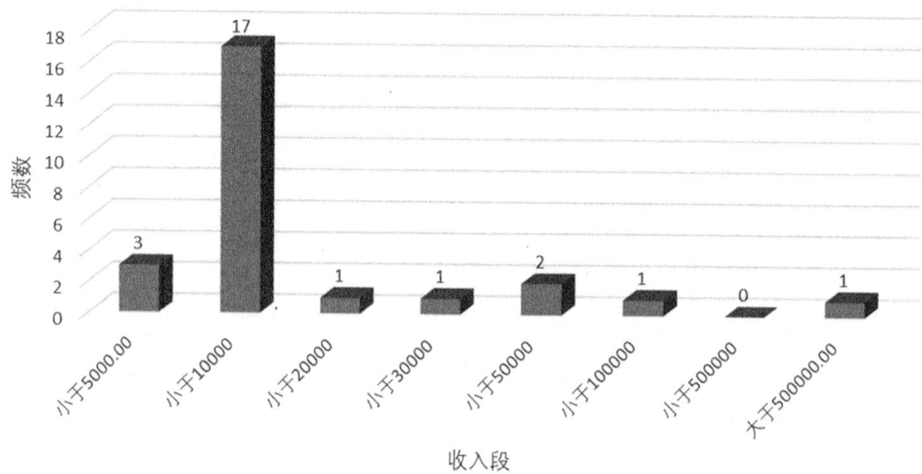

图 4–27　农户家庭不同收入区间频数分布[①]

新村屯各家庭的主要收入来源集中在种植业、牲畜养殖业和外出务工上。农户的收入水平决定了生活水平，各项不同的收入来源并非稳定的。比如，种植业会受到环境因素、投资成本、市场价格波动、气象因素等的影响；牲畜饲养受到流行性疾疫的影响较大；外出务工则与人的年龄、文化素质、技能等密切相关，更与整体社会就业形势有关。调查显示，从事各类经济活动的家庭数量：几乎所有家庭有种植业收入（99%），一半以上家庭有外出务工的收

① 数据来源：2018 年 7 月，在新村屯调研获取的材料。

入（61.5%），89.3% 的家庭有牲畜养殖业收入，4 户家庭有手工业收入（3%），5 户在本乡镇就业（9.8%），7 户家庭有运输业收入（6.6%），16 户有其他经营收入（22.1%），如承包各种工程、小卖店、卖服装、汽车维修等，有 60% 的农户家庭收入中有政府给与的各项补贴。

表 4–4　各项收入来源的户均收入水平　（单位：元）

	种植业	手工业	牲畜养殖业	乡镇就业工资	外出打工	运输业	政府补贴	其他
均值	3406	39	6920	613	4287	6807	528	7860
中位	2585	0	2400	0	3000	0	117	0
众数	2200	0	0	0	0	0	0	0
最大	22200	2700	257000	26400	80000	806400	20000	525200

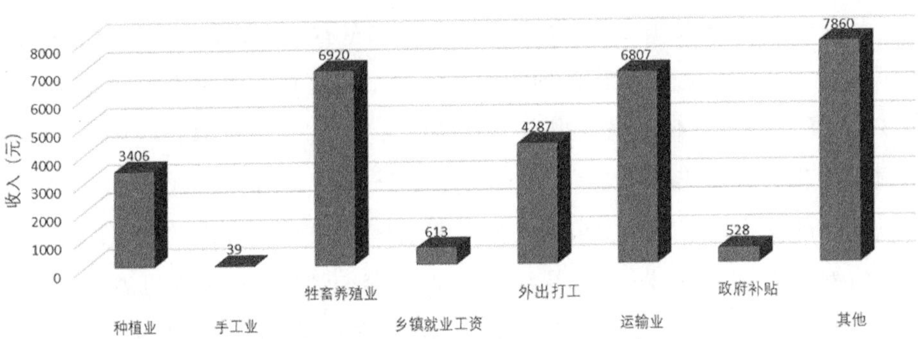

图 4–28　各项收入来源户均收入水平[①]

在种植业方面，农作物种植以水稻为主，种水稻收入占种植业总收入的 85.1%。玉米、油菜、薯类、蔬菜、豆类、桑麻种植面积占总种植面积比重很小。这与波川村特殊的自然环境有关，波川村人多地少，尤其是旱地面积少，每户只有几分，2—3 分旱地的农民家庭居多，旱地都用于种蔬菜。只有旱地面积相对多的家庭种些玉米，在玉米地里套种红薯、豆类。水田面积相对多一些，并且气候条件适合两季稻的生长。2018 年畜牧养殖业收入为 704777

① 数据来源：2018 年 7 月，在新村屯调研获取的材料。

元，其中养牛折算价值259700元，占畜牧养殖业收入的37%；养猪折算价值387231元，占55%；家禽折算价值57846元，占8%。

第七节　新村屯村民消费

新村屯大部分家庭的主要开支涉及以下几个部分：农业生产所需的种子、农药、化肥等；日常消费、医疗、教育、娱乐、红白喜事、通信等。从总体上看，生产性支出所占的比重最高，其次是食品消费，再次是看病、教育支出。所抽取的样本中有少数几户家庭兼营运输业、承包各种工程等经营性活动，经济收入较高，同时支出尤其是生产性支出很高。

从各个家庭各项开支占各家庭总开支的比重看，家庭支出主要安排在吃、穿以及生产投资上。排在首位的是食品，每个家庭食品支出占家庭总支出的31.5%左右。同时，储蓄倾向也高于消费倾向。其他支出尤其是娱乐方面的支出很少。生产性支出排第二，每个家庭的生产性支出占家庭总支出的14.7%，看病就医的支出占家庭总支出的7.8%，教育、红白喜事、交通支出比重相当。广东省对口支援的波川小学，从2016年起，每个学生每个学期只需要交纳20元保险费即可入校就读，每个学期20元对一个家庭的其他费用开支来说，仅占很小的比例（2.3%）。红白喜事支出所占比重4.8%，交通支出所占比重为3%。广西靠近珠江三角洲地区，并且新村屯村民外出打工在地域上具有集中性，一般去广东和福建，与家乡距离短，往返次数少，因之所需交通费用较少。通信费占家庭总支出的17%。对于外出务工人员而言，通信工具成了联络家庭感情的主要纽带。住房属于固定资产，不需要每年重复投资（除装修外）。

总的来说，新村屯的经济特点是：

第一，主营农业，兼营其他产业。新村屯农民的收入来源主要有种植业、家庭手工业、牲畜养殖业、乡镇就业工资、外出打工、运输业、政府补贴救济等。随着农村经济的发展，大量农村剩余劳动力向外输出，由农业转向非农产业，很多农民也不再单纯从事传统的种植业、养殖业，他们的收入趋于多元化。

第二，家庭中劳动人口减少。新村屯人多地少，加之农机推广，新村屯农业基础设施得到改善，生产技术改进等，提高了农业生产率，使得农业生产的人口数量需求减少，农村富余劳动力便可涉足其他行业，许多农民去从事非农产业，如打工、经商、运输等，力争实现增收创收。

第三，制约经济的因素较多。新村屯农民对农业生产前景普遍表示不太乐观，主要原因在于制约性因素太多。调查数据显示，大约七成农户认为农业生产缺少资金、信息技术；五成农户认为自然灾害是主要因素，当地农业用水主要是水库水和降雨；四成农户认为土地少是农业增长的制约因素；三成农户认为市场是限制农业发展的因素之一；两成农户感觉到从事农业生产的劳动力不足，同时认为若是能有其他项目支援农业，农村经济会发展得更快；仅有极少数的农户认为不存在制约当地经济发展的影响因素。

从调查结果来看，自然、市场、劳动力、资金、土地是制约当地农业经济发展的主要因素。自然条件方面，南方多雨，洪涝、喀斯特地区旱灾成为主要的自然限制；从市场看，农产品同质性强，市场信息不完全，市场销路不好，价格低，风险高，化肥、农药等农业生产资料价格高；资金技术方面，农民种植养殖技术不高，农业机械化程度低。调研组深入访问的 50 户中，没有 1 台播种机、收割机，只有小型机械；资金的缺乏无法加快农业基础设施和农机推广，制约着农业生产；劳动力方面，由于大量劳动力向外输出，留守的家庭成员呈现两极——小孩和老人，缺乏从事农业的青壮年劳动力；土地方面，由于地少，导致产业结构单一，缺少特色农业产品。而农户理想中的人均耕地面积为 1.5 亩，旱地和水田面积比例不能失衡。

第五章　新村屯精准扶贫[①]

第一节　新村屯精准扶贫对象的确定

一、扶贫对象的精准识别过程

2013年开始，党中央和国务院制定了精准扶贫政策，并付诸实践。活动第一步就是精准识别，通过一定的方式将低于贫困线的家庭和人口识别出来，同时找准导致这些家庭或人口贫困的关键性因素，这是精准扶贫的基础[②]。广西壮族自治区扶贫办党组成员成伟光表示，精准识别是精准脱贫的基础，只有将识别工作做好了，才能保证后续扶贫工作的有效开展。因此扶贫办十分重视识别工作，并制定了严格的标准以确定贫困对象。

新村屯的精准扶贫工作从认定开始，严格执行广西统一标准：按照是否达到“不愁吃、不愁穿”，“义务教育、基本医疗、住房安全有保障”以及人均收入达到3500元的标准来评定出扶贫对象。其中，不愁吃指的是口粮不愁，主粮细粮有保障、饮水不困难，饮水达到安全卫生评价指标体系标准；不愁穿指每年有换季衣服，经常有换洗衣服；义务教育有保障即家中的适龄儿童都能接受九年义务教育，没有因为贫困而辍学的学生；基本医疗有保障即参加新型农村合作医疗和大病保险，大病有救助；住房安全有保障则是指有自住房，无危房。因为农村吃穿住、教育及医疗等方面的问题复杂，比较难以量化，所以广西壮

① 本章有关于新屯精准扶贫的材料均来自于波川村村委会。

② 汪三贵、郭子豪：《论中国的精准扶贫》，载《贵州社会科学》，2015（5）。

族自治区扶贫办通过组织 300 多人进行了 6 轮大型的试验，深入山区、平原、沿海等不同经济发展地区，在“两不愁、三保障”及收入达 3500 元的标准上设计以及丰富各项指标，统一制定了更为详细的评估表，便于进行贫困识别，各地区还可根据实际情况调整指标分值权重。

表 5-1　新村屯精准识别入户评估表

<table>
<tr><th>序号</th><th>指标及分值</th><th colspan="2">标准</th><th>分值</th></tr>
<tr><td rowspan="5">1</td><td rowspan="11">住房
（多选，累计分）</td><td rowspan="5">房屋结构（单选）（家中有多种房屋结构的按最好房屋计分）</td><td>砖混或纯木结构（含在建）</td><td>18</td></tr>
<tr><td>砖木结构</td><td>12</td></tr>
<tr><td>土木结构</td><td>8</td></tr>
<tr><td>木瓦结构</td><td>4</td></tr>
<tr><td>危房或无房</td><td>0</td></tr>
<tr><td rowspan="2">2</td><td rowspan="2">装修情况（单选）（土木结构、木瓦结构、危房按无装修计 0 分）</td><td>简易装修</td><td>2</td></tr>
<tr><td>无装修</td><td>0</td></tr>
<tr><td rowspan="4">3</td><td rowspan="4">人均居住面积（单选）</td><td>人均 20 平方米以上（含 20 平方米）</td><td>5</td></tr>
<tr><td>人均 13—20 平方米（含 13 平方米）</td><td>3</td></tr>
<tr><td>人均 13 平方米以下</td><td>1</td></tr>
<tr><td>无房</td><td>0</td></tr>
<tr><td rowspan="4">4</td><td rowspan="4">家电
（多选，累计分）</td><td colspan="2">洗衣机或热水器或电脑或较大音响设备</td><td>2</td></tr>
<tr><td colspan="2">电冰箱</td><td>2</td></tr>
<tr><td colspan="2">电视机</td><td>1</td></tr>
<tr><td colspan="2">以上皆无</td><td>0</td></tr>
<tr><td rowspan="2">5</td><td rowspan="2">农机
（单选）</td><td colspan="2">有手扶拖拉机（耕地用）、插秧机、小铁牛（打田机）等之一</td><td>2</td></tr>
<tr><td colspan="2">农户土地全部转包他人的或租用农机耕种土地的</td><td>1</td></tr>
<tr><td rowspan="2">6</td><td rowspan="2">机动车
（单选）</td><td colspan="2">有机动三轮车、摩托车或电动自行车之一</td><td>2</td></tr>
<tr><td colspan="2">无</td><td>0</td></tr>
</table>

续表

<table>
<tr><th>序号</th><th>指标及分值</th><th colspan="2">标准</th><th>分值</th></tr>
<tr><td rowspan="4">7</td><td rowspan="4">饮水
（单选）</td><td colspan="2">自来水</td><td>4</td></tr>
<tr><td colspan="2">自打井水、自引山泉水、自用水塔等之一</td><td>3</td></tr>
<tr><td colspan="2">水瓶或水窖</td><td>2</td></tr>
<tr><td colspan="2">全年缺水 3 个月以上（含 3 个月）或取水往返时间半小时以上</td><td>0</td></tr>
<tr><td rowspan="2">8</td><td rowspan="2">用电（单选）</td><td colspan="2">已通电</td><td>3</td></tr>
<tr><td colspan="2">未通电</td><td>0</td></tr>
<tr><td rowspan="4">9</td><td rowspan="4">自然村（屯）通路情况
（单选）</td><td colspan="2">通沥青或水泥路</td><td>5</td></tr>
<tr><td colspan="2">通砂石路</td><td>4</td></tr>
<tr><td colspan="2">通泥巴路</td><td>2</td></tr>
<tr><td colspan="2">简易行人路</td><td>0</td></tr>
<tr><td rowspan="3">10</td><td rowspan="3">健康状况
（单选）</td><td colspan="2">全家基本成员健康</td><td>10</td></tr>
<tr><td colspan="2">有 1 人残障或患病（半年以上不能参加劳动）</td><td>5</td></tr>
<tr><td colspan="2">有 2 人以上残障或患病（半年以上不能参加劳动）</td><td>3</td></tr>
<tr><td rowspan="4">11</td><td rowspan="4">读书情况
（单选）
（有多种情况的选最低分）</td><td colspan="2">无在校生</td><td>8</td></tr>
<tr><td colspan="2">有幼儿教育或九年义务教育在校生</td><td>5</td></tr>
<tr><td colspan="2">有高中（中职）教育在校生</td><td>2</td></tr>
<tr><td colspan="2">有大专以上在校生</td><td>0</td></tr>
<tr><td rowspan="4">12</td><td rowspan="4">劳动力（16 岁至 60 岁）占比
（单选）</td><td colspan="2">占家庭成员 50%（含以上）</td><td>8</td></tr>
<tr><td colspan="2">占家庭成员 20%（含以上）—50%</td><td>5</td></tr>
<tr><td colspan="2">占家庭成员 20% 以下</td><td>3</td></tr>
<tr><td colspan="2">无劳动力</td><td>0</td></tr>
<tr><td rowspan="4">13</td><td rowspan="4">务工情况
（多选，累计分）</td><td rowspan="4">人数（单选）</td><td>务工人员占家庭成员 50%（含以上）</td><td>6</td></tr>
<tr><td>务工人员占家庭成员 20%（含）—50%</td><td>4</td></tr>
<tr><td>务工人员占家庭成员 20% 以下</td><td>2</td></tr>
<tr><td>无</td><td>0</td></tr>
</table>

续表

<table>
<tr><th>序号</th><th>指标及分值</th><th colspan="2">标准</th><th>分值</th></tr>
<tr><td rowspan="3">13</td><td rowspan="3">务工情况
（多选，累计分）</td><td rowspan="3">务工人员的年平均务工时间（单选）</td><td>半年—1 年（含半年）</td><td>4</td></tr>
<tr><td>半年以下</td><td>2</td></tr>
<tr><td>无</td><td>0</td></tr>
<tr><td rowspan="12">14</td><td rowspan="12">人均土地面积
（多选，累计分）
注：农户转包给他人的土地及开荒地列入计分范围</td><td rowspan="4">水田（单选）</td><td>1 亩以上（含 1 亩）</td><td>3</td></tr>
<tr><td>0.5—1 亩（含 0.5 亩）</td><td>2</td></tr>
<tr><td>0.5 亩以下</td><td>1</td></tr>
<tr><td>无</td><td>0</td></tr>
<tr><td rowspan="4">旱地（坡地）（单选）</td><td>2 亩以上（含 2 亩）</td><td>3</td></tr>
<tr><td>1—2 亩（含 1 亩）</td><td>2</td></tr>
<tr><td>1 亩以下</td><td>1</td></tr>
<tr><td>无</td><td>0</td></tr>
<tr><td rowspan="4">林地（单选）</td><td>10 亩以上（含 10 亩）</td><td>3</td></tr>
<tr><td>5—10 亩（含 5 亩）</td><td>2</td></tr>
<tr><td>5 亩以下</td><td>1</td></tr>
<tr><td>无</td><td>0</td></tr>
<tr><td rowspan="3">15</td><td rowspan="3">养殖业
（单选）</td><td colspan="2">调查时点存栏 1 头牛或 1 匹马或 2 头猪或 5 只羊以上，或水产养殖水面 2 亩以上，或存栏 50 羽家禽以上（含本数）</td><td>3</td></tr>
<tr><td colspan="2">调查时点存栏 2 头猪或 5 只羊以下，或水产养殖水面 2 亩以下，或年存栏 50 羽家禽以下（不含本数）</td><td>2</td></tr>
<tr><td colspan="2">无</td><td>0</td></tr>
<tr><td rowspan="5">16</td><td rowspan="5">种植业
（单选）
注：种植粮食、蔬菜、水果、甘蔗、林木、中药材、桑蚕、茶叶、油茶等</td><td colspan="2">5 亩</td><td>6</td></tr>
<tr><td colspan="2">3—5 亩（含 3 亩）</td><td>4</td></tr>
<tr><td colspan="2">1—3 亩（含 1 亩）</td><td>3</td></tr>
<tr><td colspan="2">1 亩以下</td><td>1</td></tr>
<tr><td colspan="2">无</td><td>0</td></tr>
<tr><td>小计</td><td colspan="4">1—16 项为基本分项 100 分</td></tr>
<tr><td colspan="5">加分项和减分项</td></tr>
</table>

续表

序号	指标及分值	标准	分值
17	加分项（多选，累计不超过 100 分）	住房精装修（贴有瓷砖、琉璃瓦、高档家具等）	10
		家庭安装空调	10
		家庭成员有在公安机关、企事业单位工作有工资性收入的，每人加 10 分	10
		全家外出务工一年以上的，家中无人的	15
		全家外出务工三年以上，家中无人的	30
		子女外出务工或经商一年以上，家中只有老人和小孩的	10
		子女家庭中评估得分 70 以上或子女已在乡镇以上定居的，老人单独设立户口的	10
		家庭子女不在本地公办学校就读而自费到县城以上就读幼儿教育、九年义务教育	10
		家庭有手工作坊、商店、诊所等第二、三产业经营性收入的	10
		有农用拖拉机或大型收割机	10
		有面包车、轿车、越野车、卡车、重型货车等之一	15
		家中 60% 以上耕地丢荒一年以上的	10
		家庭种植有 5 亩以上瓜果（挂果）、蔬菜、中药材等，或有 20 亩以上经济林（含承包地）	15
		养殖规模较大的养殖户（马 5 匹、牛 5 头、猪 10 头、羊 15 只、禽类 200 羽、水产养殖 10 亩以上等上述其中之一或规模相当的其他养殖业）	15
		在交通便利或闹市区或乡（镇）以上买有住房（含自建房）	25
		在闹市区、乡镇或县城以上拥有或租用商铺	20
		家庭有成员注册公司或其他经济实体等	20
18	减分项（多选，累计分）	遭受重大自然灾害导致家庭主要房屋倒塌	−20
		遭受重大自然灾害造成产业重大损失或意外事故造成劳动力损失一半以上	−10
		家庭成员中有 1 人患重大疾病或重大残疾的（半年以上不能参加劳动的）	−10

续表

序号	指标及分值	标准	分值
18	减分项（多选，累计分）	家庭成员中有 2 人以上患重大疾病的（半年以上不能参加劳动的）	−20
		孤儿或单亲家庭有小孩读书的农户	−10
		家庭中有 2 个小孩在高中就读或有 1 个小孩在大专以上就读的	−10

具体实践过程中，新村屯入户调查的评估表里，从吃、穿、住、行、用以及生产生活等方面设计了 18 类 90 项具体指标，并根据新村屯的实际情况赋予分值。因为评估表是在“两不愁、三保障”的基础上，将评估标准细化为可视指标，并且因病、因学、因房是致贫的主要因素，所以在住房、教育及健康等方面的评估分值相对较高，基本都在 8 至 15 分左右。其余的评估标准基本都是对农民收入的反映，并将农民的收入及支出问题细化为对村民家中劳动力、务工人数占比以及产业发展情况等等，分值基本在 5 至 10 分左右。而水电使用情况、农机、家电等反映生产生活状况的评估标准所占分值，基本在 1 至 5 分左右，因为新村屯虽然属于相对偏远地区，但随着村屯发展，村屯中道路、用水通电等基础设施方面也逐渐完善起来，村民在这方面基本没有什么问题，因此所占分值相对较低。

开展精准扶贫项目之初，广西壮族自治区党委、政府决定用两个多月的时间，自上而下地集中开展精准识别工作。环江县下南乡组建的扶贫工作队伍，也在两个多月内，通过宣传动员、入户调查评分、评议并公示等阶段，核实汇总分数，顺利地完成精准识别工作。

2015 年 10 月中旬至 20 日，广西壮族自治区扶贫办开展了宣传动员工作，并对下南乡扶贫工作队的队员进行相关扶贫工作培训。动员培训工作完成后，扶贫工作队员于 11 月初至 20 日至新村屯逐户地进行入户调查。

识别流程：工作队员在入户调查过程中，首先会与户主及其家庭成员进行沟通，交流了解其生活状况、健康情况或是子女的就读情况等等。其次会了解该户的生产生活设施，如住房、家电、交通工具以及水电的使用等方面。再次由会计核算其家庭收入、支出以及债务等情况。而在完成对新村屯的入户调查后，扶贫工作队还会进行为期一周的复核，对评分情况与实际情况不符的村户再次进行调查并重新评分，初步确定扶贫对象。最后，帮扶干部、村干部以及新村屯群众代表对被选定的扶贫对象进行民主评议，内容主要包括对该户“两不愁、三保障”的情况进行讨论，在民主评议中通常使用综合标准，即既考虑农户的收入水平和消费状况，也考虑家庭成员的健康、教育、能力、家庭负担、财产状况，并与新村屯的其他村民的住房、家电及用车等情况进行比较，从而确定最终的扶贫对象。确定人选后会在村屯内进行为期一周的公示，无异议后再上报到乡镇人民政府进行审核，审核通过后再在乡镇进行第二次公示，无异议后即可完成建档立卡和信息系统采集录入工作。并且，每年 6 月份扶贫工作队还会再对新村屯进行全村贫困人口大排查工作，以确保困难户应纳尽纳、退出户应返尽返、脱贫户应退尽退。

为了确保精准识别，扶贫工作队印制了《新村屯精准识别入户评分表》，工作队员在调查期间会依照这 18 类 90 项的具体指标一一进行评分，满足 1—16 项基本指标的累计得分，符合附加项指标的再在累计得分基础上进行增减，得到最终评分。而评分不足 70 分的会被初步列为扶贫对象。

举例：工作队员在对 TMC 家进行入户调查时，通过对其家庭生产生活状况、家庭成员健康状况以及教育情况进行调查，充分了解后，依据评分表的指标逐项进行评定，发现其在 1—16 项中符合房屋属于砖混结构、人均 20 平方米以上，有洗衣机、电视机、电冰箱、机动三轮车、自饮山泉水、家已通电、村屯通水泥路、1 人患病半年以上不能参加劳动、有大专以上在校生、劳动力占家庭成员 40% 但无务工人员、人均土地面积在 0.5 亩以下、旱地在 1 亩以下且无林地、有 2 亩地用于种植业等标准，共累计得分 56 分。在此基础上根据附加项进行增减，发现其未满足加分项标准，但符合家庭成员中有 1 人患重大疾病半年不能参加劳动的减分标准，17—18 项共计 –20 分，最终评估累计得分为 36 分，未达到 70 分的标准，被初选为贫困户，最终经过评定，确定为扶贫对象。

扶贫工作队的驻村第一书记 MXJ 表示，为了做到识别精准，队员们几乎每天都吃住在农村，每天不到八点，就要从乡里进到新村屯里，开始进行入户调查，直至夜深了才收工回家，睡前还要整理好当日的调查数据。那一段时间里大家都非常辛苦，但工作队员们也通过在这段日子里的走访、沟通，对村民们有了一定的了解，既能增进帮扶干部与扶贫对象的情感，还能提高群众的满意度。他还表示，在精准扶贫项目开展之前，扶贫工作其实是非常难做的，因为当时的调查工作没有现在那么细致，扶贫干部虽然会到村民家里调查，但也难免会存在许多村民将自己的电视机、车子等藏到亲戚家中，或是隐瞒自己的其他收入，因此会出现将许多实际上并不贫困的农民选为贫困户，真正的贫困户却落选的现象，其他村民也会对干部工作有所抱怨。但现在有非常严格的选拔标准，并且要经过评议及公示，选出的都是真正需要帮助的村民，很好地杜绝了“富人戴穷帽”的现象。其他村民对干部工作也没有异议，为此后扶贫工作打下了良好基础。

二、新村屯精准扶贫对象的概况

在扶贫工作队的精准识别下，2016 年新村屯共计 15 户被选为扶贫对象。截至 2019 年，新村屯有 22 户被确定为扶贫对象，共计 81 人，占全村人口 22%。实行建档立卡的贫困户有 17 户，共计 64 人，其中 TMC、THQ 及 TZP 三户属于低保贫困户类型，其余的均为一般贫困户。

表 5-2　新村屯贫困户信息表

序号	姓名	人数	与户主关系	民族	文化程度	在校生状况	健康状况	务工状况	帮扶情况
1	TYK	3	户主	毛南族	初中		健康	乡（镇）内务工	2015 年退出户
	TSQ	3	配偶	毛南族	初中		健康	乡（镇）内务工	
	TXW	3	之子	毛南族		七年级	健康		

续表

序号	姓名	人数	与户主关系	民族	文化程度	在校生状况	健康状况	务工状况	帮扶情况
2	TPL	5	户主	毛南族	小学		健康		2015 年退出户
	TJ	5	之子	毛南族	大专		健康	省外务工	
	TJC	5	之子	毛南族	初中		健康	省外务工	
	TMS	5	之儿媳	壮族	高中		健康		
	TML	5	之孙女	毛南族		学龄前儿童	健康		
3	TCB	1	户主	毛南族	小学		健康	乡（镇）内务工	2015 年退出户
4	TCH	4	户主	毛南族	小学		健康		2015 年退出户
	THQ	4	配偶	毛南族	小学		健康		
	TXF	4	之子	毛南族		小学	健康		
	TXZ	4	之女	毛南族		小学	长期慢性病		
5	TDE	5	户主	毛南族	小学		健康		2015 年退出户
	TMQ	5	配偶	毛南族	初中		健康		
	TYY	5	之女	毛南族		小学	健康		
	TYR	5	之女	毛南族		学前教育	健康		
	TLM	5	之母	毛南族					
6	TZQ	4	户主	毛南族	初中		健康	省外务工	未脱贫
	TSD	4	之子	毛南族	初中		健康	省外务工	
	TXA	4	之母	毛南族	小学		健康		
	TZG	4	其他	毛南族	小学		健康		
7	TYY	4	户主	毛南族	初中		患有大病	乡（镇）内务工	未脱（2017 年返贫）
	TXL	4	配偶	毛南族	小学		健康		
	TXF	4	之女	毛南族		九年级	健康		
	TXN	4	之女	毛南族		高中一年	健康		

续表

序号	姓名	人数	与户主关系	民族	文化程度	在校生状况	健康状况	务工状况	帮扶情况
8	THM	4	户主	毛南族	小学		健康	省外务工	未脱贫
	TWQ	4	之子	毛南族		小学	健康		
	TWY	4	之女	毛南族	初中		健康		
	TML	4	之母	毛南族	小学		健康		
9	TZP	5	户主	毛南族	初中		健康	省外务工	未脱贫
	WQH	5	配偶	毛南族	小学		健康		
	THF	5	之子	毛南族		学前教育	健康		
	TLS	5	之女	毛南族		学前教育	健康		
	TSL	5	之母	毛南族	小学		健康		
10	WHK	2	户主	毛南族	小学		长期慢性病		未脱贫（2017 年新增）
	WMZ	2	之女	毛南族		七年级	健康		
11	THW	1	户主	毛南族	小学		残疾		未脱贫（2018 年因残新增）
12	TMC	5	户主	毛南族	初中		健康	乡（镇）内务工	2016 年脱贫
	TJH	5	配偶	毛南族	初中		健康		
	TRS	5	之子	毛南族		学龄前儿童	健康		
	TRW	5	之子	毛南族	高中		健康		
	TYH	5	之父	毛南族	初中		患有大病		
13	TYW	3	户主	毛南族	初中		健康	乡（镇）内务工	2016 年脱贫
	TSZ	3	配偶	毛南族	初中		健康	乡（镇）内务工	
	TYT	3	之女	毛南族		小学	健康		

续表

序号	姓名	人数	与户主关系	民族	文化程度	在校生状况	健康状况	务工状况	帮扶情况
14	TYZ	4	户主	毛南族	初中		健康		2016 年脱贫
	TNY	4	配偶	毛南族	小学		健康		
	TSY	4	之子	毛南族		学前教育	健康		
	TYF	4	之女	毛南族		小学	健康		
15	TCS	2	户主	毛南族	高中		健康	省外务工	2017 年脱贫
	TQQ	2	其他	毛南族	高中		健康	省外务工	
16	TBH	1	户主	毛南族	小学		残疾		2017 年脱贫
17	THM	2	户主	毛南族	小学		健康	乡（镇）内务工	2017 年脱贫
	THX	2	之母	毛南族	小学		健康		
18	TGS	4	户主	毛南族	初中		健康	省外务工	2017 年脱贫
	YXJ	4	配偶	毛南族	初中		健康		
	TLC	4	之母	毛南族	初中		健康	省外务工	
	TQH	4	其他	毛南族		职高专三年	健康		
19	TYG	4	户主	毛南族	初中		健康		2018 年脱贫
	TLQ	4	配偶	毛南族	初中		健康		
	TJF	4	之子	毛南族		小学	健康		
	TYN	4	之女	毛南族		本科二年级	健康		
20	THC	4	户主	毛南族	初中		健康	乡（镇）内务工	2018 年脱贫
	TSN	4	配偶	毛南族	初中		健康		
	TRS	4	之子	毛南族		小学	健康		
	TFY	4	之女	毛南族		小学	健康		

续表

序号	姓名	人数	与户主关系	民族	文化程度	在校生状况	健康状况	务工状况	帮扶情况
21	TLY	7	户主	毛南族	小学		残疾		2018 年脱贫
	FJH	7	之子	毛南族		小学	健康		
	TKJ	7	之父	毛南族	高中		健康	乡（镇）内务工	
	TAS	7	之母	毛南族	初中		健康	乡（镇）内务工	
	TCL	7	其他	毛南族	初中		健康	乡（镇）外务工	
	TS	7	其他	毛南族		小学	健康		
	TYS	7	其他	毛南族	初中		健康	乡（镇）外务工	
22	THQ	7	户主	毛南族	小学		长期慢性病		2018 年脱贫
	TZD	7	之子	毛南族	小学		健康	县外省内务工	
	TZH	7	之子	毛南族	小学		残疾		
	TZQ	7	之子	毛南族	小学		健康	省外务工	
	YBM	7	之儿媳	汉族	初中		健康	省外务工	
	TFY	7	之孙子	毛南族		学龄前儿童	健康		
	TFY	7	之孙女	毛南族		学前教育	健康		

根据广西精准识别的摸底调查，致贫因素主要有因病、因残、因学、因灾、因祸、因房、缺土地、缺水、缺技术、缺劳动力、缺资金、交通条件落后以及自身发展动力不足等 12 种，而新村屯的贫困户主要是因学、因病、因房以及缺少劳动力以及技术等导致的贫困。

其中，因学致贫的贫困户有 THM、TZP、TYY、TMC、TYW、TYZ、TGS、THC、TLY、THQ 共计 10 户，在全屯贫困户中占比达 50%。据调查，这11户家庭中，有2人属于学龄前儿童阶段、3人属于学前教育阶段、7人属于小学教育阶段、3人属于初高中教育阶段、3人属于中专、大学教育阶段。这11户贫困户家庭中每户都只有一至两个劳动力，都是依靠一人收入维持一家四、五口人的生计；而处于学前教育以及小学教育阶段的孩子不仅需要负担学费，还要照顾他们的生活起居，无法在外务工而没有收入来源。即使孩子处于初高中或是上了大学阶段可以寄宿在学校，但在外上学的生活、学习、交通等费用较高，无疑会给这些家庭带来较大的经济压力，因此导致了贫困。

因病致贫的贫困户有TYY、WHK、TMC、TBH、TLY共计5户，在全村屯贫困户中占比达22%。其中，TYY是在2017年时返贫的，他家在精准扶贫工作开展前本已经实现了脱贫，但因为2016年突然身患大病，无法正常务工，还需要负担医药费用，且家中还有两个正在上学的孩子，没有收入来源，经济负担过重，导致他再度陷入贫困；WHK是因患有长期慢性病无法务工而没有收入，家中还有一女正在读书，经济负担重，2017年因病、因学而新增入贫困户；TMC是因其公公患有大病，既需要照顾还需要负担手术费用以及后续治疗费用，家中还有两个正在上学的孩子，因此被纳入了贫困户；TBH、TLY等人也都是因为残疾，或是家中有人患有长期慢性病，无法正常务工，没有收入来源而导致贫困。

因缺少劳动力而致贫的有THM、TZP、TYZ、TYW共计4户。因为这4户家庭都仅有一个劳动力，又因为家中老人和小孩较多，需要被照顾，家中收入来源主要是依靠不定期帮人运送货物，或是在农忙时给村屯里的种植合作社做农活，一天大约100元的收入，收入较低并且不稳定，因此家里只要有人生病，或是孩子上学学费等需要很大的开销时，就会变得入不敷出。

因房子达不到标准而被选为贫困户的有TZQ，THM、THQ、TCS共计4户。TZQ、THM、THQ以及TCS等家基本都是土坯房或年久失修的房子，部分贫困户家中的房子还是两层式的土坯房，一层用来饲养牲畜，二层是家人住所，甚至没有个人使用的厕所，都属于危房。因为经济收入较低，无法支付装修房屋所需要的装修费、务工费等等，因此也被纳入贫困户范围。

从新村屯贫困户信息表中也可以看到，实行建档立卡的贫困户中，小学文化程度的有 18 人，比率达 28%；初中文化程度的有 22 人，比率达 34%；高中文化程度的有 4 人，比率只有 6%。整体而言文化程度相对较低，缺少一技之长，难以实现就业，如 THC、THQ、TZP 等人就因缺少技术而导致无法就业，难以保证稳定的收入来源。

因此，扶贫工作队也在对贫困户进行充分的了解后，开展了相应的扶贫工作。

第二节　新村屯精准扶贫的过程

精准帮扶是精准扶贫工作中最重要的工作阶段，对识别出来的贫困户和贫困村，深入分析其致贫原因，落实帮扶责任人，由村委会、扶贫驻村工作队以及帮扶联系人结合贫困户的需求和实际，逐村逐户制定帮扶计划，因户因人施策，消除致贫因素。

一、精准扶贫的帮扶情况

扶贫工作队伍在精准识别工作完成后，会对村屯内的贫困户进行建档立卡，为每户贫困户指定专门负责其脱贫工作的帮扶联系人（帮扶干部）和驻村工作队员，以便于精准帮扶工作的开展。驻村工作队员是配合驻村工作队指导全村开展各项工作，包括扶贫工作、美丽乡村等各项工作；帮扶干部主要是负责贫困户的各项生活等。每名帮扶干部大概负责 5 户贫困户。目前新村屯贫困户的精准帮扶工作主要由 QCG、WYW、LXL、QQ、WLL、MXW 及驻村第一书记 MXJ 等七位帮扶干部负责。其中，QCG 的帮扶对象是 THC 户、THQ 户；WYW 的帮扶对象是 TZQ 户、TGS 户、TYG 户、TZP 户、TCS 户；LXL 的帮扶对象是 TLY 户、THM 户；QQ 的帮扶对象是 TYZ 户、TBH 户、THM 户；

WLL 的帮扶对象是 WHK 户、TYY 户；MXW 的帮扶对象是 TMC 户、TYW 户；THW 因为是新纳入的贫困户，还未安排帮扶干部，所以暂时由第一书记 MXJ 来负责他的帮扶工作。帮扶干部每个月都会对贫困户进行两到三次的走访调查，全面了解贫困户的生活状况，并确认扶贫措施是否落实到位，实时做好帮扶记录表，也会根据贫困户的帮扶情况及时调整帮扶举措。

二、精准帮扶的方式

对新村屯贫困户的精准扶贫主要通过专项扶贫资金补贴、教育培训补贴、民政补贴、医疗卫生补贴及其他补助补贴等五种方式。

专项扶贫资金补贴主要是通过小额信贷贴息补贴、扶贫产业奖补这两种方式进行精准帮扶。在政府扶贫政策下，贫困户申请 5 万元以下的、3 年以内的信用贷款，可以享受免担保、免抵押，并且政府会按照基准财政利率进行全额贴息。因此，贫困户可以通过小额贷款发展产业，以获得稳定的收入来源。对于新村屯中如 THC、THQ、TYZ 等几户因劳动力少，或是缺少技术而导致贫困的家庭，扶贫工作队员都会为他们普及该项政策并帮助他们申请小额信贷，再由政府将这笔资金贷款委托到当地可信赖的企业进行经营，每年可以获得 1500—4000 元的分红不等，为贫困户提供一些收入来源。扶贫工作队员表示，一般为贫困户申请的贷款资金都不会直接交给贫困户使用。因为大部分贫困户都比较缺乏经营理念，不善于发展规划，直接提供资金可能会被马上花掉，所以会直接由政府进行委托经营。而通过对这几户贫困户的采访得知，虽然帮扶工作人员有向他们解释过这项政策，但对这项帮扶措施仍是不太了解的，只是知道年底可以获得几千元的补助资金。其他同样不了解该政策的贫困户会产生为什么只有这几户家庭可以获得这几千元补助资金的想法，从而产生了对帮扶人员工作不信任的不利影响。

此外，政府还会对发展扶贫产业的建档立卡贫困户给予扶贫产业奖补资金。扶贫驻村工作队在对贫困户进行全面了解后，会对有条件并且有意向进行产业发展的贫困户提供物质及资金补助。如 THC 家里有蚕室以及具备养蚕技能，帮扶队员帮助他们种养了3亩桑苗以供养蚕，并且还会提供一定的资金补助；TMC通过与其他村民集资合办了种植合作社，计划大力发展种植业，但面临缺少发展资金的问题。帮扶队员在了解到这一情况后，为其申请了扶贫产业奖补资金，为TMC户免费提供近几十亩的“默克特”果苗，为其发展种植业打下了良好基础。而通过对TMC的采访了解到，政府虽然为他们解决了果苗的问题，但购买种植果树所需的农药及肥料还需要大笔的资金，果树也容易产生病虫害，在向政府寻求进一步帮助但解决无门后，最终还是TMC个人通过贷款的方式才将资金问题解决；农产品销售问题也还需自己想办法、找渠道才能解决。最后，对于像TMC户这样通过发展产业实现脱贫的家庭，政府还会提供3000元的补助资金，以保证其扶贫产业能够稳固发展。

教育培训补贴主要通过学前教育减免保教费、营养改善计划、免除贫困户子女普通高中学杂费三种方式进行精准帮扶，从而减轻贫困户在子女教育方面的经济负担。新村屯贫困户家庭共计5名子女均就读于波川幼儿园（属于公办的幼儿园），所以帮扶工作队为这几户家庭申请了全面免除保育费和教育费。从2016年秋季学期起，环江县还给全区具有全日制正式学籍的建档立卡贫困户子女中的高中生免除学费、住宿费以及课本费等，逐步推进中等职业教育免除学杂费。因此新村屯中正处于初高中阶段的TXW、TXN以及TXF三人都可以享受免除学杂费的政策，极大程度地减轻了贫困家庭的教育负担。新村屯所有贫困户家庭的在校生都享受了营养改善计划——每年800元的营养餐补助，确保了贫困户子女都不因贫困而辍学。

民政补贴则主要是通过发放低保金、养老金进行精准帮扶，对那些无法通过产业扶持或是就业帮助实现脱贫的贫困家庭实行政策性兜底。新村屯建档立卡的贫困户中，THQ因其子患有长期慢性病、TZP家因缺少劳动力、TMC家因其公公突患大病，导致了家庭人均收入低于当地保障标准，被列为一般保障户。因此这几户贫困家庭的所有成员都被纳入低保范围，家中每人可以获得低保补助105元，实现了应保尽保。帮扶工作队员依政策落实了贫困人口社会保险扶持措施，如TMC户的TYH、THQ本人参加农村居民养老保险时，补贴其个人所缴纳的养老保险费，他们每月可获得90元的基础养老金，一年共获基础养老金 1080 元，进一步减轻了这些贫困家庭的经济负担。

医疗方面主要是通过补贴“新农合”参合人员住院倾斜补助。如 TGS 户全家 3 人共获得了 324 元的“新农合”补贴、TYW 户全家 3 人及 TYZ 户全家 4 人也分别在政府资助下以 324 元、432 元免费参加了“新农合”，从而减少了贫困户的家庭医疗支出，使其医疗得到了保障。

对于村屯中住房保障未达标准的贫困户，政府主要通过发放农村危房改造补助及异地扶贫搬迁补助的方式进行精准帮扶。广西目前进行危房改造可补贴 31000 元。2018 年环江县还开展了桂月扶贫资金项目，即当年进行危房改造的贫困户还可获得 13500 元的补助，若在 10 月份前完成还有 3000 元的奖励资金，共计可获得四万多的危房改造补助，较大程度地减轻了贫困户修缮房屋的经济负担。对于 TZQ、THM、THQ 以及 TCS 这四户因住房达不到标准而致贫的家庭，帮扶工作队员都会鼓励他们以及其他有意向修缮房屋的贫困户在 10 月份前完成危房改造，以获得更多的补助资金。有部分贫困户在这项帮扶措施下顺利完成了危房改造。其中 TCS 一户已完成危房改造实现脱贫；THW 一户在扶贫第一书记的多次动员下，最终同意在 2019 年进行危房改造。对于住房难以进行危房改造，或是有意向进行搬迁的贫困户，则有针对性采取异地扶贫搬迁的举措。MXJ 书记表示，其实异地扶贫搬迁对于这些贫困户家庭而言是好的，因为搬到环江县城上去，年轻劳动力可以就近务工，孩子教育问题以及老人看病问题都可以得到很好的解决。政府提供的搬迁房条件在农村而言都算是较好的住所，如 THQ 一户，其房屋属于泥瓦房，无厕所，危房等级已达到 C 级，很难通过危房改造达到住房保障的标准，只能采取异地扶贫搬迁的方式实现脱贫。THQ 本人年岁已高，又在村里住了很久，一开始是不愿意搬迁的，之后经过扶贫工作队员的多次劝说才同意的。THQ 家的安置住所是约 120 平方米两室一厅的房子，其中政府提供资金补助 192500 元，在他们一家入住新房后还赠送了将近一千余元的礼品，切实保障其住房权益。

扶贫驻村工作队还会在每年春节期间为本村屯贫困户送去春节慰问礼包，即价值 150—200 元的慰问品，如一桶油、一袋大米、一大盒牛奶及生抽等等。从 2018 年 3 月 1 日起，河池市委及市人民政府每年还会为贫困户在中国人民保险公司投保人身意外伤害险，可以很好地减轻贫困户因意外伤害而造成的家庭负担，在一定程度上也可以避免贫困户在脱贫后因病或其他意外而再次返贫。

在精准扶贫的有效施策下，新村屯已有11户贫困家庭按计划实现精准脱贫，整体扶贫效果显著。

第三节　新村屯精准扶贫工作的效果

一、精准脱贫的标准

我国现行的脱贫标准为“一超、三有、两不愁”，即家庭年人均纯收入稳定超过国家脱贫线；安全住房有保障、基本医疗有保障、义务教育有保障；不愁吃、不愁穿。为了确保脱贫的精准，广西制定了更加从严从稳的新标准，即将国家“两不愁、三保障”的标准细化为贫困户按“八有一超”、贫困村按“十一有一低于”、贫困县按“九有一低于”作为退出标准。自新村屯开展精准扶贫工作以来，贫困户也是将“八有一超”作为脱贫标准，即贫困户是否有稳定收入来源且吃穿不愁、有住房保障、有基本医疗保障、有义务教育保障、有安全饮水、有路通、有电用、有电视看，以及家庭年人均纯收入是否稳定超过国家现行扶贫标准，并将这八项指标及其具体标准制成贫困户脱贫摘帽的验收表。除此之外，扶贫工作队还制定了更为完善的脱贫摘帽认定程序，以防止出现数字脱贫、被脱贫的现象。

在精准帮扶工作过程中，扶贫工作队员在做好帮扶工作的同时，还会实时记录工作成效。通过详细的记录观察贫困户是否能够实现脱贫，如果符合“两不愁、三保障”的标准，便可以告知贫困户可以申请脱贫摘帽，再根据贫困户脱贫摘帽“双认定”验收表开展入户核验工作。

入户核验是由县级扶贫开发领导小组组织，乡镇人民政府具体实施，核验工作队员是由县乡干部、驻村第一书记以及驻村工作队员组成，并由该贫困户的帮扶联系人在场见证。核验工作队员会按照贫困户“八有一超”的标准，通过询问、查看、计算、核实等方式，全面了解该户的家庭生活情况。如对THC户的入户核验工作，核验工作队员会通过了解其生产经营性收入、生产经营费用支出、财产性收入以及养老金等，计算其家庭稳定的年人均收入是否达标，再从住房、子女教育、家电使用等各方面进行评估，核验其是否符合标准，还要进行拍照，以作为脱贫认定的佐证材料，所有的评估认定材料都要经过户主的签名确认。在完成入户核验工作并确认该户“两不愁、三保障”等各项指标均达标后，可以由核验工作队员以及户主进行签名确认，即完成脱贫摘帽“双认定”程序。

在完成“双认定”程序之后，村屯小组组织村委以及村民代表开展民主评议，依据脱贫摘帽的标准，对该户入户核验情况进行再次确认，并与村屯中其他未脱贫户进行对比。如果认为该户生产生活等各方面的整体条件都相对较好，各项指标也都达到了脱贫摘帽的标准，即可拟确定为该年的脱贫户。完成村屯小组评议后，再到行政村开展民主评议，通过由村委、帮扶工作队员组成的评议代表进行评议，对该户脱贫情况进行再次认定。确认符合标准后，通过评议人的签名认定可以拟确定为该年的脱贫户。

经过入户核验、“双认定”以及“两评议”后，会在村民小组进行为期一周的公示，群众无异议后即可拟确定为该年的脱贫户，上报到乡镇审核；审核确认情况属实后，即可上报到环江县扶贫开发领导小组进行审核，通过后即可正式认定其为脱贫户。对于成功实现脱贫摘帽的贫困户，扶贫工作队还会进行为期三年的持续跟踪，及时为脱贫户处理问题，以巩固其脱贫摘帽的成果。

二、精准扶贫工作的成效

新村屯实行建档立卡的贫困户共有17户，2019年共有11户共计38人实现脱贫，脱贫率达65%。其中TMC、TYZ和TYW3户于2016年脱贫，TCS、TBH、THM、TGS4户于2017年脱贫，2018年脱贫的TYG、THC、TLY、

THQ 等 4 户贫困户，目前仍处于 2018 年脱贫摘帽认定的评议公示期中；其余 6 户贫困户即 TZQ、TYY、THM、TZP、WHK、THW 等至今还未实现脱贫。（注：2020 年初，毛南族实现了整体脱贫）

在精准识别方面，确保困难户实现应纳尽纳、退出户实现应返尽返。扶贫工作队伍每年 6 月份都会开展精准识别工作，将新村屯中未达“两不愁、三保障”标准的村民纳入贫困户范围。扶贫工作队员在入户审查时发现 THW 家的住房达不到评估标准，本要将其纳入贫困户范围，但却被 THW 以不需要帮助为由多次拒绝。因为 THW 本人在家务工养牛，有一定的经济收入，经济上没有太大的负担。他还认为被选为贫困户是一件丢人的事情，所以一直不愿被纳入。但扶贫工作队员亦是本着“应纳尽纳”的原则，多次对他开展动员工作，最后才于 2018 年将其纳入贫困户范围。在贫困户脱贫后，帮扶联系人还会进行为期三年的持续跟踪，以确保脱贫户稳固脱贫成果。帮扶工作队员在对 TYY 跟踪期间，了解到其因突患大病，加上家中又有两个子女在读书，生活陷入困难的情况后，实时向上反馈，及时开展精准识别工作后，将其重新纳入贫困户范围，再度开展帮扶工作，实现了退出户应返尽返。

扶持产业及就业发展成效显著。新村屯 17 户贫困户中共计有 4 户通过产业扶贫或就业达到脱贫。如 TMC 户在驻村工作队的产业帮扶下，与其他村民合作成立了新村屯默科特种植合作社，推动了种植产业的发展，保证了家庭具有稳定的经济收入来源。在促进新村屯种植业发展的基础上，还为其他贫困户提供了工作机会，即农忙时合作社优先请贫困户做劳动力，一日可有 100 元的工资，为部分因病或需照顾家人而无法到外地务工的贫困户提供获得经济收入的新渠道。在工作队员的帮扶下，THC 也通过发展养蚕业实现稳定就业，TYZ、TYW 以及 THQ 的家人也在政府帮助下实现了就业。

教育精准扶贫作用明显。通过教育精准帮扶机制，新村屯所有建档立卡贫困户家庭的子女都可以享受 15 年免费教育以及助学金资助、营养改善计划补助；还有人也在教育帮扶下顺利就读于中等专业院校，减轻了贫困户家庭的经济负担。从教育精准扶贫开展至今，新村屯从未出现过贫困户家庭的子女因贫而弃学、辍学的问题，保证了所有贫困家庭的子女都能受到一定质量的教育，在一定程度上提高了贫困户子女的受教育程度，使得子女教育切实得到了保障。

医疗得到切实保障。通过以资金补贴帮助贫困户参保的方式，可以减少贫困户在医疗方面的支出。个别贫困户因家庭人口较多，参加医疗保险全家共计要花费 700 元到 1000 元左右；再加上抱有“自己一直以来都十分健康，不会生大病”的侥幸心态，部分贫困户家庭成员不愿参加医疗保险。村委干部及驻村工作队员虽然倍感无奈，但也会集资出钱帮他们参保，从而保证了新村屯贫困户达到了 100% 的参保率，有效防止了因为生病花费大量金钱而造成贫困的局面，医疗得到切实的保障。

整体扶贫效果显著。自从推行精准扶贫以来，新村屯居民可支配收入逐年增长，基本实现了吃穿不愁。贫困户在精准帮扶下收入都有所提高，家庭人均纯收入基本达到 4000 元以上。受访贫困户也都表示在精准扶贫下，生活得到了很大的改善，对政府工作人员的工作也表示满意。

第六章 新村屯政治生活及集体组织[①]

第一节 新村屯村民委员会、党支部及其相关制度

一、新村屯村民委员会和党支部

新村屯106户人家，361人，是一个中等规模的自然村落，隶属于波川建制村。波川建制村设有村民委员会，有37个村民小组。新村屯有3个村民小组，参与波川建制村村民委员会的选举以及对全行政村的管理工作。

我国的基层政权设到乡镇村一级。在波川建制村里，村民委员会掌握着村社的自治权力，对全村公共事务进行自我管理。波川村委会干部每个月有下南乡政府按规定发放的事务性补贴。

村民小组。波川建制村登记的新村屯3个村民小组，在新村屯中称为新村一队、新村二队、新村三队。村子由上下两部分空间组成，上面是三队、下面是一队和二队。每个生产队都设立队长、会计各一人。据调查，在还没有实行抽签轮流当值时，2017年前，队长是通过各队村民进行民主推选而产生的。只要队长工作做得到位，就会连任生产队队长，有连任3年、5年、8年的。从2017年起，三个生产队就实行了每家每户轮流当队长和会计的新制度，该制度会一直延续下去。

① 本章所使用的各种资料均来自于波川村村委会及新村屯理事会提供材料，已经获得授权可以使用。

表 6-1　新村屯 2018 年村民小组队长基本情况表

姓名	职务	性别	年龄（岁）	文化程度
TPC	一队队长	男	52	小学
TWH	一队会计	男	45	初中
LAS	二队队长	女	46	初中
TKZ	二队会计	男	47	初中
TXB	三队队长	女	54	小学
THM	三队会计	女	40	初中

新村屯村民小组队长主要有以下工作职责：

参加上级会议，向群众传达会议内容并完成上级部署的各项事务；

召集群众，研究和解决村中的问题，处理村中日常公共事务，如修路、搭桥等；

讨论村屯的基础设施建设；

处理村中纠纷问题；

向上级反映群众的意见，并和群众保持密切关系。

波川村党支部在新村屯设一个下属党支部。新村屯党支部共有 7 名党员，其中 6 名男党员，1 名女党员。党支部书记由转业军人 TRQ 担任。

表 6-2　2018 年新村屯党支部成员情况表

姓名	性别	民族	学历	年龄	入党时间
TRQ	男	毛南族	中专	36	2006-07-01
TCE	男	毛南族	初中	58	1981-10-16
THH	男	毛南族		62	1978-03-08
TMC	女	毛南族	中专	42	1995-11-23
TLX	男	毛南族		64	1976-09-08
TSJ	男	毛南族		34	2009-10-10
TCW	男	毛南族		54	1999-11-04

新村屯党支部的 7 名党员中，就其性别比例来看，男性有 6 人，占 85.7%，女性有 1 人，占 14.3%；就其年龄结构来看，年龄最大的 64 岁，最小的 34 岁。就其发展党员的时间来看，自 1999—2009 年 10 年的时间里，仅发展了 3 名党员，平均约 3 年发展一名党员。

二、党支部和新村屯村委会工作制度[①]

党支部工作要按照《党支部工作手册》要求，认真实施，并由支部书记或组织委员负责记录。

第一，党支部“三会一课”制度。

党支部党员大会。党员大会一般每季度召开一次。主要是听取和审议支委会的工作报告；讨论决定支部的重大问题；传达贯彻上级党组织的决议、指示；接收新党员等。

党支部委员会（支委会）会议。支委会会议一般每月召开一次会议。会议议题主要是研究、贯彻上级党组织的决定和党支部大会的决议；研究制定党支部工作计划，总结全年工作；研究党的建设和党员教育管理方面的问题；研究培养、发展新党员方面的问题等。因工作需要，可召开支委会扩大会议，但列席扩大会议的党员无表决权。

党小组会。党小组会每月至少召开一次。贯彻落实上级党组织的要求，听取党员思想汇报，及时向党支部反馈党员状况；组织党员学习，加强思想教育，做好党员思想政治工作；讨论分析入党积极分子、发展对象和预备党员的思想、学习、工作状况并向支部提出意见和建议等。

党课。党课一般每季度一次。党课内容一般包括学习党的基本理论、基本政策、基本知识和科学文化知识等。党课由党支部统一组织，可吸收入党积极分子、发展对象参加党组织活动。

第二，发展党员工作制度。

发展党员务必按照“坚持标准、保证质量、改善结构、慎重发展”的方针，

① 本节内容均为 2018 年调研时获取的材料。

成熟一个发展一个，严格按规定履行入党手续。

对入党积极分子进行党的性质、纲领、宗旨等教育，指定两名正式党员作为培养联系人。党支部每半年要对要求入党的积极分子进行一次考察，经过一至两年以上培养考察并经支委会讨论同意后，报上级党组织审批后，列为发展对象。列入发展对象的同志参加县直工委举办的党的基本知识培训。对发展对象进行政审，形成系列政审材料。政审主要资料包括对党的路线、方针、政策的态度，本人的政治历史和在重大政治斗争中的表现，直系亲属和本人关系密切的主要社会关系的政治状况等。支委会在公示征求党内外群众意见、严格审查的基础上，将发展意见提交支部党员大会讨论，并采取无记名投票的方式表决。支部党员大会通过后，要及时报上级党组织审批。

预备党员在预备期满时，应主动向党支部提出转正申请，党支部要及时召开支部党员大会，进行讨论。具备党员条件的，按期转正。不完全具备条件，需进一步教育和考察的，延长预备期；延长时间不超过一年。不具备党员条件的，取消其预备党员资格。将支部大会对预备党员讨论、表决结果，报上级党组织审批。

党费的缴纳和管理。

按照党章规定，党员向党组织交纳党费是党员务必具备的条件和应尽的义务，党员应自觉缴纳党费。凡有工资收入的党员，每月以国家规定的工资总额中相对固定的经常性收入为计算基数，按规定比例缴纳党费。对无正当理由连续6个月不缴纳党费的，按自行脱党处理。党费实行月交纳、季上缴制度。支部组织委员负责党费收缴工作，党费收齐后应及时上缴县委组织部党费账户，并报机关工委。

第三，党员联系群众制度。

密切联系群众是我们党的优良传统和作风，是我们党生命力和战斗力的重要保证，是密切党群关系的有效措施，是一项富有成效的思想政治工作。为发扬党的密切联系群众的光荣传统，保持党组织同群众的经常联系，特制定党员联系群众制度。

主要联系对象：一是入党积极分子。主要是帮助他们提高对党的认识，考察对党的方针政策的理解和执行状况。按照党支部的工作分工，正式党员要及时对申请加入党组织者、入党积极分子、预备党员进行党性知识教育和宣传，帮助他们发扬优点，改正缺点，尽快成长。二是经济困难和伤残病职工。每个党员务必自觉主动联系困难和伤残病职工，与他们保持密切联系，关心他们的工作、学习、生活以及思想状况，尽心尽力为他们排忧解难。三是其他党外群众。

党员联系群众的任务：向群众宣传党的路线、方针、政策；经常听取群众对党组织的意见、推荐或要求，掌握群众的思想动态，做好有针对性的思想政治工作，帮助解决群众生活中遇到的一些实际困难；做群众的知心人，密切党群关系；及时向党支部反馈群众的意见和要求。

党员联系群众的方式：可采取个别走访、交心谈心等方法，也可利用召开座谈会的形式，倾听群众的意见，较准确地掌握联系对象的思想状况、心理活动、工作要求等，以便有针对性地修订工作计划。帮助群众提高觉悟，解决他们的实际困难，激发工作热情。谈话后要认真做好谈话记录。

第四，党建工作创新制度。

鼓励在工作方法、活动内容、活动形式、制度建设等方面创新，用心支持和引导群团组织开展健康有益的活动。

根据党委的统一部署，开展“创五好党组织、争做优秀共产党员”，即“创争”活动。制定详细的“创争”活动计划，明确“创争”活动的指导思想、目标、内容和评比条件，纳入全年党建工作目标管理。联系本党支部的工作实际和党员的思想实际，对“创争”活动进行动员、布置，教育和督促党员自觉参加“创争”活动。结合党支部年度考核、民主评议党员、“七一”纪念活动等，对开展“创争”活动的状况进行有重点的检查、评比。对在活动中表现突出的先进典型予以表彰。每年对“创争”活动进行一次全面总结，肯定成绩，找出不足，并以书面形式报党委。

新村屯村委会各项制度如下：

第一，村民代表会议制度。

村民代表会议经村民会议授权，行使下列职权：审查和批准本村产业发展计划和村、屯建设规划；听取审议村民委员会对村务公开监督小组、村民主理财小组的工作报告，评议村民委员会成员的工作；审议村财务收支情况，讨论决定集体资产的管理和使用；讨论决定涉及全村利益的重要工作措施和重大工作安排；讨论通过村民自治章程（草案）、村规民约（草案），并监督实施；建立和修订村民自治的各项制度；受权履行应当由村民会议讨论决定的涉及村民利益的其他事项。

村民代表依法民主推选产生，每个村民小组 2—5 人，村民代表中，妇女应当有适当名额。村民代表会议代表每届任期与村民委员会任期相同，可以连选连任。村民代表应接受本村民小组村民的监督，有本村民小组五分之一以上村民联名，可以要求撤换村民代表。村民代表在任期内有违反国家法律、法规受刑事处罚的，应当撤换，从村民代表所在的村民小组中补选。

村民代表会议由村委会召集，每季度召开一次，特殊情况或有三分之一以上的代表提议，也可以临时决定召开会议，出席会议人数不得少于应到会人数的三分之二。村民代表会议的议题由村委会提出，也可以由村民代表单独或联名提出。召开村民代表会议要认真做好会前工作。提前两天把会议内容告知村民代表，以便村民代表征集村民的意见。村民代表会议讨论和决策问题的原则必须符合国家法律、法规和党的政策，少数服从多数，局部服从全局，所做出的决定和决议必须经全体代表过半数通过方为有效。村民代表会议要有会议记录，工作报告、会议议题、讨论情况、表决结果和通过的决定、决议等要整理立卷存档。村民代表会议所做出的决定和决议要向村民公布和公开，村民代表必须及时主动地把会议的决定、决议传达到相关民户。

第二，民主监督制度。

村级财务公开。包括财务收支、固定资产构建、农业基本建设、收益分配等财务计划；集资款、土地补偿费、救济扶贫款和上级部门拨款等各项收入；生产性建设、公益事业、村组（社）干部工资及奖金等支出；现金及银行存款、产品物资、固定资产、对外投资等财产；村集体债权债务；缴纳税金、提取公积金、公益金、福利费数额和投资分利等收益分配；农户承担的集资款、水费、电费、劳动积累工、义务工及资产代劳情况等。

村民自治事务公开。包括享受误工补贴的人数和补贴标准。村集体投资的项目和村办企业的承包方案、村公益事业建设、村内一事一议筹资筹劳、村干部年度工作目标、工作安排和民主评议情况等。

村级政务公开。包括计划生育、宅基地审批、土地征用补偿、税费改革和农业税减免政策、救灾救济款物发放、招工征兵、优抚五保、水电费代收代缴、种粮直接补贴、新型农村合作医疗、退耕还林还草款兑现、教育补助、国家扶贫开发项目、社会各界支持新农村建设项目等。

监督的主要形式：利用公开栏按时公开，公开时设立举报电话和联系人；必要时，利用乡政府网站进行公开；根据村监督小组的意见、建议，不断开展工作；对群众有反映的，要及时核实改进。

第三，波川村委一事一议制度。

为了使村集体公益事业的开展不受影响，更好地加快社会主义新农村建设的步伐，制定了一事一议的制度。

凡遇社会公益事业等有关事项需提前或推后召开全体党员、村民代表会议，进行讨论研究。筹资筹劳应当遵循村民自愿、村民受益、量力而行、上限控制、民主决定、程序规范、使用公开的原则，实行一事一议。一事一议事项，由村民委员会提出预案，张榜公布。预案征求村民意见后提交村民会议或者村民代表大会讨论决定。各村兴办集体公益事业所筹资金，属于本村民集体所有的，应纳入村财务进行统一管理，单独设立账户，进行单独核算，所筹划资金的收支情况，应定期向村民公布，接受村民监督。

村民会议或者村民代表会议通过的筹资筹劳决定，村民委员会应当自通过之日起5日内将筹资筹劳决定、方案和会议记录上报乡农业综合服务站审核、再由镇政府批准并报县农委备案。在制度实施过程中，要求全体参与人员发挥积极带头作用，并作为此项工作实施的监督员，一要监督干部，二要监督村民。凡符合规定的筹资筹劳，村民应当自觉缴纳和出工，对违反规定的筹资筹劳，村民有权拒绝，并向镇政府举报。要求全体参与人员当好宣传员、模范员，充分发动群众，上门入户，动员群众积极参与村集体组织的各项活动。

三、新村屯公共事务的决策方式

党小组决策。新村屯的党支部主要与波川村党支部一起活动，但在有些关于新村屯的具体事务上，根据波川村党支部的指示，新村屯的党支部成员对屯中事务有什么看法或想法，先向组长反映，组长召集党支部所有成员共同讨论后，做出决定。党支部除了内部事务外，其他公共事务的决策都会征求理事会的意见，与理事会一起开展各项工作，并在公益事业中发挥带头作用，做群众的带头人。

村民大会决策。新村屯里若遇到诸如集资修路、搭桥、集体出资款待贵客等涉及全村村民的重大公共事务时，由各队长先通知本队村民，召集村民到广场上参加村民大会并主持会议。召开村民大会时，原则上要求每个成年村民都参加，至少每家也要派一个代表来参加。在公共事务让村民充分表达意见后，采取举手表决、少数服从多数的形式进行决策。村民大会是新村屯中公共事务的最高决策组织，村中的大部分公共事务能够通过村民大会解决，少数不能解决的再要求波川村委会、下南乡政府解决。

村民小组决策。波川行政村布置下来的各项任务和新村屯里的日常事务，仅涉及各个支队的由各个支队自行解决，若涉及全体村民利益的，一般由理事会的成员和各队队长共同讨论（其中主要是三个队长，而会计负责出资和记账工作，一般不过问其他事务），达成一致意见后，由各队队长分别通知到各家各户。

“能人”决策。据调查，新村屯 371 位村民中，亦存在着一个能人群体，他们多是热心公益、能力较强、对集体事情比较积极的人。每个队都有几个，其中一队主要有 TYH、TJH、TWH 等；二队主要有 TKZ ；三队主要有 TCE。能人群体的成员遇到一个事情或知道一个消息，回来在能人中讲一声，讨论取得一致意见后，再去发动群众，群众同意就去实行。

第二节　新村屯村民理事会

新村屯村民理事会，是管理本屯事务的群众自我组织、自我管理、自我监督、自我教育的自治组织，新村屯内重大公益事务均由新村屯村民理事会来组织进行。新村屯村民理事会的成立及其发挥作用，经历了一段时间才步入正轨。以下是新村屯村民理事会成立的背景及其选举的内容介绍。

一、新村屯村民理事会产生的背景

第一，毛南族历史上的自治传统和习惯："隆款"和乡老制度。

毛南族传统上就有自治习惯。在《环江县毛南族社会历史调查》是这样叙述"隆款"的："以族聚居的毛难族村寨，有称为'隆款'的村社组织。每年开春，村社里的男子定期聚会，推举有威望和能力的老人为乡老，主持制定共同遵守的乡规，称为'隆款'。按此来调解和处理内部纠纷，维护社会安宁，组织和领导对抗外侮等，具有很大的权力。"①

乡规民约是在一个地区制定的、为规范大家行为的一种准则。下南乡波川小学中即立着一块清乾隆年间的碑刻，上面刻着乡规民约。在乡以下的地方很少会专门制定乡规民约，但多为大家口耳相传，共同遵守，一般在村里开会时会反复强调规则。据新村屯村民反映，村里以前的村规民约内容主要为约束、惩治偷盗、打架等。如果有人违反，则会罚相应的钱数或者采用别的方式。但由于当时没有记录的习惯，没有保留至今，老人也只能记得大概，无法细究。

第二，村民委员会权力功能覆盖不全。

波川村共有19个自然屯，38个村民小组，1150户3786人口，是下南乡

① 广西壮族自治区编辑组：《广西仫佬族毛难族社会历史调查》，96页，南宁，广西民族出版社，1987。

的第二个大的建制村，其中98.8%是毛南族。因为地势崎岖不平的原因，各个屯之间相隔一定的距离，过去交通不便，屯屯通水泥路是近两年内才完成的。2018年才实现19个自然屯全部通电，9个自然屯解决了饮水问题。而波川村村委会人员目前只有9人。村委会人员工作强度大，自治权力难以落实到屯一级，村民自治的许多需求就只能往后考虑，于是出现了新村屯村民理事会这一保障村民自治的自发性组织。

第三，村民小组的管理范围受限。

波川建制村登记的新村屯的3个村民小组，在新村屯中称为新村一队、新村二队、新村三队。村子因为地势原因由上下两部分组成，上面是三队、下面是一队和二队。每个生产队都设立队长、会计各一人。屯里的基础事务都由各队队长来处理。随着村里年轻劳动力的缺失，村民对于队长这一钱少事多的职位纷纷推脱，以至于出现了无人竞聘，选中了也不愿意就职的情况。从2017年起，3个生产队就实行抽签决定每家每户轮流当队长和会计的新制度，这个制度会一直实施下去。由于队长轮换制，再加上生产队长只是事务性职务，无力承担群众文化活动等更为复杂的功能性职能，村民的文化活动需求无法得到满足。新村屯村民理事会成立后，很快改变了村民有问题无处说的困境，使得屯里重大事务有了讨论和处理的地方，真正实现了村民自治。

第四，屯里能人的带头作用。

2013年TKS带头组织，将在环江县生活的一批新村屯人聚在其弟弟TKZ的酒厂。根据TRQ讲述，当时大概是三桌人，TKS之所以组织这次饭局，是因为想以联欢会的形式来讨论新村屯以后的发展问题。如发展家乡旅游业、成立新村屯村民理事会以及修建广场等想法就是联欢会上提议的。

2014年12月8号，TKS从环江县回到新村屯，组织召集新村屯三个生产队的所有村民开会。本次大会目的有两个，一是成立第一届新村屯村民理事会，二是倡议建广场。这一天，在TKS组织下，在狭窄的水泥路上，通过各村民小组群众的反复讨论，进行无记名投票、统计结果，新村屯第一届村民理事会如愿成立。理事会由9人组成，TRQ被推选为理事长。新村屯村民理事会的成员都是村屯里群众信服的、公认的能人。

第五，熟人社会的内在条件。

新村屯是一个自然屯，整个屯里绝大部分都是毛南族，是以血缘关系和地缘关系为纽带而形成的村屯，有共同的祖先，是一个较为紧密的共同体，属于熟人社会。相对于几个村联合起来的建制村来说，群众之间更加了解和信任本村屯的人，并且因为有着共同的利益关系和比较强的心理认同感，人们更加支持和参与新村屯村民理事会这一组织的成立，并且调动了参与本屯公共事务的积极性。

二、新村屯村民理事会成立及第一次重大活动

（一）新村屯村民理事会的成立

经过村民一段时间的广泛酝酿，2014 年 12 月 8 日中午，通过民主选举产生了新村屯第一届村民理事会。新村屯重大事务均由理事会来组织进行。

结合各屯实际，屯级村民理事会成员分工如下。

理事长：主持理事会全面工作，负责与村“两委”沟通协调具体事宜。

副理事长：协助理事长抓好理事会各项日常事务。

理事：结合村屯实际，一般设产业发展理事、生态卫生理事、治安调解理事、文化宣传理事和财务监督理事等。

理事会的宗旨和职责。理事会按党的方针政策，执行国家法律法规，在遵循民意的前提下，做好村屯公共事务的管理，推动新村物质文明和精神文明建设。

理事会成员的产生方式。理事会成员通过村民选举或由村“两委”推荐产生，选出有威望、有能力、愿为村民做事、办事公道的人担任。每届理事会成员原则上按每队各推荐 4 名候选人参与投票，最后以票数从高到低的前 9 位当选，具体分工由理事会内部决定，设理事长 1 名，副理事长 2 名，任期 3 年，可连任。同一户不得同届两人以上担任理事会成员。

理事会的权利和义务。带领群众贯彻党的各项方针政策，积极为群众谋福利；参与村屯公共事务管理，组织解决村屯内各种纠纷；带头遵守村规民约并引导和督促村民执行落实；积极主动与外界联络，带领村民合作发展经济；组

织开展村屯公共设施建设和文化娱乐活动；尊重民意，维护村民权利，管理并监督好村屯财务；带头讲文明树新风，倡导健康、科学的生活方式。

新村屯理事会章程

一、宗旨和职责

理事会按照党的方针政策，执行国家法律法规，在遵循民意的前提下，做好村屯公共事务的管理，推动新村物质文明和精神文明建设。

二、理事会成员的产生

理事会成员通过村民选举或村“两委”推荐产生，选出有威望、有能力、愿为村民做事、办事公道的人担任。每届理事会成员原则上按一、二、三队各推荐四名候选人参与投票，最后以票数从高到低的前九位当选，具体分工由理事会内部决定，设理事长一名，副理事长两名，任期三年，可连任。同一户不得同届两人以上担任理事会成员。

三、理事会的权利与义务

1. 带领群众贯彻党的各项方针政策，积极为群众谋福利。

2. 参与村屯公共事务管理，组织解决村屯内各种纠纷。

3. 带头遵守村规民约并引导和督促村民执行落实。

4. 积极主动与外界联络，带领村民合作发展经济。

5. 组织开展村屯公共设施建设和文化娱乐活动。

6. 尊重民意，维护村民权利，管理并监督好村屯财务。

7. 带头讲文明树新风，倡导健康、科学的生活方式。

理事会主要是调解村里矛盾、组织村里的文化活动、为村里发展做规划、落实上级政策、道路拓宽以及基础设施建设、召集大家开会等。一般村里有矛盾，不会找队长，因为队长现在是轮流的，主要还是找理事会。其中理事会会长、副会长及内部具体分工是由理事会内部自己决定的。

理事会作为村民自治组织，与以前的“隆款”组织较为相似，都属于自治性质的组织。在选人标准上都是选出有威望、办事公道的人来处理村里面的事情。但理事会较“隆款”制来说，由于成员人数多，因此处理问题更加公正。此外，理事会也更加为村子的未来发展着想，更加现代化，更加符合现在新村屯发展的需要。

理事会在产生之初，还产生了另一个组织——监事会。监事会是专门监督理事会的组织，主要是监督理事会的决策和集资。在人员构成上，监事会成员原本为5人，后来为了便于选举，改为3人，每个生产队推选出1名成员。监事会成员不能与理事会成员有亲戚关系。

监事会与理事会同时产生、换届。波川村目前有3个屯成立了理事会和监事会，新村屯是最早开始，新村屯组织理事会和监事会是TKS主席首先提出建议的。开始时，屯里人对这个不了解，大家在TKS的解说下开始抱着试一试的心态去建立了理事会，在建立之后大家逐渐深刻体会到了理事会的好处。

民兵营是从村里选出青壮年，在农闲时集体训练，需要保护乡村时候就出来发挥作用。现在民兵营的功能基本已经转移，主要负责在道路损坏及修路时维护现场及治安。民兵营的成员平时要去县里参加训练，如打靶、军事训练等。民兵营成员只有在参与行动后，才会发放相应的劳务费，平时没有工资。据说，新村屯里也有人是民兵营成员。

（二）第二届村民理事会

2018年7月，新村屯村民理事会进行了选举，第二届新村屯村民理事会成立。因为第一届新村屯村民理事会理事长TRQ已经荣升为波川村村委会书记，他兼任理事长大约有半年多的时间，实在无力再承担两副重担，必须重新选举。两届新村屯村民理事会的大致情况，包括成员、性别、职位及所属村民小组如下表所示。

表6–3　新村屯第一届村民理事会成员

姓名	民族	性别	职位	所属村民小组
TRQ	毛南族	男	理事长	2队
TWH	毛南族	男	副理事长	1队

续表

姓名	民族	性别	职位	所属村民小组
TDE	毛南族	男	副理事长	3 队
THL	毛南族	男	出纳	2 队
THZ	毛南族	男	成员	2 队
TYG	毛南族	男	成员	3 队
TMC	毛南族	女	会计	1 队
TYZ	毛南族	男	成员	1 队
TCZ	毛南族	男	成员	3 队

表 6–4　新村屯第二届村民理事会成员

姓名	民族	性别	职位	所属村民小组
TJH	毛南族	男	理事长	1 队
TCZ	毛南族	男	副理事长	3 队
TYW	毛南族	男	副理事长	2 队
TLQ	毛南族	男	出纳	3 队
TKJ	毛南族	男	成员	2 队
TNJ	毛南族	男	成员	1 队
LAS	壮族	女	会计	2 队
TPC	毛南族	男	成员	1 队
TQZ	毛南族	男	成员	3 队

新村屯村民理事会成员数量分析：新村屯共有 3 个村民小组，也就是 3 个生产队。每个生产队都有 30 户左右，每个队都有 1 个队长。新村屯村民理事会成员是召集全队成员，由 3 个生产队各自开会推选出 3 个人，来代表其生产队来行使权利，并且新村屯村民理事会保证每队其中的 1 名成员成为理事长或副理事长，以利于各队权利的制衡，保障新村屯村民理事会公平、公开、公正地行使权利。同时新村屯村民理事会内部设置财务和会计各 1 人，保证财务支出的公开透明，并且还规定同一户中不得出现同时两人当选为新村屯村民理事会的成员。

新村屯村民理事会成员性别构成分析：如上表所示，男性成员占主要部分，比例接近90%，而女性成员仅有10%。据调查发现新村屯并没有女性歧视，也并没有重男轻女的思想，相反他们认为男女平等，而且他们村的上门入赘婚较多，体现出新村屯男女平等的思想。新村屯村民理事会成员当中女性成员的数量少，是因为新村屯女性不太关注屯里事务管理，她们自己认为开会讨论是一件复杂的事情，她们宁愿在家做家务，更多希望自己的丈夫去参与这些事务。在与新村屯男性的访谈中我们了解到，他们拥有极高的责任感和荣誉感，非常乐意参与到新村屯的建设中来，也很愿意通过帮助建设村屯，让自己的村屯变得更加美好。

新村屯村民理事会成员的年龄分析：在上表当中，在30岁以下的人数为0，在30—50岁之间的人数占100%，50岁以上的人数为0。由此可得出，新村屯村民理事会的成员都属于青壮年，有充沛精力去管理屯里事务，需要外出帮忙采购或者干体力活时，他们也能够轻松完成。

（三）村民理事会组织的第一次重大活动——修建“松米稿”广场

2014年12月8日，新村屯第一届理事会成立，他们成立之后的第一个任务就是建广场。12月18日新村屯正式开始建广场。

早些时候，周边兄弟村屯已经修建了自己的广场，新村屯里年轻人觉得“别的屯能够修建，自己的屯也不差，我们新村屯也应该拥有自己的广场”。修建广场有两个最主要的问题需要解决，就是资金和土地征用。

资金问题：经理事会全体成员讨论决定，将三个生产队的生态林补贴当作第一个资金来源；其余以众筹形式在村内自己筹集。每户按照人口每人交款70元；如果有石头可以给石头（用于平整广场），没有石头的全部交钱。当时交钱的农户比较多。而出工修建广场是自愿的，没有强制性要求。出工群众每天签到，理事会成员每天做统计。

广场选址和征用土地问题：选址选在新村屯半山腰的地方。因为建广场的这块地是村民的农田，所以理事会还需要解决土地的赔偿问题。当时，经讨论决定按照国家标准，一亩地给5000元的土地赔偿。这个赔偿方案在群众中获得通过，因此征地问题顺利解决。广场选址上有一些村民家的树木，包含TRQ家也有几棵树，他当时带头自愿砍树。在书记带头示范下，其他村民也选择了这样的处理方式，加快了广场征用土地工作的进程。

在此过程中出现了一个小插曲，就是三队某些住户认为建广场的地理位置离他们远，他们享受不到它的作用，反对在此处建广场。最后TJH、TWH等人去一一进行说服工作，解决了分歧，那些住户也参与到这个工程建设当中。TJH曾经谈到说服过程，他说："我当时对那些人说，你们是不是新村屯的人？要是你们还知道自己是新村屯的人，就应该和大家一样支持这个事情。因为我们并不是为了某一个个人而去做它，也不是为了自己，我们是为了下一代人。我们的前辈们给我们留下了这块地，而我们以后给下一代该留下什么。现在你们反对这个事情，但我们大多数人还是非常想要做好它。如果我们做成了，你家小孩也想去那里玩耍，那时你们怎么好意思面对大家？你们心里面肯定也会难为情的，这样很影响大家的交流交往。"实际上是大家对村屯的认同感促进了问题解决。

广场施工需要填沟，拓展土地，工程量很大，需要延请施工队。施工队是TRQ书记、TJH等人去找的。根据TRQ、TJH及TWH三人的讲述，我们了解到他们在建广场的过程中并没有画出具体的施工图，所有的过程都是边讨论边规划边做而成的，比如舞台和观众席的比例、该从哪里切、该切多宽等问题。他们表示虽然没有施工图，这并没有影响它的建成。

广场开工后，群众几乎全员参与，热情高涨。当时，午饭大家是做大锅饭一起吃的。有很多村民主动捐出大米、蔬菜、瓜果等食物。TRQ说："群众的参与度完全超乎了我的想象，有一个画面回想起来到现在让我很感动。那就是一个背着小孩的妇女和一个七十多岁老人在捞泥浆的画面。从这个我们可以看出来群众是多么的想做好这个事情。"

一个月以后，广场平整好了，村民举办了第一次聚会。回忆起当时的场面，TJH说："中午大家一起吃午饭，当时小孩子都跑到刚平整好的地上玩耍，晚上进行了篝火晚会。大家都在那里跳舞唱歌，老人也参与到跳舞的年轻人当中，场面非常热闹。"TRQ也回忆说："当时我和TWH去环江县，从我一个朋友的店里租了一台音响，后来发现它被玩坏了。我们当时太激动，都忘记它是租来的。然后给朋友赔了100元钱。”他还说：“那一次我在舞台上讲话，这个讲话内容我提前很久写好的，还准备了挺久，但真上去的时候，我完全脱稿讲了很多。我记得我讲了四个感动。分别是，很多老人加入做工，让我很感动；群众的积极参与度超过了我的想象，让我很感动；年轻人的积极配合及做出的贡献让我很感动。第四个不太记得了。”

广场完全建好了以后，2015年春节，他们举行了新村屯第一次春节联欢晚会。当时提前一个月准备节目，也邀请别村的演出队来表演节目。来看新村春晚的群众非常多，观众席坐满，两边的路上也站满人群，当中也有很多是外村来看节目的。至于活动经费，一部分是从集体公集金当中出的，一部分是大家众筹的。总之，活动办得很成功，群众也非常满意。这就是新村屯文化广场建成的全部过程。

当我们问他们：这件事情是你们几个人开始做起来的，那万一做不成功，你们怎么办？TWH说：“我不知道其他人怎么想的，反正我觉得不会做不下去，只要开始了肯定能做好。因为，我相信只要我们一心一意去搞这个事情，那上级领导绝对会看到我们的决心，会给予帮助的，他们不可能袖手旁观的。政协捐水泥和财政局拨款这两个就是最好的例子。当时，还有外村的老人过来看到我们在做这个，也被我们的团结和决心所感动，还捐了100元钱。”

广场修建过程中还得到了两次比较大的外部援助。TKS主席工作的县政协捐赠了100吨水泥，分两次，每次给了50吨。在广场初步完工后，群众进行了一次大型的联欢活动。当时从村里走出去、在县城上班的TXM春节回娘家，发现乡亲们在黄土地的广场上玩耍，觉得广场应该进行硬化。她请来了财政局领导到村里视察，根据相关制度，采取一事一议的政策，财政局批了21万元的广场硬化资金。

三、新村屯村民理事会的具体操作运行方式

（一）新村屯村民理事会在村屯内开展的各类活动

第一，每年组织开展儿童节、重阳节、“三·八”妇女节活动。

图 6-1　新村屯老人和儿童在参与吹乒乓球游戏（摄影：谭荣庆）

每年由新村屯村民理事会分管人员组织开展丰富多彩的“三节”活动，活动经费以众筹和捐助为主。2019 年重阳节，新村屯举行了热闹的敬老游园活动。老人们积极参与这次活动，他们的脸上充满了喜悦。

第二，每年春节开展全屯联欢大聚会活动。

每年春节前一个月由新村屯村民理事会讨论新村屯春节联欢活动计划，经费可从集体公集金支出一部分，大家众筹一部分。自新村屯修建广场后，在广场上每年举办春节联欢晚会活动，吸引了附近村民前来围观与参与。新村屯陆续开展了关于毛南族文化方面的节目表演，还成立了下南乡的舞龙舞狮队，在县里分龙节活动中，还代表整个下南乡去参与表演。

新村屯文化活动中，TYH 老人的拳术成为其中一个特色项目。据 TYH 说，拳术是新村屯独特的一个文化因素，这种拳被称为南拳。以前下南乡并没有拳，是一个叫吴霸（音）的外地人来到下南乡生活，教这边的人打拳，吴霸并没有后代。当时下南乡有个叫 TZY 的人，差不多 12 岁就去和吴霸学打拳，他学会了之后就教村民们打拳，TYH 老人的父亲就是 TZY 的学生，而 TYH 老人从父亲那里学拳。TZY 除了教 TYH 老人的父亲之外，还在他们屯教了一个，另外一个屯也有一个学生，总共三个人，现在他们都去世了。他们子孙后代也没有继承这个南拳，只有 TYH 老人一个人会打。据说南拳一共

图 6–2　2019 年下南乡分龙节新村屯群众聚餐（摄影：孙攀搁）

图 6–3　2019 年下南乡分龙节新村屯群众合唱民歌（摄影：孙攀搁）

图 6-4　新村屯男女老少集体清扫卫生（摄影：谭孔孙）

图 6-5　新村屯儿童捡拾清除垃圾（摄影：谭荣庆）

有两套招式，分别叫大八步和小八步。TYH 老人希望南拳继续传承，在广场修建好之后，他每年都会教一帮村里小孩子打拳。这些小孩子大多都是小学生和初中生，男孩女孩都有，他们平时在周末时间进行训练，新村屯春节晚会上进行表演，玩得十分开心，既锻炼了身体，也愉悦了村民。这不仅让南拳有了一定的受众和观众，也扩大了南拳的知名度，进一步丰富发展了新村屯文化。

第三，每年清明节组织参加凤腾山祭祖活动。

每年由新村屯村民理事会分管人员和队长发动群众，积极参与凤腾山祭祖活动，经费以众筹形式自愿参与，不得动用集体公集金。

第四，每年组织参加全乡分龙节活动。

每年由新村屯村民理事会分管人员和队长发动群众，积极参与全乡分龙节活动。经费以众筹形式自愿参与，不得动用集体公集金。

第五，每月第一个星期六开展全屯大扫除活动。

每月由新村屯村民理事会分管人员通知队长，召集本队群众参加大扫除活动，每次活动都要发动老人和小孩全员参与。缺席农户由队长负责登记，并于年终统一公布，每缺席一次从该户公集金中扣除 100 元充公。

第六，每年进行一次“卫生家庭”评比活动。

“新村是我家，美丽靠大家”，清洁卫生从我做起，老人小孩互相监管，不但把自家搞得干净整洁，还要做好公共环境的清洁卫生。每年由各队评出“卫生家庭”三户，再由新村屯村民理事会组织评选新村屯“最美家庭”一户，给予奖励。

第七，开始经济协作，发展经济。

经济合作社与养殖厂是村里面主要的经济形式，大家尝试采用共同的工艺及手法，一起发家致富。合作社是村里大规模种植柑橘的一个组织，愿意遵守规则的就可以加入。理事会平常也会帮助合作社，如打药等都是理事会经过研究，然后公布药品等。林下养殖厂是一个专门养鸡的组织，也是大家一起秉持同喂、同养、同销的原则发展经济的一种方式。

（二）新村屯村民理事会决策方式

第一，筹办新村屯文化活动类的事务，理事长会先召集理事会成员开会，集中讨论活动的主要内容，比如春节时就是大家先在广场聚餐，然后是表演节目，中间还有一些抽奖活动，最后大家狂欢，还有一些娱乐活动。理事会人员把这些细节都落实到位，如筹办活动经费，以及每个人负责活动一个部分，最后形成一致意见。做成一个公告形式，把这个公告发在新村屯的微信群里，大家进行商议和讨论，进行众筹集资。最后理事会成员整理大家的意见，确定最后的实施方案。

第二，遇到修建村里基础设施的事务，理事长联系村民理事会成员，约一个统一时间点，聚集到某一个成员家中进行商议。通常每个成员都要对此事发表意见，也是代表本生产队的利益发表意见。最后讨论出一个大家都觉得不错的结果，进行举手表决。根据少数服从多数的原则，确定方案。当方案一致通过之后，就让各生产队成员将方案告知给各队村民。然后征求村民反馈意见，进行修改完善，最后付诸实施。如果方案遭到了群众一致反对，就会重新讨论一种新方案出来。总体来说，都是为了新村屯更好的发展，村民利益得到有效保障。

第三，遇到村民内部关系出现问题时，先召集村民理事会成员开会，问清楚矛盾发生的前因后果，讨论出解决办法及劝解的说辞，然后交给某一个语言表达能力较强、有一定威信力的成员去进行调解和改善，亲自到产生矛盾的双方家里去做思想工作，动之以情，晓之以理，直到解决矛盾为止，并尽力劝解两家人重归于好。

第四，对于全屯的发展规划，随着现代科技不断发展及普及，村民理事会建立了村民理事会微信交流群，还邀请在外发展得很好、有见识的年轻人入群，随时交流外界的发展状况。他们结合本村实际情况，集思广益，提出发展设想，制定发展规划。上一届理事长TRQ在2018年当选为波川村党支部书记，因为工作需要，TRQ常常去外地进行考察，见多识广。他常常把国家最新政策在微信群中及时传达，大家一起去规划新村屯的未来发展路径，并争取早日把策划方案落实在实处。

（三）新村屯村民理事会监督方式

第一，新村屯村民理事会成员内部监督。

新村屯村民理事会成员一共九人，分别来自于三个生产队，有利于各队之间力量平衡。同时一名理事长、两位副理事长也是三队各有一人担任。还设置一名会计、一名出纳。每个项目都要做到钱账两清，及时公开相关信息。理事会成员互相监督，使得村民理事会具有公平公正性。

案例 1：

村民 THL 描述，他是管钱的出纳，负责和会计 TMC 进行配合。在修建广场一事中，他收村民的钱存到账户里，然后去购买修建用的材料以及其他公用的东西，都开具发票，然后交给 TMC 进行记录管理，并且实时把财务使用状况发在新村屯村民理事会的微信交流群里，供内部成员监督，同时每月一次进行整理，然后公开在文化室外面的公告栏里，供村民检阅和监督。

第二，村民外部监督。

村民通过民主选举自己中意的人去担任村民理事会成员，同时可以及时询问相关活动事项。村民有什么问题也可以直接找对应的人员，及时关注村民理事会公开的财务状况，从而起到了很好的监督作用。

案例 2：

村民 TCZ 描述，修建广场的时候，由于时间安排是分为上下午，自愿参加的。那时候早上做完了再回家做（中午）饭，下午去的人就会相对较少，施工进度也会变慢。于是大家提议中午就在广场周围做饭，大家自筹食物。由于大家自筹食物属于公益行为，他们就提议新村屯村民理事会做一个展板，把每家捐赠的每一笔食物都认真地写下来，甚至是一把白菜都要记录下来，这不仅是对于村民公益行为的肯定，同时也是对新村屯村民理事会利用这些东西的监督，这样大家心里都没有隔阂，也进一步地信任新村屯村民理事会。

四、新村屯村民理事会的功能

新村屯村民理事会有利于促进基层民主的发展。随着社会发展，村民自治制度已推广了30多年，村民委员会作为基层群众性自治组织，实现了基本村民自治，但是不够全面。在新村屯自发组织的村民理事会中，人民民主能够得到进一步提升。因为新村屯村民理事会中都是本屯成员，而且每个生产队都有群众所推选出来的三个代表，使得村民诉求都能得到及时反馈和处理，正确引导并促进了新村屯村民的民主意识，调动了人们参与村里事务的积极性，由此前被动参与化为现在的主动参与；新村屯群众能够及时维护自己的权利，保护自己权益，极大促进了新村屯发展。

新村屯村民理事会有利于新村屯基础设施建设。新村屯村民理事会成立以来，村民集资和利用全屯的生态林补贴修建了水泥路，村民出行十分方便。修理村里自来水管。村里之前有些地方的水管老化腐朽，使得有些村户自来水取用十分困难。新村屯村民理事会成员带领村民修好了自来水水管，满足了人们的基本生活需求。修建广场，新村屯村民理事会成立之前并没有广场，全屯开会也只能站在二队的空地或是狭窄的路上，更没有区域来开展文化活动。于是新村屯村民理事会成立的第一件事就是修建广场，让村里基础设施更加完善。群众力量是很强大的，合理利用村民自主意识，有利于建设新村屯更加美好的生活环境。

案例3：

二队队长TWH说在现在广场的这个区域，原本是一个陡峭的山坡。上面还种了蔬菜，并且还种了一些树木，分属于几户人家。以前群众都是分别在自己队里比较宽敞的地方开会商议事情，而三队是没有开会场地的。由于场地不够，很多人都听不到具体事情，集体开会的次数不是很多，都是通过队长先开会然后进行传达。由于传达过程的差异，很多时候都会发生群众一次又一次地跑来询问的情况，比如生态林补贴是不分发到每家每户的，而是作为屯里共同的公集金来使用。有一次三队队长把钱给分下去了，当时要修建广场，没有这笔钱是不行的。那么如何把钱再从村民的手里收回来，就产生了很多的问题。因为有的村民得到了钱之后，就不想再交回去了。并且广场是修建在二队那里，与三队还有一段距离。所以他们（三队队员）不想用自己的钱去修建这个广场，觉得不会常常去使用它。当时为了收回生态林的钱，还把三队有威望的人叫回来，给他们做思想工作，才把钱收回来的。然后开始动工修建广场。

新村屯村民理事会有利于促进新村屯文化发展。新村屯村民理事会带领群众，促进了新村屯文化事业发展。广场建成之后，当年就在广场上举办了春节联欢晚会活动，吸引了邻近村民前来围观与参与，开展了关于毛南族文化方面的节目表演，并且成立了下南乡舞龙舞狮队，在县里分龙节上还代表整个下南乡去参与表演。会打拳的 TYH 老人，带领村里小拳手一起表演；新村屯村民理事会还鼓励群众自发组织过“三八”妇女节、儿童节和重阳节，每个节日大家都齐聚广场，欢声笑语，载歌载舞。唱着独特的毛南族山歌，让毛南族的文化得以传承和延续。

案例 4：

村屯偷盗事件的解决。2018 年 7 月 2 日，我们调研组中午吃饭后，回到各自住处后，一位女生的手机不见了，我们先各自翻找各自的包，谨防拿错。然而几分钟后，住在厨房二楼上的一位男生的手机也丢了，当时他的手机正在充电，他不过是下楼洗脸，回来手机就不见了，其间不超过三分钟。为了不引起不必要的恐慌，我们就先在四处寻找。当时住在周围的村民，闻讯后马上赶来帮忙，后来理事会成员TMC得知后，马上在村里微信群里通知全村人带着小孩子来开会。全村人不到十分钟就都聚集在一起了，她对大家说一定要帮我们找回手机，要不然会觉得愧对我们。经过调查，初步判断是小孩拿了手机后从楼顶的小门穿到另一户人家的窗子踩着凳子翻出来的，因为凳子上有脚印。与此同时理事会成员都聚在TWH家中，一起讨论如何处理这件事情。尽管我们一直都在说不要紧、不要紧，可能是小孩子不懂事拿去玩了，但是他们说："手机不是问题，资料不是问题，孩子的教育却是个大的问题。"而且很多村民都说对不起我们，我们好不容易来一趟，却发生了这样的事情，他们很抱歉。全体村民都希望这个事情能得到解决，有个好的结果。

理事会讨论后，第一是打电话给附近村屯的手机营业厅，说如果看到有小孩子来解锁手机的，立刻通知他们。第二，为了更好更快处理好这个事情，决定报警。警察来了之后，先是对村民说，要是谁拿了自己交出来，要是被查出来就会很丢人现眼，下午两位失主就去警局做了笔录。

当天晚上理事会的成员，以及一些有威信的老人们，还在房子的周围寻找。为了防止新村屯再发生类似的事件，他们决定几天后制定一份乡规民约，来保障新村屯社会秩序。

第二天，我们继续着我们的访谈，每遇到一位村民都会热心地询问我们手机找到了没有，他们一直牵挂着。傍晚时候，警察同志通过技术手段侦测到手机还在新村，后来他们持续给两个手机拨号，其中一位同学的手机开机了，于是警察同志和我们调研组成员，在厨房后面的树林里，找回了两部手机。这件事情得到了快速完美的解决，都是由于新村屯村民的热心帮助、理事会的方案及当地警察的尽职尽责。通过这个事件，可以看到新村屯村民十分团结友爱，热心助人，而且他们更是一个和谐、和平、和善的大家庭，一个传播正能量的村屯。

新村屯村民理事会具有凝聚人心、促进村屯和谐的作用。新村屯村民理事会成立以来，成功调解了几起村屯民事纠纷，包括土地纠纷和家庭矛盾纠纷。同时通过修建广场，全屯村民都有机会坐在一起唱歌、聊天、喝酒，全屯关系都得到了极好的改善和维系，凝聚了全屯民心，促进新村屯和谐发展。理事会还制定了村屯公约，让大家共同遵守，同时也使理事会处理村内纠纷有“法”可依。

案例5：

村里有一家有弟兄三个都已经成家了，三兄弟房子都是建在一起，只是中间做墙隔开了而已。后来妯娌之间在如何赡养老人的问题上产生了矛盾，尤其是二弟媳和三弟媳之间有很深的积怨，经常拌嘴吵架，互相不说话了。这种状态持续了半年，直到修建广场时，每家每户都要出钱出力来修广场。广场修建周期比较长，见面日子就相对多了起来。以前吵架了之后就刻意避免碰面，由于修建广场，大家都聚在一起有说有笑的，交流时间也就变长了。在广场修建好的那天晚上，大家非常开心，坐在一起吃长桌宴、喝酒、唱歌。组织者刻意让她们两人坐在一起交流，她们举杯喝酒，唱着毛南族山歌。在那次交流之后，她们妯娌之间关系慢慢得到了缓和，现在就完全消除彼此隔阂，和睦相处了。

案例6：

新村屯文明公约

为建设美好和谐，幸福吉祥的新新村，特立如下公约：

一、讲究卫生，爱护环境

1. 每月第一个星期六开展全屯大扫除活动

每月由理事会分管人员通知队长召集本队群众参加大扫除活动，每次活动都要发动老人和小孩全员参与。缺席的农户由队长负责登记并于年终统一公布，每缺席一次从该户公集金中扣除100元充公。

2. 每年进行一次“卫生家庭”评比活动

“新村是我家，美丽靠大家”，清洁卫生从我做起，老人小孩互相监督，不但把自家搞干净整洁，还要做好公共环境的清洁卫生，每年由各队评出“卫生家庭”三户，再由理事会组织评选新村屯“最美家庭”一户给予奖励。

二、尊老爱幼　团结互助

1. 每年组织开展儿童节、重阳节、三・八节活动

每年由理事会分管人员织织开展丰富多彩的“三节”活动，活动经费以众筹和捐助为主。

2. 每年春节开展全屯联欢大聚会活动

每年春节前一个月由理事会成员讨论新村屯春节联欢大聚会，活动包括特困户慰问，优等生奖励等丰富多彩的文娱活动内容。经费可从集体公集金支出一部分，大家众筹一部分。

三、继承传统弘扬文化

1. 每年清明节组织参加凤腾山祭祖活动

每年由理事会分管人员和队长发动群众积极参与每年的凤腾山祭祖活动，经费以众筹形式自愿参与，不得动用集体公集金。

2. 每年组织参加全乡分龙节活动

每年由理事会分人员和队长发动群众积极参与每年的全乡分龙节活动。经费以众筹形式自愿参与，不得动用集体公集金。

四、遵纪守法惩恶扬善

1. 严禁偷盗、赌博、吸毒、打架、虐待老人妇女儿童

凡违反者，一经证实，或被公安机关逮捕的，除按法律惩办外，还将该户全年公集金扣除充公。

2. 鼓励做好人好事，多为集体作贡献

凡做好人好事，被上级政府表彰，为新村争得荣誉的，或为集体做出特别贡献的村民，经理事会集体讨论通过，可从集体公集金拿出经费作适当的奖励。

新村屯村民理事会

五、新村屯村民理事会面临的问题

新村屯村民理事会作为自然屯的一个新兴自治性组织，必然会在运行过程中遇到一些新问题、新困惑。其中，村民理事会在农村治理、乡村振兴方面，如何长久有效运行这个组织等方面，都存在一些实际问题。笔者认为有以下几个方面值得进行思考。

第一，短期发展与长期规划相结合。新村屯村民理事会目前完成的工作就是关于新村屯基础设施建设方面、屯里公益事业开展以及毛南族文化活动举办。他们还注重长期规划，下一步规划带领村民在经济方面的发展，增加村民长期收入，重视提高农民的整体福利，进一步发挥新村屯村民理事会的功能。

案例 7：

据受访人 TRQ 描述，目前新村屯人的经济收入主要来源于农业种植以及养蚕收入，还有少量养殖户，饲养下南乡著名的菜牛、鸭子以及土鸡，由于收入比较低，且周期长，所以很多人外出务工挣钱。新村屯村民理事会目前把屯里的团建事务做起来，下一步长期规划就是带领群众发家致富，如带领群众种植果树，因为种植的橘子品种好，个大又甜，果树的收益是很可观的。相对比养殖桑蚕，虽然前期投入大，但是收益也大，市场销量也很好。他们还计划发展旅游业，2014 年，环江县申请喀斯特地貌世界自然遗产成功，申遗成功进一步推动了环江县旅游业发展，新村屯村民理事会准备带领群众开发新村生态农业旅游观光园，这是新村的未来规划和发展方向。

第二，新村屯村民理事会后备力量的挖掘与培育。新村屯村民理事会作为村里有志青年发动组织起来的村民自治组织，维持村民理事会的运转就是理事会成员的目标。组织发展需要充分的后备力量培育。但是目前由于资源匮乏、农村“空心化”，新村屯村民理事会成员三年一期的更换，显得后继乏人。新村屯村民理事会的成员并无经济报酬，加上有时候会出力不讨好，有人因此会产生退出的想法。因此，当前新村屯村民理事会这一组织还需要建立起比较有效的物质保障，并积极培养关于村民自治的文化氛围及后备力量。

案例 8：

据受访人 TWH 描述，新村出去务工的年轻人占 80%，留在家里的青壮年就不多了，而新村屯村民理事会一届的成员就是 9 人，现在轮换到第二届就是 18 人，几乎把留在村里的青壮年都安排了一遍，等到第三届新村屯村民理事会换届的时候，就没有足够的人来担任了。于是这就可能会导致新村屯村民理事会运行不下去，因为没人。新村屯村民理事会应该多培育、多动员一些留守妇女加入新村屯村民理事会这一组织之中，而且新村屯村民理事会两届成员都各自只有一名女性，因为留守妇女比较多，在留守妇女中培养后备力量是很有可行性的。还有一些尚有体力的、有威望的老人也可以纳入后备力量的考虑范围。关于如何挖掘，应当从日常生活中、大家的风评以及办事能力来作为考察标准，在群众中的口碑如何，以此来挖掘新村屯村民理事会的后备力量。

第三，新村屯村民理事会的思想指导问题。新村屯村民理事会作为基层民主的自治性组织，按照现有政策法规是不需要登记入册的，但是在其运行过程中，还是要遵循现有的国家法律法规，知法守法不犯法。新村屯村民理事会成员中的党员同志应该起到带头作用，做好正确的思想引导，传播正确的自治观念，避免新村屯村民理事会被别有用心的人所利用，开展与村民守法自治原则不符合的活动，防止其势力化、家族化。

据受访人 TRQ 描述，目前新村屯村民理事会成员之中虽然其家族力量很庞大，但并没有搞村头恶霸的那一套，据说其他屯有类似事情发生。他说，村屯党组织和党员都有义务有责任宣传正确的思想观念，带领村民遵守国家法律法规，不会让新村屯村民理事会沦为其他别有用心之人的工具，会努力维护好村民的利益，建设有责任感的新村屯村民理事会，和谐的新村屯。

第四，新村屯村民理事会的资金周转问题。新村屯村民理事会的基础运转资金是国家对于新村屯的生态林补贴，同时依靠村民的捐款来维持活动开展，但这终究不是长久之计。生态林补贴不知道什么时候会中止，村民捐款次数也不能太过频繁。新村屯村民理事会作为公益性组织，实际上是为村委会排忧解难，在解决群众矛盾纠纷、建立和谐村屯方面发挥了良好的示范作用，因此寄望政府对其给予适当资金。

据受访人 TRQ 描述，在修建广场征用土地的时候，尽管当时土地价格相比市面价格已经便宜了很多，但就当时的资金状态，无法一次给村民结清土地钱，还是和村民商议，分期五年把生态林的钱给征地农户。据他说，修建广场时，他很害怕生态林的补贴哪天突然没有了，自己作为理事长要偿还这笔欠款。他说他曾经因为这个事情，整天都睡不好觉，因为他觉得亏欠谁也不能亏欠村民。可以看出，新村屯村民理事会的资金周转问题还是很受限制，并且来源单一，没有实际保障。他说三队上面有块空地，想做一个篮球场，已经过去三年了，钱始终没有凑够，一直都没有动工修建，目前具体哪一天可以动工，这就不得而知了。

第三节　村委会、村民小组、新村屯村民理事会三者之间的关系

一、村委会与村民小组的关系

1998 年全国人大常委会修订通过了《中华人民共和国村民委员会组织法》，全国实行“乡镇——村民委员会——村民小组”体制，村民委员会是以建制村为基础设立的群众自治组织，村民小组是基于自然村及其历史原因形成的。“1998 年法律规定的村民委员会所在‘村’不再是‘自然村’，而是建制村，即

国家统一规定并基于国家统一管理需要的村组织，且是村集体经济单位。建制村是国家统一规范和规制的产物。”①因为其行政事务繁多，因此也称为建制村。波川村村民委员会是下南乡的第二大行政村。“村民小组是农村基本的生产和生活单位，自人民公社体制中的‘生产小队’演变而来。”②村民小组是国家所认可的。在波川村，村委会行政任务的下达就需要村民小组队长的配合才能得以落实，而且村民小组队长由于每三个月可以领一定补贴，所以队长必须在村委会通知开会时及时参加，在会议上做好笔录，及时准确地把上级的消息传达给群众，让群众及时了解政策，配合工作的开展。

案例 9：

2018 年从南宁通往贵阳的高铁开始修建，其中有一部分经过新村屯，需要征用新村屯一部分村民的土地。于是在测量具体的占用土地面积、各家各户土地的界限、赔偿的款项方面需要多次确认以及村民的认可。在那段时间，波川村村委会召集新村屯村民小组队长参加的会议很多，集中处理土地赔偿的问题。据 2018 年的队长们描述，他们有时候一个月开 4—5 次会议，平时可能一个月才一次会议。那段时间就土地测量方面开会，开完会到村里找自己组的村民，一同去参与土地测量。由于 1 队被占用土地较多，涉及住户也较多，所以 1 队队长那段时间很繁忙。

二、村委会与新村屯村民理事会的关系

村民委员会是农村按照村民居住地区设立的，由村民群众依法办理自己事情的基层群众性自治组织，负责协助乡（民族乡）镇的人民政府开展工作。新

① 徐勇、赵德健：《找回自治：对村民自治有效实现形式的探索》，载《华中师范大学学报（人文社会科学版）》，2014，53（4）：1—8 页。

② 王晓莉：《农村公共事务治理的现状与推进——“村民小组建党支部＋新村屯村民理事会”的“分宜模式”》，载《中共中央党校学报》，2016，20（2）：22—30 页。

村屯是波川村村民委员会下辖的一个屯。新村屯村民理事会是群众自发性的自治组织，与波川村村委会并无直接联系，村委会有需要落实到群众的政策，不会找新村屯村民理事会成员开会传达消息和下达任务。只要新村屯村民理事会的活动是遵纪守法的，不危害国家，不危害群众，就可以自主开展其活动。但是实际上新村屯村民理事会作为村委会下辖的自然屯里的组织，与波川村村委会是相辅相成的关系。新村屯村民理事会开展的活动更集中反映新村屯村民的具体要求，维护了新村屯的利益与和谐，整体来说是减少村干部的工作负担，为其排忧解难，推进村委会工作的开展。波川村村委会整体运行的顺利，也会带动新村屯整体经济的发展，从而也符合新村屯村民理事会的为本屯利益、文化发展方面着想的主旨。

三、村民小组与新村屯村民理事会的关系

村民小组作为直接与村委会对接的组织，在屯里也有一定的作用和影响力，是屯里连接政府信息的一条线，以前有能力连任的村民小组队长还处理屯里的一些基本事务。随着越来越多的青壮年外出务工，村民实行小组队长轮换制后，队长在屯里的职能就被弱化了。而且轮换制的队长只愿意管自己上级分配下来的任务，不愿做其他事务，新村屯村民理事会在这一方面起到了很好补充作用。新村屯村民理事会的职能是让村民自治，村民问题能够得到解决，处理屯内基础建设等。而且新村屯村民理事会成员也可能同时是村民小组的队长，新村屯村民理事会与村民小组是互相配合关系，以便建设更加美好的新村屯。

新村屯修建广场的时候，主要的带头人是新村屯村民理事会的成员。当时为了发动群众参与这个事情，除理事会成员以身作则、带头行动以外，他们还去找了三个队的队长商量此事。三个队长同意加入后，又去做了群众动员工作。群众被队长说服以及被理事会年轻人的干劲儿感动后，纷纷自觉加入了广场的修建。所谓独木不成林，众人拾柴火焰高，随着群众几个月的艰辛努力，广场终于有了雏形。这就是新村屯村民小组和村民理事会合作而发动群众干成的第一件大事。

现在新村屯的村规民约是由理事会来制定的，制定好之后贴在村口的牌子上，但由于是纸质的原因，笔者未能找到之前的乡规民约版本。在 2018 年 7 月 8 日，新村屯理事会进行了新一届成员选举，也制定了新的乡规民约。新村屯的乡规民约跟以前相比多了很多现代的元素，如弘扬文化、举行文化娱乐及评比活动等，这些都体现了国家政策在地方上的落实。由此可见，新村屯的乡规民约是按照国家法律及相关措施来制定的。新村屯的村规民约是强调集体的，可以从上文看出，新村屯的活动多为集体活动，这样可以增强村民的向心力，共同发展，共同建设，这对于新村屯未来的发展将起到一个很好的引导作用。

第七章　新村屯的医疗、卫生与教育

第一节　新村屯传统医疗与现代医疗

一、传统中医和西医系统

中华人民共和国成立以前，毛南族传统医学以中医为主，也有一定的特色。“毛南族有老中医谭履宜，擅长治疗内科腹痛、急性肠胃炎、中暑昏倒、类中风、水肿及眼科疾病；还有老中医谭云锦、谭翠品、谭汉照、谭仁昌、谭庆元、谭葆初、谭砥同、谭有恒、谭正东、谭省，毛南族老中医谭清修、老草医谭朝冠、覃梦熊、接骨名医谭怀瑜、针灸医师谭玉厚等一批名医利用中医药和民族民间医药造福于人民，为当地人民群众的健康做出了贡献。在长期经受疾病的磨难中，毛南人民还积累了一些抗病的经验和方法。如感冒头痛时，用破碗片刺破手指或太阳穴放血，或在前额上‘拔火罐’，或用手拧颈‘拔痧’，或在背部‘刮痧’。由于环江县地处边远山区，交通不便，中医在较晚时期传入本地，而西医则是在解放后才传入当地，所以在中医、西医传入环江县之前的几千年历史时期里，大多数的各族群众自然主要依靠民族医和草药防病治病。”①

中华人民共和国成立以后，人民政府开始有计划地建立医疗卫生体系。1955年5月，在农业合作化运动中，上级医疗部门将务农兼行医的8名毛南族医生组织起来，成立了下南中医联合诊所，以不同的方式对他们进行培训，提

① 吴小红：《环江毛南族自治县民族民间医药情况调查报告》，载《2005全国首届壮医药学术会议暨全国民族医药经验交流会论文汇编》，2005（10）：426—427页。

高他们的诊疗技术，并且积极配合西医下乡出诊。如今的下南乡，村一级配有卫生所，乡一级配有卫生院。此外，在县城有医疗设施更为齐全的医院。

二、新村屯草药医疗

下南乡医院会不定期地派医生到村里给村民们做一些最基本的身体检查，比如检查血压、心肺听诊等。最近的村卫生所与新村屯相距一千米，而距离新村屯三千米的下南街上才开设有几家诊所，若是到大医院就医还需到环江县城，人们还需通过步行或是搭乘电动车到下南，再乘车去县城看病。交通不便也使得村民看病相对而言比较麻烦，若是孩子生病如咳嗽、感冒发烧或磕伤等，部分村民表示还是会选择用一些传统的医药来治疗。他们认为这虽然是个“土方法”，但是自己以前生病也是这么治疗的，感觉非常有效，所以一些小病或是磕伤都会直接使用这些传统的草药医疗方式。

草药治疗所依据的理论，更多地涉及人和自然的关系，人们认为自然界万物皆药，药性不同。草药医疗在于利用草药来使身体重新归于平衡状态。而历史上毛南族的草药医疗与宗教仪式有着紧密的关系，草药医生为病人诊治之前需要举行“开桌”的仪式。2019 年，新村屯还有为数不多的人掌握着一定的草药医疗知识，如谭玉山（75 岁）、谭玉含（67 岁）等。笔者跟随这两位老人找到了一些草药，其功能主治如下。

（一）治疗感冒

一般的感冒发烧之类的疾病，有些村民会选择草药治疗。将观音草、枇杷叶与生姜一起熬水后喝下，或是直接用虎杖熬水服下，以治疗咳嗽。也有用刮痧的办法，即用银元和鸡蛋白放在一起，再用布包裹起来刮背部、脖颈以及肩膀处，以治疗感冒发烧。也有用海芋来治疗感冒的，将海芋根捣烂，煨热之后敷在额头、肘弯、腿弯处。

（二）治疗外伤出血

一般的外伤出血或者轻伤出血，可以使用鳢肠（中药名为旱莲草、墨旱莲），嚼碎敷在伤口上即可止血。现代药理研究显示，墨旱莲及其提取物具有止血保肝、免疫调节、抗炎以及保护心血管系统等多种作用。使用藿香蓟也可以止血，这种植物在新村屯比较常见。

（三）治疗一般的蛇咬伤

天名精、乌桕、海芋可以用来治疗蛇咬伤。

（四）治疗跌打骨折

盐麸木，可以治疗手脚骨折，用夹板固定时，将盐麸木（也写作盐肤木）捣碎放在其中。紫茉莉，其根部可以用来治疗扭伤。苎麻也可以用来治疗跌伤。

（五）治疗胃痛、大便不畅

半边莲，也叫八角莲或者独角莲，一般生长在路边、沟边、溪边等相对潮湿的地方，可以用来治疗胃痛，也可以用来泡茶。牛膝则可治疗大便不畅。

（六）治疗风湿

芒萁，用其根泡酒，治疗风湿。乌毛蕨，亦用其根泡酒，治疗风湿。

（七）治疗肾结石

玉叶金花，其叶子和木贼的叶子，一起煮，用于治疗肾结石。

（八）治疗皮肤病

香茶菜，可以治疗皮肤过敏，使用时将其煨热。白饭树，全株都可以入药，治疗湿疹、脓疱疮等。

图 7-1　虎杖（摄影：孙攀搁）

图 7-2　海芋（摄影：孙攀搁）

图 7–3　藿香蓟（摄影：孙攀搁）

图 7–4　鳢肠（摄影：温嘉仪）

（九）治疗中暑醒酒

牡荆，用来治疗中暑，取其叶子涂擦在后背上。葛，用于醒酒。听谭玉含老人说，以前有人觉得自己酒量不好的话，就用葛藤缠腰，认为如此不易醉酒。

（十）消肿止痛

杠板归配车前草，可以利湿消肿，清热解毒。白英，全草都可以入药，用来消肿。

（十一）治疗腹泻

苣荬菜，治疗拉肚子。摘取番石榴的叶子清洗之后，用来熬水服下，可以缓解拉肚子的症状。

（十二）治疗妇科疾病和麻风病

白簕，可用于治疗妇女月经不调，也有清热明目的功效。牛膝也可以用来治疗闭经、痛经。千里光用来治疗麻风病。

（十三）草药食疗

薠薯的根茎，老人吃有助于血液循环。野茼蒿嫩叶则是一种味美的野菜。风轮草，新鲜的嫩叶具有香辛味，可用于烹调；开花枝端可用来蒸脸或洗脸，可抗菌；开花枝端亦可用来泡茶，具有提振食欲、抒解消化不良和胃肠胀气。地果，人可以吃，清热散寒，祛风除湿，用于咽喉痛。谭玉含老人说，新买来的小狗和小牛，喂它们吃这个，以后就会听人的话了。鸡屎藤则是用于端午节包粽子时使用。

实际上，上述植物在新村屯的居住环境中是非常常见的，有的也被视作杂草。有的植物用来治病救人，有的植物可以用作食疗，还有的植物本身就是食物来源的一部分。当然，上述各种草药只是新村屯人认知体系中的一部分，其中很多治疗方法较少为人所知。如今的生物医疗在某些疾病的诊疗效果上会比

图 7-5　天名精（摄影：孙攀搁）

图 7-6　乌桕（摄影：温嘉仪）

图 7–7 紫茉莉（摄影：孙攀搁）

图 7–8 盐麸木（盐肤木）（摄影：温嘉仪）

图 7–9　半边莲（摄影：孟凡云）

图 7–10　牛膝（摄影：孟凡云）

图 7–11　芒萁（摄影：孟凡云）

图 7–12　乌毛蕨（摄影：孟凡云）

图 7-13　玉叶金花（摄影：孟凡云）

图 7-14　木贼（摄影：孟凡云）

图 7–15　香茶菜（摄影：孙攀搁）

图 7–16　白饭树（摄影：孙攀搁）

图 7–17　牡荆（摄影：孙攀搁）

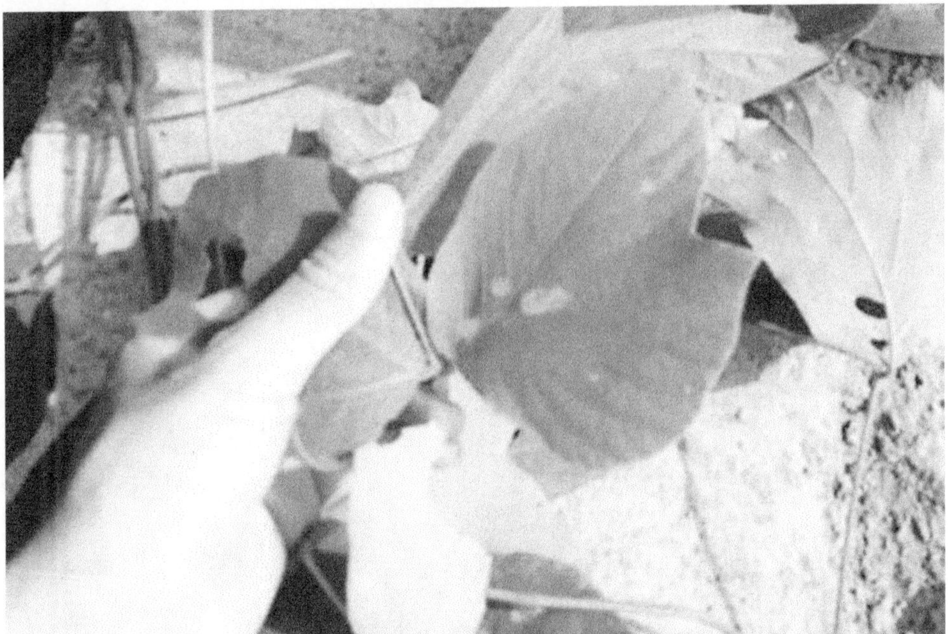

图 7–18　葛（摄影：孙攀搁）

图 7-19　白英（摄影：孙攀搁）

图 7-20　杠板归（摄影：孙攀搁）

图 7-21　苣荬菜（摄影：孙攀搁）

图 7-22　番石榴（摄影：孙攀搁）

图 7–23　白簕（摄影：孙攀搁）

图 7–24　千里光（摄影：孟凡云）

图 7–25　薠薯（摄影：孟凡云）

图 7–26　鸡屎藤（摄影：孙攀搁）

图 7-27　风轮菜（摄影：孟凡云）

图 7-28　地果（摄影：孟凡云）

草药医疗更强。我们这里并非强行将草药医疗和生物医疗进行医疗价值上的比较，而是在生物医疗没有走入下南地区以前，草药医疗承担了人们的很多希望和预期。作为一种地方性的文化知识体系的一部分，尽管在日常生活的诊疗实践中其应用范围有所缩小，它还是或多或少地保留了下来。

第二节　新村屯卫生状况

随着人民生活水平的提高，生产与生活过程中产生的垃圾废物也随之迅速增加，生活垃圾占用土地、污染环境以及对人们健康的影响也越加明显。新村屯历来十分注重村内环境卫生，也在不断摸索适合新村屯的卫生治理方式。

经过调查我们了解到，新村屯原来有垃圾车定期（每周一次）到村口回收村内的垃圾，但不知为何，几年前再没有垃圾车前来，于是村民在距离村子几百米处，建造了一个焚烧炉用于处理村内的生活垃圾。由于焚烧炉距离村子较近，焚烧时产生浓烟带来的污染会影响村民的健康，村民便在距离村子步行约十分钟路程之处，又建造了新的焚烧炉，以避免焚烧垃圾对于村内环境的污染。村内原本在每个生产队前设置有一个公共垃圾桶，用于丢弃可回收垃圾，并定期处理，但是有的村民会将餐厨垃圾或是有害垃圾丢弃到公共垃圾桶内，桶内垃圾腐烂发臭后，严重影响了村内的环境以及部分村民的日常生活，于是有人就将公共垃圾桶撤掉，给每家每户分配一个政府发放的垃圾桶，村民们再自行将自家的垃圾倒掷在焚烧炉后进行处理。政府要求每个村屯都需要设置一个“保洁员”，村民们通过推荐选出了 TJH 作为新村屯的“保洁员”，主要负责村屯内的卫生环境。TJH 主要负责组织村内整治卫生环境的活动，还将自己作“保洁员”每月 354 元的工资均分给每个村民，让村民们共同负责村屯内的卫生，相互监督。不仅保证了村民自家的干净整洁，还能督促大家做好公共环境的卫生清洁。村里每年还会举行一次“卫生家庭”的评比活动，每年由各个生产队评出“卫生家庭”三户，再由理事会组织评选出一户新村屯“最美家庭”给予奖励。新村屯在卫生环境的治理上，采用“村民自治+相互监督+评比”的模式治理和保护新村屯的环境卫生，积极地发动村民参与到环境卫生整治中来，充分发挥了村民的自觉性，有效地治理和保护了村屯内的卫生环境。

目前新村屯在垃圾处理上也存在着一些问题，如许多村民都表示处理垃圾十分不方便，到焚烧炉还需搭乘电动车，如果没车就还需要步行十分钟；在垃圾焚烧时也会产生许多有害物质，特别是垃圾焚烧不充分时，将会导致二恶英等污染物排放，污染环境。而新村屯也在不断地摸索新的垃圾处理方式，比如每月会进行全村大扫除的活动，同时也会考虑与附近的生活垃圾处理厂联系，定期到村口回收垃圾，以尽量减少对焚烧炉的使用，在不污染环境的情况下治理村屯的卫生。

第三节　新村屯教育现状

一、教育概况

新村屯孩子们上学，小学基本是在波川小学，中学（初中）则到下南中学，也有到其他中学的，但人数较少。

波川小学位于下南乡波川村，距新村屯一千米，设置有幼儿园、一年级至六年级，校园占地面积较小，建造有一栋综合教学楼。教学楼右部区域为幼儿园教学及活动场所，其余为小学教学活动场所及教师办公室。学校现在有 5 名教师、91 名学生，基本都是毛南族学生。波川小学教学内容主要包括语文、数学、体健（体育与健康教育）、信息技术课、美术、品德、书法、音乐、科学、说话、习作以及安全、禁毒防艾教育等课程。

下南中学创办于 1968 年 8 月，是毛南族聚居地下南乡范围内的一所初级中学，近年来学生人数保持在578人左右，毛南族学生约占85%。校园占地面积21.7亩，现有2栋教学楼、2栋公寓楼、1栋学生食堂、1栋综合楼、3个篮球场以及2个排球场。现有教职工43人，大专以上学历有42人，体育专业教师2人，美术专业教师2人，音乐专任教师1人。教学内容主要包括语文、数学、英语、美术、音乐、体育等课程。

在新村屯，中老年一辈的村民学历基本都为小学或初中毕业，鲜有读到高中毕业的。据统计，新村屯现在在读小学的有16人、初中6人、高中2人，大学就读共有5人。目前，新村屯的孩子基本都能够入学接受义务教育，学风颇盛。大多数父母也都没有重男轻女的观念，他们表示只要孩子愿意学，他们就会尽一切能力去培养孩子读书，希望自己的孩子能够通过学习以增长见识，并且还能有一个较好的发展前景。但大多数学生只读到初中毕业，上高中及到中专就读的学生很少。因为环江仅有两所高中学校，招收名额有限，再加之农村地区的教育条件相对落后，能考上高中的学生很少，许多初中毕业生难以升入高中继续就读。而大多数初中毕业生宁愿外出务工也不愿继续就读中专学校，因为许多父母及孩子都认为，若是选择就读中专，日后也很难找到工作；即使就业了，和那些初中毕业就直接外出务工的人相比，工作条件相差无几，甚至就业条件还要更差，因此他们觉得考不上高中，直接就业是最好的选择。

二、教育方式

学校教育是由专业人员承担，在专门机构里，进行目的明确、组织严密、系统完善、计划性强的，以影响学生身心发展为直接目标的实践活动。学校教育是与社会教育相对的概念，是教育制度的重要组成部分。一般说来，学校教育包括初等教育、中等教育和高等教育。而本次调查主要是初等教育及中等教育的学校教育方式。

通过民族文化的培养，促进学生对民族文化的了解及认同是学校教育的重要方式。学校历来都比较重视毛南民族文化进校园的工作，努力将毛南文化引进校园，融入课堂。在课堂教学中，教师会将毛南民族文化深入美术课堂，教授孩子绘画毛南傩；会在音乐课上，教学生们唱迎客歌、敬酒歌及迎客歌等毛南民歌；体育及文化课也会将毛南民间体育项目以及毛南的民间棋艺融入课堂。在学习之余，学校还会举办相关的文化活动，如“戏曲进校园活动”，中学还会定期举办毛南民歌大赛等。除此之外，学校周边的墙报或是黑板报的内容，基本都为毛南族的生活习俗、宗教信仰、学风家风等文化的普及与宣传。学校通过将民族文化融入课堂及举办相关文娱活动的形式，让学生在学习、艺术和体育运动等多方面得到较好发展，还能让学生了解本民族的文化，培养学生传承民族文化的意识，促进学生在身心健康发展和综合素质方面的提升。

学校除了基本的语文、数学、英语、音乐、美术及体育等方面的课程教学之外，波川小学还开设了说话、书法、探索性学习等课程，开拓思维及文化发展，还定期对学生进行禁毒防艾等方面的安全教育，以培养学生们的安全意识。学校还注重培养学生的劳动意识，每周都会安排一至六年级的学生统一清理学校卫生。下南中学还会开展各式各样的文化活动，如合唱比赛、书法教育、“三·八”节活动、感恩教育、演讲活动以及听法制安全教育讲座等活动。通过课程设置以及开展文化活动等方式进行学校教育，促进了学生德智体美劳全面发展。

此外，双语教育也是学校教育的方式之一。经过调查了解到，新村屯位处一个相对偏远地区，交通不便，生活环境相对闭塞，再加上许多家长或是村里其他的村民都使用毛南语和孩子对话交流。在这样的环境之下，孩子们在入学之前一般是听不懂普通话的。而波川小学针对这一问题，对小学一年级至二年级的学生，在课堂教学中采用双语教学的方式。教师会先用普通话进行教学，再用毛南语进行翻译和解释，反复教学，直到学生能够很好地学习使用普通话。而经过两年的双语教学，学生基本都能使用普通话进行交流学习。三年级之后，学校就会提倡学生们多讲普通话，老师上课也会全程使用普通话进行教学。对低年级学生采用双语教学的方式，既能让学生习得普通话，也有利于老师日后的教学工作的顺利开展。

目前学校教育方面也遇到了许多问题。第一，由于学校师资、场地及设施等方面条件有限，小学教学方式基本都为课堂教育，鲜有其他的实践课程或是文娱活动。只有到了中学才会参与到各种活动中来。第二，由于农村留守儿童比较多，教育及管理上比较困难。有老师反映，部分学生会出现上课不听讲、睡觉或是与其他同学打架的情况，老师也做一定的思想工作，以解决问题，但也会存在学生不服管教的情况。因家长在外务工，爷爷奶奶又比较宠爱自己的孙子孙女。在家庭管教缺失的情况下，无疑加大了教师对留守儿童学生教育的难度，许多问题也不了了之。虽然现在老师会通过建立一个家长微信群，与家长对孩子的情况进行沟通，但很多时候也难以解决一些实际问题。波川小学仅有 5 名教师，其中 4 名老师都教两至三门课。如果到了期末复习周，每个老师几乎天天满课，十分辛苦。而老师除了这些基本教学工作，还是学生日常生活的主要负责人。我们所访谈到的一位老师表示，因为孩子父母都不在身边，所以当孩子生病的时候，也只能由老师亲自带去医院打针、吃药、照顾。第三，学校教育在师资问题上也存在一定的问题，部分教师的行为举止给予学生不好的影响。目前下南中学的年轻老师比较多，部分老师在平时过于注重穿衣打扮，或是课余时间喜欢玩手机，这对于学生产生了一些不利影响。如一些女学生会将重心放在如何穿衣打扮上而不是学习；又或是部分学生在课上、课后沉迷手机而无心学习。当然，这些也不完全是老师影响所致。

家庭教育，就是指家长有意在日常生活中，通过言传身教、生活方式、情感、交流等方式，对子女施以一定的教育影响，继而家庭成员彼此相互影响终生的一种社会活动。家庭既是启蒙教育又是终身教育，是大教育的组成部分之一，是教育人的起点和基点，也是学校教育与社会教育的基础。新村屯村民素来对子女的家庭教育十分重视，一般会从子女幼时起通过言传身教、观摩实践、沟通交流等方式，对子女进行待人接物、为人处世的品德礼仪以及生产生活知识技能的传授等。

新村屯村民十分注意子女在待人接物、为人处世方面的品德礼仪教育。比如有客人来到家里做客时，家长会要求孩子尊重客人，以礼待人，要优先给客人搬椅子邀请入座；就餐时要先邀请客人入席，并给客人倒酒盛饭；在父母与客人交谈时，不得大声喧哗吵闹打扰他人。在我们访谈期间到村民家里时，家里的孩子都会主动地搬椅子邀请我们就座、端茶送水，并在我们与其家长交流

图 7–29　波川小学及下南中学板报、墙报图（摄影：古丽孜巴）

期间都会静坐一旁；当遇到语言沟通方面的问题时，孩子们就会主动地充当我们的翻译。部分村民的子女平时就比较内向，不善与人交谈，但还是会主动地与我们打招呼。在通过几日的交往，孩子们在与我们熟络之后，也非常热心地为我们提供帮助，还会主动询问想要了解哪方面的内容并告诉我们可以去哪一户人家进行调查。

村民也十分重视子女在人际关系方面的教育。在处理家庭关系方面，家长会教导孩子做一个有责任感、有担当的人。比如父母与儿子看一些关于家庭纠纷的电视剧或时事新闻，也会询问孩子：如果遇到与父母争执或是婆媳矛盾等方面的问题会如何处理？然后再教导孩子在父母和爱人都兼顾的情况下，协调处理双方的关系，而不是抛弃父母或是抛妻弃子，要做一个顾家、有担当的人。新村屯孩子与村里的老人关系都很好，十分尊重老人。因为大部分孩子从小都是由自己的爷爷奶奶带，和家中老人的关系比较好，所以平时在村里，与其他老人的关系也很好，见面都会主动打招呼；如果村里有独自在家的老人，孩子们还会结伴去老人家里，给老人家送吃的喝的，陪老人家聊天。而在处理同伴关系方面，家长会教导孩子学会与他人分享，宁让孩子学会在交往中吃点亏，也要防止他们养成自私和贪心的习惯。在我们调查的过程中，一位大姐说，有一回给孩子和他的朋友平分水果和零食时，自己孩子就发脾气，并向她抱怨，为什么自己是她的孩子却不给他多分一点零食。大姐就将所有的零食收起来都分给他的朋友。等到孩子冷静下来后，再告诉他平时其他人也给自家很多帮助，并且到别人家做客时，人家也是会与他平等分享。希望孩子与他人交往的时候，也能够学会换位思考、学会互相关心以及分享，而不是斤斤计较。自此之后，当有客人来到家里时，孩子都会主动将自己的零食水果分享给其他人，而不再斤斤计较。我们在调查期间也发现，当我们到村民家中访谈时，家里的孩子也都会主动地与我们分享家中水果、零食等。

传授生产生活的知识和技术也是新村屯家庭教育的重要组成部分。为了让孩子懂得生活与劳作的不易与艰辛，家长会在农忙时带孩子到田地里观察学习、帮忙劳作，并教他们一些基本的劳动技能，比如如何耕种、如何使用一些基本的生产工具等。农闲时，也会教孩子做一些基本的家务活，如下厨、清理家庭卫生或是饲养牲畜等。孩子们平时也会在大人到田地里干活时，帮忙看家或是照顾自己的弟弟妹妹。村里的一位奶奶还向我们说道，自己的孙子从小就跟着自己到田地里帮忙做农活，平时在家也会自己洗衣做饭、清理卫生等。现在孙子被他父亲接到广东去上了中学，每天都是自己上下学，回到家也都是自己洗衣做饭做家务，还会帮父母照顾自己年幼的弟弟。因此，孩子们通过学习生产生活的知识与技术，既能体会到劳动的艰辛不易，还能让自己在生活中变得更加独立自强。

此外，绝大部分家长都会有意识地让孩子养成勤俭节约的习惯。除了让孩子通过干农活了解到劳作、挣钱的不易后，在平时也会严格控制孩子的零用钱，教导孩子不能铺张浪费。村里有些孩子从小就学会存零用钱，不会乱买东西。在访谈过程中，TFS 告诉我们，以前农村生活条件非常差，村屯里只有一个小卖店售卖一些生活用品；再加上家里的经济条件不好，孩子自然而然养成了勤俭节约的好习惯，平时都不会缠着父母买零食或者是玩具。她每月只有到赶圩的时候才会带儿子上街，买点零食或是玩具等。现在村子里的生活条件变好了，新开了两三家小商店，除了生活用品还卖一些酒水饮料、零食等，学校附近也会有许多小吃摊或是卖零食的地方，村里小孩都很喜欢去买零食或是小吃。但自己还会在这方面多加注意，带孙子的时候也会严格控制孩子的零用钱，一个星期只给孙子两块钱的零花钱，还会教导孙子不要随意乱花。而孙子在这样的教导之下逐渐养成了勤俭节约的观念，每次都会将自己的零用钱存起来，等到需要买东西的时候才会使用。从部分在外务工青年的生活中可以看到在这样的家庭教育对孩子的影响，如新村屯里一名在广东务工的青年，一个月的工资大约4000—5000元，但每个月包括500块左右的房租水电费也只花费了1000块左右，剩余工资都会寄回到家里，由自己的父亲掌管。他表示，自己平时就比较节俭，家里的条件不太好，自己现在有能力挣钱了，也想要尽自己的能力，少些开销，帮自己的父母多分担一点，如果家里有急需用钱的时候，也可以将自己的工资拿出救急。

社会教育，是有意识地培养人、有益于人身心发展的各种社会活动。社会教育相比于学校教育和家庭教育而言受众面更广，其所面对的不仅是青少年，更是面对社会上的成人劳动者，因此影响面更为广泛，更能有效地对社会产生积极的作用。新村屯村民主要通过言传身教的形式，制定村规民约以及开展公益活动的方式对村民进行政治、伦理道德等方面的社会教育。

第一，新村屯的文明公约通过奖惩并施的制度，鼓励和教育村民们要团结一心，一起努力建设美好和谐、幸福吉祥的新村屯。在环境方面，规定村民每月第一个星期六开展大扫除活动，如若缺席则会有相应的处罚措施，以此警示和教育村民讲究卫生、爱护环境；每年进行一次“卫生家庭”的评比活动，还可以提高村民们积极性。而村民们都会积极地参与到环境保护的活动中来，平时也会教育村里的小孩不要随处乱扔垃圾。因此，多年来村屯环境都很整洁卫生。在伦理道德方面，严禁偷盗、赌博和吸毒等违法行为，除按法律严惩外，还会将该户全年的公集金扣除，让村民在家庭教育中就要教导孩子遵纪守法。理事会还鼓励村民们多做好人好事，为集体做贡献。在此次调查期间，我们调查小组成员的手机失窃后，村委及理事会十分重视此次失窃事件，当即召集了全体村民并向公安机关报警，不到一天的时间便寻获了手机，并对当事人进行教育。虽然我们曾表示手机失窃事小，希望村民都勿因为此事而与我们有了芥蒂，但他们都表示每个村民都很重视这一事件，失窃事小，教育事大。如果是村里孩子做错了事，更需要尽早地进行教育。TRQ 表示，这一次事件对村屯而言是一次教训，但也会是一次成长，从今以后也会更加重视伦理道德方面的社会教育，惩恶扬善，将新村屯打造成为一个文明乡村。在文化方面，在每年清明节的时候会由理事会成员发动群众积极参与凤腾山祭祖活动，组织参与全乡分龙节活动，以此鼓励村民们继承以及弘扬本民族的传统文化。TKS 表示，开展敬祖等文化活动是最接地气、最有效的凝聚人心方式，村民通过活动团结一心，还能在活动中了解到自己的民族文化，增强了民族认同感。

第二，村里通过开展各种各样的活动，培养村民们尊老爱幼、团结互助的精神，并增强村屯凝聚力。新村屯每年都会组织开展儿童节、重阳节以及“三・八”妇女节的活动，为村里的小孩、老人以及妇女庆祝节日；春节时候会开展全屯联欢大聚会活动。每次活动由理事会组织开展，村民们都会踊跃参与。在活动结束后还会主动帮忙收拾碗筷，打扫场地，保持整洁。如村民为欢迎我们到新村屯实地调查，而举行了长桌宴，活动结束后，村民们无论男女老少都主动帮忙收拾碗筷桌椅等。调查期间，当我们需要帮忙的时候，村民们也都非常热心地为我们提供帮助，如有的村民会特地带我们到几千米远的果园，调查记录他们劳作的一些基本情况；新村屯的基层干部也在百忙之中抽出时间积极地配合我们调查。并且，无论村里的哪一户人家有红白喜事，村民们都会自觉地到主人家里帮忙。因此，在这样良好的社会教育之下，村民们都非常热心好客、团结互助，村屯的凝聚力也极强。

第三，对于新村屯而言，孩子教育是每个村民的责任。村民们都会通过言传身教对孩子们进行为人处世、待人接物方面的品德礼仪教育。例如，看到孩子在学习之余主动地帮助父母或是其他村民干活，村民都会当面夸赞一番；相反地，若是看到孩子平时非常调皮贪玩，或是出现乱扔垃圾等不文明礼貌的行为时，就会直接当面教导。在这样良好社会教育的教导之下，村里孩子大多都具有勤劳好学、文明礼貌的优良品质。许多家长都表示自己的孩子经常会主动地帮家里干活，平时在村子里遇到老人或是客人的时候都会主动问好，若是其他村民有需要的话也会去帮忙。

第八章　新村屯习俗

第一节　新村屯饮食习俗

一、烹饪设施与饮食器具

新村屯的烹饪设施有土灶、煤气炉、电磁炉、电饭煲、铁锅、陶钵等。根据具体的烹饪需求组合使用这几种烹饪设施。比如，家庭需要酿制糯米酒时，由于要长时间蒸制浸泡后的糯米，使用煤气炉不仅费时、费钱，而且糯米的蒸制效果也不好，一部分糯米已经蒸熟而另外的部分依然夹生。此时，就会选择土灶，以木柴作为燃料，不仅省时、节约，而且蒸制效果更好。日常烹饪多使用煤气炉或电磁炉，使用铁锅或炒或煮或炸等。辅助烹饪设施主要是用于淘洗的容器，如盆、桶、瓢等；多为金属或塑料制品。

饮食器具主要分为两类：用于盛放食物的餐具，如碗、碟、盘、杯（多用于盛酒）、小锅（打边炉时使用）等。用于进食的餐具，如筷、勺等，多为陶瓷、木、竹、塑料、玻璃、金属等制成。

二、食物种类

新村屯的食物种类主要是三个大类，主食、副食和烹饪配料。

主食是大米和杂粮。大米品种主要是中粒籼米和糯米。中粒籼米，一般长7mm、宽2mm左右，呈半透明状，长椭圆形。加工后的籼米容易破碎。种植

图 8-1　中粒籼米（摄影：杨墨钦）

图 8-2　芸豆（猫豆）（摄影：杨墨钦）

图 8-3 将要成熟的黄皮（摄影：阿依赛乃姆）

图 8-4 野葡萄（摄影：阿依赛乃姆）

图 8–5　藠（jiào）头（摄影：杨墨钦）

图 8–6　阳荷（山姜）（摄影：杨墨钦）

图 8–7　藿香（摄影：杨墨钦）

图 8–8　酸笋（摄影：杨墨钦）

时间为一年两季，4—7 月，7—10 月。籼米为日常的主要食物热量来源。糯米一般在节日和酿酒时使用，用来制作粽子、糍粑、糕点等。杂粮有南瓜、红薯、芋头、玉米、芸豆、大豆、豌豆、小米等。

副食主要有三类。第一类是肉食，主要有猪、鸡、鸭、鱼、菜牛、兔、羊、田螺、竹鼠等；第二类是蔬菜，主要有青菜、白菜、南瓜苗、红薯叶、丝瓜、豆角、西葫芦、韭菜、茄子、辣椒等；第三类是水果，本地产的水果主要有芭蕉、黄皮、柑橘、李子、西瓜、香瓜、枇杷、野葡萄等。外地产的水果亦可以在市场上买到，如哈密瓜、火龙果、苹果、雪梨等。

烹饪配料，主要有姜、蒜、葱、辣椒、酸竹笋、藠头、荆芥、藿香、芫荽、阳荷、番茄、薄荷、枸杞、红枣等，较少使用八角、桂皮、花椒、肉蔻、茴香、小茴香、草果、山柰、丁香等。这与新村屯的饮食偏好有关，以上香料烹煮之后香味浓郁，他们认为遮去了食材本来的鲜味，极少使用。他们更喜欢烹煮之后，制作多种多样的蘸水，食用时将食物蘸取蘸水，既有食材原来的鲜香，又可以根据自己的喜好，蘸取喜欢的蘸水食用。

三、日常用餐次数和时间

新村屯村民的日常用餐次数为一日两次到三次，因每个家庭日常生活安排而有所差异。一日两餐的，主要是食用午餐和晚餐。一日三餐的，主要是食用早餐、午餐和晚餐。用餐时间因季节、农事活动周期有所差异。早餐一般为6—8 点，中餐一般为 11—13 点左右，晚餐一般为 18—20 点左右。

四、新村饮食

新村屯村民的烹饪方式主要有煮、炒、炸、腌、蒸、炖、煲、凉拌等。有些菜肴只使用一种烹饪方式，有些菜肴需要使用多种烹饪方式。由于烹饪方式不同，烹饪后的食物风味、口感等都有所不同。新村屯村民传统烹饪菜肴主要有以下几种。

（一）腌酸肉

腌酸肉，毛南语称之为“脯清”。选取肥瘦适当的猪肉或牛肉的五花肉。一般而言，喂饲料的猪肉、牛肉口感不如农家散养的猪肉、牛肉。将选好的五花肉切成薄片，厚度约有5mm。在切好的猪肉、牛薄肉片上均匀地撒上食盐。食盐涂抹拌好以后，将五花肉放在圆形的簸箕上，盖上木板，用石头压紧。自然环境下，放置两到三天，尽量把猪肉牛肉含有的水分挤干。之后需要将浸泡过后的糯米蒸熟成糯米饭，晾凉以后，拌入脱离水分的五花肉之中。也有的人喜欢更酸一些的口感，则会趁热将糯米饭拌入。之后则将拌好糯米饭的五花肉放入陶坛里，压紧密封。一般半个月左右即可开坛，时间越久，口味越酸。食用腌酸肉的时候，需要将其从坛中取出，放入锅中蒸熟。根据笔者的访谈，并非所有人都喜欢这种口感，对于喜欢腌酸肉的人而言，腌酸肉味道鲜美滑嫩；不大喜欢腌酸肉的人一般很少制作。腌酸肉是一种保存肉类食品，防止其腐败变质的方式。随着电冰箱在毛南族地区的普及，腌酸肉这种食物在饭桌上已经十分少见。

（二）腌酸菜

腌酸菜，毛南话叫“瓮煨”。将藠头洗净，用生石灰水或者稻草灰水浸泡，然后晾干，置于坛中。之后，将生水烧开，加入适量食盐，煮化。待食盐水冷却以后，倒入坛中。此时，可以加入时令蔬菜，一般为青椒、生姜、豆角、小番茄等。将坛口封禁，月余以后即可开坛食用。腌制后的藠头口感生脆，适合夏季食用，这种腌酸菜一般用以佐粥、佐饭，属于开胃小菜，并非主菜。

（三）腌熟肉

腌熟肉的做法是把煮熟后的肉类放入腌酸菜坛中浸泡而成。肉根据个人喜好，有的人喜食瘦猪肉，有的人喜食猪耳朵、猪尾巴等。熟化的肉需要改刀，但不要太薄，在腌酸菜坛中浸泡半个钟头即可。

图 8-9　毛南族传统的腌酸肉（摄影：王潇）

图 8-10　腌制的藠头与青椒（摄影：王潇）

（四）螺蛳汤

螺蛳汤，毛南话叫“罗番”。首先把捕获的螺蛳放到水盆中，放置几天，待螺蛳将体内泥沙和粪便排泄干净。淘洗时，水盆中的水不再浑浊时，开始烹制。将淘洗净的螺蛳在铁锅内炒香，使用猪油炒制可以起到增香的效果。将洗米水倒入坛中，趁热将炒熟后的螺蛳也倒入坛中。为使风味更佳，会在坛中加入烤香后的竹笋。之后盖上盖子密封保存，3 个月左右即可开坛。

（五）“米虫”

“米虫”是由米粉制作而成，并非望文生义的“米中生的虫”。米虫的制作一般选用大米，也可以使用玉米。大米需要浸泡 6—10 个小时。大米浸泡后磨成米浆，入锅用小火慢煮，需要时时用锅铲翻搅，以防止米浆沉入锅底烧焦凝结。搅拌至米浆由稀变稠，成糊状时，把过滤好的适量生石灰水倒入锅里，继续均匀搅拌。直至米糊由白色变成淡碱色时，即把锅端下来，趁热将米糊舀入竹筛中。竹筛下放一盆清水，让米糊通过筛孔掉进清水盆里，凝结成两头尖，中间大的颗粒，形似蛹虫，故名“米虫”。吃时舀入制作好的料汁。料汁一般选择青椒、番茄、葱花、荆芥等制成，夏天食用清凉爽口。下南街圩便有几处摊位售卖“米虫”，食客颇多。

（六）五色糯米饭

五色糯米饭中的五色指的是红、黑、黄、绿、白五种颜色。红、黑、黄、绿需要染色，白色是糯米的自然颜色，无需染色。染制红、黑、黄、绿糯米饭的方法以及使用的“染料”各有不同。在将糯米饭染色之前，需要将糯米浸泡在水中，约 24 小时（时间若太久，则容易发臭），直至米粒吸水膨胀。八角枫叶捣碎，放在锅中炒 40 分钟左右，炒到冒有香气后铲出，用凉水来泡，泡的时间比较长，大约为 10 个小时。之后拿浸泡后的糯米置于其中，浸泡 2—3 个小时，捞出时即为黑色。黄色是使用晒干的密蒙花，将干密蒙花在锅中煮 1—2 小时，之后滤去残渣。将糯米放到煮过的密蒙花汤汁中浸泡 2—3 个小时。这种颜

图 8-11　翻炒的田螺（摄影：孙攀搁）

图 8-12　米虫（摄影：冉念鲜）

图 8-13 八角枫（摄影：冉念鲜）

图 8-14 舂捣后的八角枫叶（摄影：孟凡云）

图 8-15　红凤菜（摄影：孟凡云）

图 8-16　晒干的密蒙花（摄影：冉念鲜）

图 8-17　染制好的黄色糯米饭（摄影：符晓彤）

图 8-18　染制好的黑色糯米饭（摄影：符晓彤）

色和八角枫叶浸泡后的糯米，蒸制以后的饭都是比较香的。其他颜色的则只是色泽更为诱人，并无特殊香味。绿色、红色则是在街上买来的人工食用色素，也有使用红凤菜染色的。糯米饭在蒸制的时候，一定要把水烧开以后，才可以上锅蒸制。分龙节和清明节时，几乎家家户户都要蒸制糯米饭。只是清明节时蒸制三种颜色的糯米饭，即红色、白色、黄色。

（七）豆腐圆

豆腐圆，毛南话叫“打勒婆”。豆腐圆的制作，先将肥瘦适当的五花肉剁细，加入剁碎的沙姜、小葱、蒜苗、胡椒粉和食盐，搅拌均匀，至发黏状，之后捏成圆球状丸子备用。再将压干的豆腐捏碎，放在掌心打成片状，把肉丸子放于豆腐之上合掌包好。再放进碗里反复滚动，形成铜铃大的圆丸子。将油烧热后，包裹有豆腐的肉丸放入油锅炸至表皮呈金黄色即可。既可直接使用，也可用来配菜。春节时吃豆腐圆，寓意着阖家团圆和睦；喜宴席上使用豆腐圆，则表示希望新人今后和和美美。

（八）粉蒸肉

糯米炒熟、炒香后，用石磨磨成糯米粉。将糯米粉拌入切好的猪肉片中，加入沙姜、山姜、食盐、小葱等香料和调味料搅拌均匀，上锅蒸制即可，蒸制时间 30—40 分钟。粉蒸肉一般在清明节和分龙节才会制作。

（九）鸭酱

鸭酱是毛南族地区的一道特色蘸料，是吃鸭大餐中的灵魂。在祖先灵位前将鸭杀死，放鸭血入有适量米醋的碗中，并迅速搅拌。准备生姜、荆芥、辣椒等切碎，加入食盐，搅拌。吃鸭时，将斩成大小合适块状的白切鸭蘸取鸭酱食用，这种饮食方式深受喜爱。

（十）鸭粑

杀鸭后，取出的鸭内脏，如鸭肝、鸭心、鸭肠等煮熟，切成大小合适的条状或片状。使用两片青瓜夹住几片鸭内脏。之后，以烫软的韭菜作绳将其拦腰捆扎即成，食用时，亦蘸取鸭酱。

（十一）打边炉

毛南族过去的一种聚餐方式。将两个“L”形条凳拼合后。在中间围住的空间里支好锅架，放入铁锅，锅中炖煮肉和青菜，条桌上放置其他小菜。人们围坐一圈，边吃边聊。如今，新村屯面貌发生巨大变化，但是，打边炉的饮食习俗依然保留下来，烹煮食材的器具换成了电磁炉等。

（十二）魔芋

魔芋全株有毒，不可生食。将魔芋薯块洗净，磨成浓稠的浆状物。将磨制好的浆倒入锅中，加入适量草木灰水或浓度适当的生石灰水，熬煮 3 个小时左右，至凝结成果冻状后，将其取出，置于清水中浸泡，目的是除去碱味。食用时将果冻状的魔芋切成片，将锅烧热，加入食用油炒，配以青椒、番茄、生姜丝等佐料，口感颇佳。

图 8–19　鸭酱（摄影：符晓彤）

图 8-20　鸭粑（摄影：孟凡云）

图 8-21　簸箕宴（摄影：孙攀搁）

图 8-22　魔芋树（摄影：孙攀搁）

图 8-23　做好的魔芋块（摄影：孙攀搁）

第二节　新村屯服饰习俗

今天的新村屯人，除了在某些节日期间，平常已经很少穿着民族服饰，日常衣着主要是购买的成衣。

有毛南族研究著作中提到“在过去，毛南族会使用木纱车和织布机，并且自己种植蓝靛草，自纺、自织、自染土布，以制作各种衣饰。在颜色上以青、蓝、黑（用蓝靛染制）为主。毛南族的服饰，根据性别、年龄、季节、用途和社会地位的不同，形成各种类型和模式，通常分为外衣（毛南语称‘骨勒班’）、女衣（骨勒别）、青年服装（骨勒作）、儿童服装（骨勒洁）和老人服装（骨勒老）。根据季节与用途区分，冬季穿的衣服称‘骨年香’，夏季穿的衣服称‘骨年突’；喜事、走亲访友、赶圩穿的称‘骨拜板’；在家做工和下地劳动穿的称‘骨费工’，等”。[①]

历史上的毛南族服饰，主要有以下几个特点：

头饰，男女扎头巾，使用一条长三尺五寸、宽五至八寸的蓝布做成。未婚男女则戴布帽或棉毛绒织成的各式绒帽。

金属装饰品有银质耳环、银梳、发簪和项圈。

衣服，男子有短上衣和长袍两种。上衣对襟开胸，有两个口袋在下方，用布做扣子，扣子是单数。长袍开右襟，多是一些有身份的人当礼服用。裤脚宽裤裆大。妇女衣式比较复杂。有穿短衣长裤的，有穿短衣长裙的。上衣开右襟，襟上安五对或七对扣子，形状、花色多种多样。上衣角有绣花镶边的，也有不绣花的。年轻姑娘腹部另罩有精美的围裙，以显苗条、美观。妇女的裤子同男子大致一样，只在裤脚绣花滚边，多彩多姿。

毛南族穿的鞋靴比较简单。冷天或赴宴、会客、赶圩，穿自制的布鞋、布靴。平日和热天多穿草鞋、竹角鞋或布制凉鞋，朴素大方而且实用。女子在隆

① 李芒环：《中国的服饰文化》，152页，芜湖，安徽师范大学出版社，2012。

重场合则穿绣花尖嘴布鞋，很别致。

男装称为“五扣衣”，也同女装一样开右襟，但不镶花边。它的特点是有五颗晶亮的铜扣，毛南语称“骨娥妮”，意即“五颗扣的衣服”。领扣一颗，右襟三颗，和领扣垂直相对，安在肚脐位置一颗，下面开襟，衣服口袋和女装一样，缝在右衣襟里不外露。盛装时戴头巾，长约八尺，从左到右有规律地缠在头上，头巾一端有布须，露出缠黑头巾顶，毛南话叫“挂爪”，腰缠八尺长的黑色腰带，腰带两头用红、黄、蓝、白绒线镶成锯齿形的布须，缠腰时两头有颜色的布须外露。下面穿宽筒裤子，脚穿白底黑面的布鞋。

女装最大的特点是镶有三道黄色花边的右开襟上衣和滚边裤子，从衣领到衣襟镶有黑色花边，花边有大和小之分。大的有筷头那么大，镶大条花边费工少，缝制较容易；小条花边有火柴梗那样细小，缝制手工精细，穿起来也显得精致、美观。女裤的裤脚也镶三条黑色花边，花边大小要和上衣一样。盛装缠头巾，发髻插银或玉，衣襟挂银牌；手戴银镯或玉镯，脚穿绣花鞋，肩背精致的“顶卡花”（花竹帽）。

男女衣服颜色喜欢蓝靛自染的青色和蓝色，很少穿黄色和白色，只有孝服用白布缝制，忌穿白色衣服串门。服孝男女穿白衣，要进别人家时，要把白衣、白巾脱于门外才能进屋，否则主家认为兆头不好。

织锦工艺品毛南锦，流传于广西环江一带，做被面、背带、挂袋等。用棉线和各色丝绒线，土机编织，图案纹样有八角花、香炉花、畦蝼花、凤凰花等，锦面图案呈几何形结构。

毛南族的手工产品花竹帽，最具特色，亦是毛南族服饰中的一个亮点。花竹帽制作精良，美观实用，深受大家喜爱。帽的直径一般为 70cm，分里外两层。做一顶帽子大约需要 700 多根细竹篾。编好后在外层面上刷漆，这样既不透光、不渗水，又结实耐用。帽的里层用黑、黄两色竹篾编成各种几何图形的花纹图案。在帽圈处用各种色彩艳丽的彩带和珠料做装饰。

毛南族银饰给妇女、儿童增添了光彩。除了银手镯外，还有耳环、银项圈、银麒麟、银环、银簪、“五子登科”帽饰、银钗、银梳等。青年妇女戴上耳环，表示已出嫁或订婚了，小孩戴银锁以驱邪禳灾。

图 8-24　分龙节时村民穿着的“传统服饰”（摄影：谭孔孙）

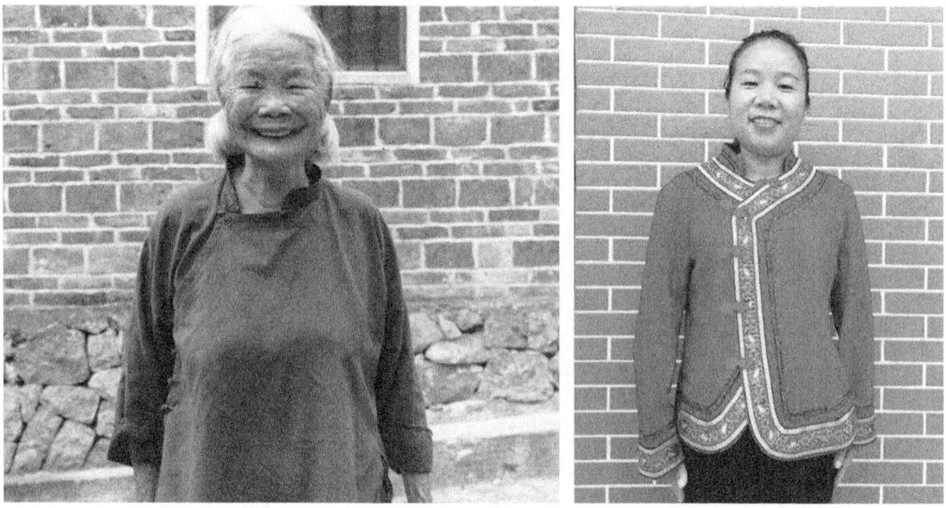

图 8-25　左为土布自制，右为合成织物定制（摄影：谭江华）

毛南族妇女爱穿绣花鞋，有“双桥”“猫鼻”“云头”等三种形式。“双桥”鞋是用红、绿两种颜色在鞋面上镶两条花边，像两座石拱桥横跨河面，也像一对彩虹吸水，因而得名。“猫鼻”鞋用五色花带在鞋面上缝制成勾头形的鞋尖，尖头活像小花猫的鼻子。“云头”鞋的鞋面绣有云朵图案。这些精致的绣花鞋通常是要赴喜宴和走亲时才穿的，平时在家穿黑色布鞋。过去毛南人走远路、赶圩多数穿草鞋。草鞋用竹壳、竹棉和禾米草编织而成。现在已经基本见不到草鞋了。

在20世纪80年代以后，机织布、化纤、针织品、呢绒等各种档次的机缝成衣、时装已代替了历史上长期使用的土布、手缝布衣、手编草鞋等。①

以上描述在新村屯已经很难见到了，但是在节日时节，依然会有村民穿上民族服饰。

第三节　新村屯人的人生礼仪

一、诞生礼

（一）三早会

“三早会”是毛南族小孩出生后举行的第一个重要的人生礼仪。“三早会”的存在跟以前毛南族接生技术和医药状况有关，那时接生技术落后，又缺医少药，出生的孩子在“三早”内能否生存还是个疑问。等过了“三早”，孩子生命就比较安全和保险了，所以要过了“三早”才正式向众人宣告孩子降生，因此会举行一个“三早会”仪式。这一传统一直保留至今。

以前人们在家里生孩子，“三早会”是在小孩出生后第三天的早上举行。随着医疗事业发展，人民生活水平提高，小孩都在医院生产，方便办理出生证明。如今，“三早会”多在小孩出院回家的那天举行。比较重视小孩三早的人家，会在小孩从医院回家的路上、医院门口以及每条路的岔路口抱着小孩说：“回来了，回来了”，意为安魂，保小孩平安到家。在下车的时候为他（她）打一把伞，这是为了给小孩挡光，直至进入家中第二道门后，方将伞收起来。产妇回到家后，也会在她住的房间门口放上1只1斤左右的公鸡或者母鸡，“三早会”早上在产妇房间外杀掉，意为报答花林仙官赐花送子之恩。

“三早会”的早上，家里早早地要做紫色糯米饭（不能在米上蒸粉蒸肉）、

① 谭自安等编著:《中华民族全书·中国毛南族》，64页，银川，宁夏人民出版社，2012。

包粽子、杀鸡杀鸭等。糯米饭做好后要供奉祖宗，感谢祖宗神灵保佑，祝愿小孩健康成长。这一天会给亲戚、朋友、邻居各家送去一团五色饭，表示本家已生小孩，望共同祝愿。一般情况下，小孩的舅家来看小孩时，会带自己织的背带、抱小孩的毛毯、毛巾被、襁褓、三角粽和红鸡蛋前来祝贺。不过现在毛南族的背带已经很少有人会织了，基本上都是直接在街上买来送给小孩。

在举行“三早会”的时候，需要找算命先生给孩子看生辰八字、算命，但新村屯村民又说，给刚出生没满月的小孩算命只能算半个，不能全部算，这样有利于小孩成长。算命内容包括小孩在五行中缺什么，然后找这一行较多的人，做孩子的干妈或干爸。一般是给男孩找干妈，给女孩找干爸。算命内容包括算小孩的命与舅舅家（指舅舅家主要成员）合不合，如果小孩的算命结果与舅家相冲，那么“三早会”时，舅家是不能来看小孩的，必须等到小孩会走路时，带他去舅家，让他自己走进舅家的家门里面。之后，小孩舅家才能到小孩家里来看他。随着社会的发展，人们观念早已有所改变。现在，在新村屯，如果出现上述情况，小孩的舅家在“三早会”时也可以来看小孩，只是不能带东西给小孩。村民 TCE 讲：“（有的人家）小孩刚出生就开始（为他 / 她）算命，小孩算命是算，一般哪一年，哪个月，他（她）有没有关（指的是人生中的难关）。娘家人和自己人都去医院了。以前小孩出生以后，还没有满月，老人不能来，送礼物一般都是青年人来的，（送礼物）没有定哪一天，（不一定是）满月的这一天。不管是男女，头一胎到满月，才可以剃头。杀两只母鸡，在我们的祖宗牌位前杀公鸡一只，在宿舍（指的是人居住的卧室）前面，没杀鸡之前，摆上一碗猪肉、两盏酒、两碗饭。插香的时候，你就说：‘万母娘娘你降生给我们的孙子那样，现在我们就是杀鸡给你了，我们有心有意。’一般不用道士来讲，我们自己做。一般去医院回来的，搞满月，不搞三早。”

现在，新村屯的“三早会”，多是在自己家内部举行庆祝一下，五色糯米饭也只需要送给自家兄弟即可。但据村民们说，即使“三早会”没有以前热闹了，但这个庆祝还是必须要举行的。有些在外面生活的人也依然遵循这一传统，小孩出生依旧会在家里做糯米饭，过“三早会”。

（二）满月礼

毛南族的“满月”并非是29/30天，而是33天、35天。如果出生的是家里第一个孩子，则是35天才过满月；如果是第二个孩子，则33天即可过满月。

关于满月酒，村民TCE说：“晚上吃酒，到店里面吃酒。主要是给外婆吃的酒。33天就是满月，30天时，老人一般不来，因为怕太早了。过33天肯定是满月了，所以老人就敢去。老人怕（太早）去吃这种饭得病。有的搞40天，有的搞几个月，都是说吃的满月酒。年轻人不讲究这么多，有什么，吃什么。孩子出生了以后外婆家就给鸡蛋、营养品之类的，一直到孩子满月，才去吃酒。红鸡蛋作为最贵的礼物，主家给客人的红鸡蛋，相当于还礼，祝客人以后也有继承人。希望我们大家好，我给好的、红的东西给你，希望你也有孙子。以前给你一条布，十几个鸡蛋，就可以去吃饭。现在是给钱，一般是给100块，吃也可以去街上饭店吃。回礼是一包两个鸡蛋，还有一点糖。”

亲戚、朋友以及村里的乡亲们都会参加。以前的时候，人们前去庆祝小孩的满月会带米、油等生活用品。现在随着经济的发展，村民们的礼品已直接变为了红包。主人家招待宾客主要有猪、鸭、豆腐圆、豆腐炸、牛肉、扣肉、鱼、鸡（母鸡）、香肠、花生米、青菜、兔肉、龙虾等，由此可见满月酒的丰盛。满月酒在以前的时候要办3天，这3天人们尽情畅饮。现在的满月酒一般为一天，有的甚至酒席都不在自己家里办，直接将亲戚朋友带到酒店宴请，省时省事。

过去的风俗是吃过了满月酒，就意味着真正满月了。满月后，家人会带小孩第一次出街买糖、水果、挂面等，依次送给亲戚家、朋友家，相应地，大家也会给小孩红包。在这之后小孩才可以出门去别人家玩耍，别人也可以到家里来看望小孩。在小孩子长到会走路时，大人会带他到舅舅家，等他自己跨过舅舅家的门槛，此后舅舅才可以去小孩家里看望小孩。这时，舅舅家会担着扁担，挑着糯米饭、肉、被子到小孩家来。在途中，挑扁担的时候要打一把伞，并且必须要挑着扁担走过一个山头，才可以放下伞和别人说话。其中打伞是为了象征性地遮一下扁担，不让别人看到里面的东西。

如今，道路从以前的泥泞山路变成了较宽阔、平坦的水泥路。人们已经很少使用扁担了，打伞挑担的传统在新村屯已经完全消失。

在过去，毛南族的人生不是以出生的时刻为起点，而是在母亲怀胎期间，人们就开始对他的命运做判断。如今，有些妇女在妊娠期算命，不是为小孩子算命，而是算产妇在怀孕至满月期间是否可以使用洗脸盆或桶，他们认为如果违反了道士的叮嘱，将会对小孩成长以及自己和家人的健康不利。

二、婚礼

在毛南族地区，以前在结婚之前还有订婚仪式。订婚时，新郎要给新娘手表、自行车等东西，表示两人已经订婚。到结婚时，新郎还需要给新娘的父母彩礼钱，送给新娘一顶花竹帽。但就新村屯来说，由于大家的经济情况不是很好，大多省去了这一项。毛南族的婚礼多在10—12月这3个月内举办，一是他们请鬼谷先生算日子，较好的日子多在那3个月。二是冬天天气冷，剩下的酒菜等东西也放不坏，不会浪费。三是春节前后，出去打工或上学的人也都回来过年了，这个时候举办婚礼会很热闹。在新村屯，以前由于家庭经济条件不好，好多人结婚时都没办喜酒。等孩子出生了，在办满月酒的时候，才把婚礼补上。婚礼一般为3天。

结婚时，一般在家里贴一副红色对联。结婚第一天，首先由男方带几个人去女方家接亲，带去的人不需太多，几个人就好，主要是为了抬聘礼，其中有一个做伴娘的女孩。对抬聘礼的人是有要求的，即他的妻子不能怀孕。因为毛南族人认为怀孕的人是“绿眼睛”，不能参加一些喜庆场面，甚至人们也忌讳见到她的家人。男方去女方家迎亲必须要带10块三角形猪肉，带30斤或50斤酒，挑着扁担去女方家。到女方家后，女方要放一只还没有下蛋的母鸡在被子旁边，寓意是结婚前是纯洁的，结婚后到婆家就可以生子了。中午，男方的人在女方家吃饭，女方家里要杀鸡杀鸭，招待宾客。在正午时刻，女方开始“折被”。新娘母亲端来盛满红鸡蛋、果品等物的铜盆和锡茶壶，在大院内举行“折被”仪式。由子女双全的姑嫂、婶娘们，在每床新被上放一样象征吉祥的果品等物，包在被子里面，折成四方形，用一根红丝线或红棉线十字交叉捆好被子。并由女歌师在旁唱“折被歌”。一般要折9床被：第1床放红蛋香糯粽，第2床放香谷和香糯，第3床放金橘、蜜橙和甘蔗，第4床撒满香瓜子，第5床放铜钱串，第6床放红蛋和神笔，第7床放红纸包的红糖，第8床放烟茶配槟榔，第9床放一双衲好的布鞋。折被结束，开始搭“岗棉”（毛南语，即嫁妆）。“岗棉”为一四方木架，高近两米，下层放木箱，上层放被子，用红布条捆扎，顶端放铜盆和锡茶壶，四面挂满新娘亲手做的布鞋。整个岗棉架染成大红色。待女歌师代表亲娘唱完“叮嘱歌”，吉时已到，由两人抬着“岗棉”，随新娘来到新郎家。新娘出门下台阶时，与父母兄弟依依惜别，含泪唱“比蹓儿”（出门下阶歌）。在从女方家向男方家走时，由女方亲属挑着担子。在新娘来到新郎家后，当晚举行拜堂仪式。拜堂结束后，由女歌师唱“欢吉辰”歌，敬酒。唱毕，众人尝宴。宴后由男女歌师唱“欢恭贺”歌。

第二天清晨，新郎家族要设宴招待新娘的伴娘。进餐时，女方的歌师唱“欢那端”（即答谢歌）。婚礼的高潮是这天中午的开被仪式。这时亲友和伴娘们都兴高采烈地围观，由男方家子女双全的姑嫂、婶娘开被，并由代表新郎的男歌师与代表新娘家的女歌师对唱“开被歌”。每打开一床，双方对唱一首歌。开被时，新郎的母亲笑盈盈地从“岗棉”顶端先取下红铜盆，手端铜盆坐在一旁，接被子里的红蛋、果品等物。开被后，婚礼才告结束。等到下午，新郎把新娘接回家，晚上吃喜酒，举行踩门、跨火盆、踢竹桥纸屋、敬山伯英台、敬李广将军等仪式。第三天主要是宴请村里的村民们。

毛南族的婚礼比较简朴，婚礼当天新娘、新郎穿的衣服也比较普通，都是平常的衣服，女子一般是长袖长裤，端庄即可，颜色多为红色，男子穿长袖衬衫和长裤。但是不可以穿棉衣等，否则会显得随便。现在也有结婚穿婚纱或民族服饰的，但就新村屯来说，基本还是遵从老传统，保留了原有的习惯。

随着社会的发展，结婚流程也开始精简。如婚礼当晚，新郎屋里屋外必形成对歌高潮，叫做“请歌”，就是请外面唱歌特别好的人，到现场编唱，从新婚这天晚上唱到天亮。现在已经几乎没有了，结婚时也没有请歌这一项了。不过屯里可以现编现唱的人仍然有，但是已经达不到以前婚礼唱歌的水平。在过去，毛南族的婚礼传统是：新娘迎来了，只住一宿，不同房，次日与伴娘回娘家，过“不落夫家”生活，偶尔会来男方家小住，叫“走媳妇路”。不过现在恋爱结婚，多已改变。现在新村屯办婚礼只有1天，第3天新娘回门。在新村屯，还有很多如折被、踩门等婚礼仪式仍然被人们保留，只是较以前来说，人们对于婚礼的重视度有所下降，因此也不会花很多力气在上面。

TCE介绍婚恋习俗说：“如果讲了结婚以后，你准备喜事，办酒的，反正我嫁这个女给你了，我要几多（彩礼）钱。我们下南，我们自己给。但是在我们这个平地的，随便你给几多。办喜事的那一天，我们就搞糯米饭，上面有两块猪肉，一块（肉）起码有四斤；还有生猪肉，起码有25斤；还有猪的前脚。一般我们就搞三台（担子），一台10个猪肉，三角形，熟的，一个差不多有三两。起码算来，小的担子，你送30个，多的是60个；你搞那豆腐圆，这个几多豆腐圆？这下60个，那个也是60个，豆腐块就是10块；担子上箩筐全部是用红纸尖的，用红纸卷箩筐的耳朵。扁担的中间也是用红纸，贴在扁担的中间。谁挑这个担子去外婆家，你就送给他毛巾1条，给他红包1包。这个红包是从背后给的，挑担子的人从你背后把红包拿到，这个是主人家给的。到了婆家之后给一条布，其他的不给。东西一样留下一点，剩下的挑回来。委托一个人接媳妇，拿（由）他的手给红包。这个红包叫做草鞋钱，小的（红包，钱）不多的。还有一包是吃奶的奶钱。媳妇进门的时候不能踩门槛。她一来，就是直接进宿舍（卧室），也不能踩门槛，认为踩这个门槛，对这个家就不好，以后做什么都不顺利。进门，进到我们宿舍里面以后，有人拿茶是在宿舍里面吃的，家里面吃的全部是客人。”

三、“添粮补寿”

毛南族传统里认为人的命里都有“马”，等人到老年以后，尤其是身体不好的老人，他们称为“倒马”。“倒马”就需要找算命先生选择吉日“扶马”，俗称“添粮补寿”。添粮补寿有两种形式：一种是家庭经济有困难的，办不起添粮补寿仪式，就由老人自己赶圩讨粮补寿；另一种是家庭经济较宽裕的，由子女筹办几桌酒菜，请亲戚朋友到家里来，给老人“添粮补寿”，并请一位师公来举行仪式。在新村屯，基本没有出现过第一种情况，要么家里经济不好，就暂时不过寿，等到有钱的时候再为老人办一场风光的寿礼。

“添粮补寿”一般是在60岁的时候办，身体较好的老人，有的快到70岁才办。家里做寿一般是女儿购买带有“寿”字的大牌子，儿子买鸡、猪等招待亲戚朋友的食物，家里会请道士来画“寿”符，符的边上绘制有马，意思是给老人加点马力。亲戚朋友们会带米来家里，米必须是从别人家借的，一斤或两斤，意为添粮补寿。并且这个米必须是寿星来吃，不能送给别人或者分给别人吃，这样才能达到补寿的效果。现在随着经济的发展，年轻人都出去打工，老人过寿时女儿甚至没办法回家，因此只能送给主人家红包。现在老人过寿时，村里人给红包的也已经成为很平常的事情了。过寿时家里会杀鸡、杀猪，做一顿丰盛的晚宴。村民们吃完饭回去时，主人家会拿出来糖让大家吃或者带点回去，算是回礼。此外，毛南族人家讲究补粮必须要请法师来做，不能自己随便过寿。要么好好做，不然不如不做。

新村屯村民之间有这样一种共识：每个人的生命中都有“马”，一个人60岁之后体弱多病，表现出没有力气，吃不下饭，这样的状态称之为“倒马”。“倒马”之后就必须要“扶马”，而能不能“扶”也不能随意，有的人可以“扶”，有的人就没有这样的机会。

在村民生产生活中有着算命的习惯。一个人能不能“扶马”，要请算命先生算“马”是否还能“扶”得起来，如果“马”已经彻底地“倒”了，或者是已经“跑”了，那就没有必要做“添粮补寿”了，就算做了也是“硬做”，没有什么效果。一个人能做也需要根据生辰八字，选择合适的吉利日子，不能随意找个日子做。如果认为有的家庭有福气，还可以两个人一起做，叫做“双寿”。在新村屯就有一家是这样办的，另外有一家，爷爷算出来可以做，但奶奶不能做，所以就只给爷爷补寿了。

在村民的认识里，做“添粮补寿”就是要“百家粮”，通过吃“百家饭”得到“百家福”，来延长当事人的寿命。这个米也是有一定讲究的，和当事人不同姓人家的米比同姓人家的米更有效果，最重要是外来的米，自己家的米吃再多也没用。还有一个“规矩”，如果去送米的人家里有老人的话，不能直接送自己家的米去给办补寿的人，要去别人家换米，而且一般是年轻人去参加，说是老人去了会把自己的寿命和福气送出去，从而影响自身。别人送来的米只能是当事人自己吃，每餐都会抓一小把煮给老人，直到吃完为止。

获取米的途径有三种。

第一种是老人自己去获取。在以前经济条件不是很好的年代，家里儿女没有能力来给老人办“补寿”，老人就自己讨米。老人会自己准备一些零钱，在赶圩的时候去街边或者去卖米的店铺讨要，别人给了米之后，就象征性地给一点钱表示酬谢。据了解，以前老人上街讨米并不是一件很困难的事情，在毛南族聚居地区很多人见到讨米就明白是什么情况，都会很慷慨地送米。新村屯现在已经不存在老年人自己上街讨米的现象了，但衍生出了另一种形式——在请人算命之后得出不能做补寿的情况下，子女会代替老人去街上卖米的地方从不同的商铺用不同的包装袋买米。通过采访我们了解到，他们这么做是希望也能起到帮老人延长寿命的效果。最后一种比较隆重的就是请师公来做法，办请客宴，亲朋好友直接把米送到家里来。

除了米这个重要的对象之外，还有“寿”。第一个是师公剪的“寿”符，凌晨十二点的时候师公用主人家准备的红纸开始剪一个大大的“寿”字，贴在一块蓝（黑）布中央，再用红纸剪六匹马贴在“寿”字四周，马首朝着“寿”字。村民们说马象征健壮，六匹马是六马合一的意思，希望老人能如骏马一样，奔腾不息，健康长寿。有的师公不画马。“寿”字和马被一副对联围绕着，横批写的是“南极星辉”，右边写的是“寿比南山”，左边写的是“福如东海”。有的师公写的对联不一样，横批写的是“福寿康宁”，右边写的是“寿高维祺征大德”，左边写的是“文明有道享老年”。除了对联之外“寿”的正下方还有八仙诗：

李拐先生道德高，
汉朝钟离把扇摇。
国舅手执云扬板，
湘子游行吹玉箫。

洞宾佩剑清风客，

果老骑驴过天桥。

仙姑自送长生酒，

蓝采和上献蟠桃。

天亮的时候由师公贴在香火牌位的右下方。第二个是别人送的“寿”匾，添粮仪式结束之后挂“寿”匾，把“寿”匾挂在香火堂下面正中处。新村屯村民家中的“寿”匾多是镜屏的，送“寿”匾补寿则以舅舅家的为主，其次是女婿家的，其他亲朋好友也可以送。在一家村民家中就挂着两块，有一块是女婿家送的，有一块是侄子送的。

村民们认为请师公来是让他用混合地方语（汉语 + 毛南语 + 壮语）与三界公、祖先和其他神仙通话。其中最主要的是三界公，三界公是管人命的，要拿一头香猪、两只公鸡给三界公；其他的鸡和鸭就给神仙和祖先，求他们来帮忙。请的师公一般有两个，他们在吉日前一天下午到主人家中吃晚饭，饭后开始“做法”，一直持续到第二天中午十二点（十二点之后就不能做了）。在整个仪式中，第一步是在香火堂下挂八仙、三界公、观音菩萨、社王、三元的神像，表示诸神到场；接着摆放灶王祭桌和补寿祭桌，用黄纸写《灶王疏文》和《补寿疏文》贴在对应的祭桌；接下经过“封斋”“解斋”、杀牲祭拜等流程，之后进入“添粮补寿”这个终极程序。亲朋好友送来的米全部装在一起拌匀放在一旁。当事人会在堂屋的香火堂下坐着，面前放着用来装米的箩筐或者米缸，宾客在师公的唱词下，逐次将米舀进当事人的箩筐或者米缸里，同时放进一张纸钱，总共舀 12 次表示每个月都有。仪式进行完之后，客人和主人一起入席就餐。在席间，宾客多讲吉利的话，共祝老人健康长寿；宾客离开时主人会赠送一包糖果表示酬谢。

尽管在这里算命和“做法”的共识普遍达成，但新村屯的村民之间也存在着这样一种共识：有病了第一步应该是去医院，第二步才是算命“做法”。

图 8-26　补寿吉祥图（摄影：李果）

图 8-27　补寿吉祥图（摄影：李果）

新村屯的一位老人这样讲述："添粮补寿这个算是一种迷信，同时也是一种传统。"添粮补寿作为一个仪式，其中包含着多方面的内涵。宗教含义是比较明显的，从请神到祭祀，从物品道具到语言唱词，都涉及佛教、道教和地方信仰；尊老爱幼是毛南族人民的传统美德，在这个仪式中表达的是人们希望老年人健康长寿的心愿；在这个仪式中米的位置以及师公唱词中所涉及的内容，都在宣扬粮食的重要性，宣传从事农业生产的技术，教育农耕者如何抓好农时、勤耕细作、珍惜粮食；从形式上来看有一些迷信唯心色彩，但从被采访者的表述又可以看出，客观上对老年人自身起到一定的精神安慰作用。老人看到这么多人关心自己、为自己的健康操心劳累、给自己送来祝福，心中必定充满了感动与温暖，这份感动与温暖必定能转化为强大的精神力量，帮助老人恢复健康、延年益寿。

四、丧葬

毛南族崇尚土葬，相信人死后入土为安。葬礼上，在死者身体上绝不佩戴任何饰品，讲究人要干净地来，干净地走，也忌讳有人去盗墓，打扰死者安息。

毛南族的丧葬，传统有三种类型：一是给正常死亡的老年人治丧；二是给非正常死亡的老、中年人治丧；三是未成年人夭折的埋葬方式。三种做法有很大的差别，但一般都习惯于一次性土葬，并且皆薄葬。三种丧葬方式主要差别在于：在观念上，正常老年人死后被视为“家仙”，可列为祖宗灵位；非正常死亡的老人经过复杂的“悔过”手续，方能加入祖先行列，35 岁以下死者无论有无子女，一般皆视为夭折，不能列入祖宗灵位；对于跌落、难产、溺水非正常死亡者（尤其青少年），入葬后则被视为“野鬼”。在入殓、送殡时，往往趁黑夜送出村，甚至为了使“鬼魂”迷路，会不时打圈圈行进，以不让其回家捣鬼伤害家人，对这些亡人也不扫墓供祭，要“施舍”，只能在屋外倒撒米饭等。

正常人的丧葬一般是在去世这一天，由死者的两个儿女去河边或沟里扔一枚硬币下去，然后用桶把它舀出来，顺便舀差不多半桶水，两个人一起提回去。然后用水把毛巾打湿，将遗体上下反复擦拭三次（不用擦后背）。由死者的长子或长女来擦拭身体，或者请专门从事此项工作的人来做。擦拭后将遗体从床上抬下来，放在地上，杀一只黄鸡、煮一碗饭、一碗煮熟的竹笋和木耳、一碗黄豆，把这些东西摆在他的头前面，用白布盖住脸。然后就可以去请鬼师了，请鬼师来主要就是占卜下葬日期以及选定坟墓地址的，在新村屯范围内寻找一处适合埋葬他的好风水，夫妻也不一定共葬。因此新村屯存在这样的现象，在分龙节祭祀时，有的人需要到左边的山上去祭祀父辈，再到右边的山上去祭祀母辈。在毛南族地区，除非一对夫妻在生前已经立下誓言说死后要葬在一起，否则夫妻两个一般都是分开埋葬的。坟墓一旦定下不可轻易搬迁。如果要迁坟，必须要请法师做法后才能迁坟，自己是不能随便迁坟立碑的。下葬那天，要在棺材里死者的头下及左右各放 3 块瓦，起到固定的作用，避免在路途中尸体来回颠簸。死者身上不能有任何钢、铜等金属，手上戴的镯子、链子都要摘下来。如果嘴里有镶的铜牙，也需要拔下来。在棺材里面可以放死者的衣服、布等，最后在最上面盖上白布就可以，棺材下葬时不钉钉子，据村民说，这样是为了在鬼节、清明节的时候方便出来看看，灵魂可以安息。

新村屯的丧葬一般办 3 天，也有办 6—7 天的。新村屯有着“喜叫丧不叫”的传统，即屯里办丧事时，不需要去叫邻居等来帮忙，人们会主动过去帮忙；如果是办喜事的话，则需要去别人家里通知一下。在新村屯，如果家里有人去世，一般由长子或长女穿白色的孝服，戴尖帽子；除此之外的其他人只需在衣服袖子上缝上一块白布就可以了，衣服颜色没有规定，即使红色也不忌讳。去坟地时要带两根绑白纱的短竹竿，一根插在坟上，一根要带回来保留。找道士算日子，看哪一天他的鬼魂回来，回来那一天家里杀一只还没有下过蛋的母鸡，并且烧掉这根竹竿。下葬那天从坟地返回家里后，长子的白色孝服和帽子都必须带回家，其他人的白布可以直接扔在坟地烧掉。在死者埋葬好之后，亲戚朋友便一起回主人家，吃宴席。以前村里面经济条件不好，丧礼的宴请吃的是白豆腐、小猪。现在随着经济的好转和人们观念的转变，宴请开始吃大猪、鸡、鸭等，摆一大桌来感谢前来吊唁的亲戚朋友以及帮忙的乡亲们。

与汉族给死者过的“周年”“三年”不同，毛南族人在埋葬遗体之后，要每天在家里香火堂供桌上，早上或晚上放一碗饭、三盅酒，几种贡品如水果糕点等，连续放 4 个月。此后只需在清明、鬼节和春节进行扫墓祭祀即可。

如果是非正常死亡者，家里想每年为他祭祀，需要请法师来做法；如果家里经济条件不好，可以找同样情况的人家合起来一起做法事，做完法事之后，死者才能被正常祭祀。

第四节　新村屯岁时节日

新村屯毛南族的节日主要有春节、元宵节、清明节、端午节、分龙节、中元节、中秋节等。

一、春节

春节期间，外出务工的青壮年回乡，此时山村在一年中最为热闹。新村屯过春节，不仅仅有自己的方式，也会每隔1—2年举办春晚。每家每户过春节的流程和安排尽管有所差异，但基本的内容差别不大。

以TYH老人家为例。从大年三十开始，晚上要杀两只鸡。一只供奉给三界公爷，一只供奉给自己的祖先。年前不杀鸭，过了年想吃的话再杀。大门口两边各插一根香，门后的地主灵娘插一根香，祖先灵位前插一根香，三界公爷神位前插三根香，灶王神位插一根香，每个有人居住的房间门口两边各插一根香，栏下（猪、牛、羊圈）两边各插一根香。插香的顺序是先从“天地君亲师位”开始，之后是祖先灵位、地主灵娘、大门、居住的卧室、牲畜栏。三十晚上把煮好的鸟粽、粽粑（单数多，一般挂13个）、红鸡蛋等挂在一根甘蔗上，把甘蔗悬挂在“天地君亲师位”的下方。“天地君亲师位”前供奉的物品还有水果，不供奉肉类。甘蔗上悬挂的物品直至元宵节方可取下。大年三十贴正方形或长方形的红纸，贴在门窗、墙上、家具、牲畜圈等处。晚上吃饭前放一挂鞭炮，这挂鞭炮谁放都可以，叫做送大年。鞭炮的声音越响越好。除夕夜时（一般在0点左右）再次燃放一挂鞭炮，是在迎新年。据老人回忆：“以前年三十晚上，只是烧香，其他的不用搞什么了。插香的时候说，三界公爷，今年家里面有什么最好，哪个月不大理想，请你给我说。香炉就是摆在台上（天地君亲师位下面的供桌），3碗饭，3盏酒，也可以放茶（5盏茶），也可以放12个鞭炮，等于每个月一个。哪个炮没响，那个月就不大好（按照放炮的次序，如第三个炮意味着3月），到3月的时候，就注意一点。”

“大年初一，门前方插一根木头，上面挂一顶竹帽，如果不用竹帽，就是用大片树叶（此处是幸福树）套在上面，一直到十五，最关键是那个幸福树的叶子。（这样）主要是防外面来的人，我们的亲戚进门来，没有什么问题。现在我们这边，初一早上吃汤圆，甜的，用黄糖做馅料。煮汤圆的时候放姜在一起。

图 8-28　春联（摄影：孙丽丽）

图 8-29　幸福树（菜豆树）叶子（摄影：孙丽丽）

吃这一餐以后，就是开始做（中午）正餐了。各家根据自己的口味做自己喜欢的。初一不乱去别人家吃饭、谈话、聊天，不乱走。初二，买鸡给祖先（无论公母），一挂猪肉，就是猪中间腰里位置的肉，不是大腿，挂在香火台上好看，还有面条、酒、水果，成家的夫妻要给父母红包，给小孩子发压岁钱。”

除此之外，大年初一这一天有如下禁忌：扫地不能把垃圾扫出门外，否则会“扫去家财”，导致钱财流失；不能梳头，不能讲不吉利的话和骂人、说粗话；不能洗澡。

二、清明节

清明节。在清明节，不论男女，全家人带上三色糯米饭、粉蒸肉、酒、鞭炮、香、纸钱去到祖先的坟墓前祭祀。

据报道人描述扫墓流程：“先除草，插香，摆东西，讲祖先哪一个哪一个，今天我们来这里看你，也不用讲几多（即太多），最后是插一根或三根纪念的旗子（指的是用竹竿挑起一串纸钱）。在石碑前面点香，不搞石碑的也是这样，插三个地方，若每个地方三枝，两边和中间，一共就是九枝。有时候，我们的坟墓和别的坟墓离得近，我们会用香把自己的坟墓围起来，围一圈，（这）表示是你的地盘。刚去世一两个月（的人），刚刚去世的这个，家里面去纪念，先去祭这个坟墓，不能先去其他的已经去世的亲人那里。”

村民介绍的具体过程如下：

> “在家里面杀一只鸡，煮熟了，要带去，带糯米饭过去，整猪肉也拿过去。鞭炮、黄纸、蜡烛、香、扫墓的那个旗，一般插一根到三根。拿锄头、铁铲，每一年修一点浮土。”
>
> “一般去的时候，先用镰刀割去坟墓周围的草，然后直接摆东西，底下放一块塑料袋，上面放鸡一只、糯米饭一碗、酒三盏、蜡烛三只，并排摆了。香也是插三根，两边中间。原来地理先生讲的，青龙边是左边，右边是白虎（墓碑前三炷香敬祖宗、墓碑左右两旁各一炷

香敬墓的门神、坟墓的左侧一炷香敬青龙神、坟墓的右侧一炷香敬白虎神、坟墓的玄武方即坟尾一炷香敬坟的后靠山神)。一般烧香，等待时间半个小时以上。半个小时以后，在坟墓墓碑上面还扎三处黄纸，黄纸一般三组，一组起码有十张。(敬完香后，把一些纸“铜钱”分别挂在三根青竹上，从坟头到坟尾间隔均匀地插在坟墓上，毛南族人称之为“挂柳”。)插完了，接下来放爆竹、烧纸钱，跟祖先说‘我们给钱给你’，烧纸的时候这样说。就是结束以后，上面也扎那个纪念的旗。”

“第一个做完了就去第二个坟墓。一般我们远的，第二天才去。远的另外安排。”

对于刚刚去世的人，“这个人刚死，去给他扫墓，可以在去世4个月以后才去，就是日期要提前，好比今天是清明节，提前两天去搞。”

三、端午节

新村屯里的人过端午节，主要是做一些草药食物。这一天，有的人会采集艾叶、菖蒲、黄姜、芝麻叶、鸡屎藤等混合作馅，包成糯米糍粑，全家分吃。当地独特的有鸡屎藤，村民说：“鸡屎藤，人家说这个是防鬼、防蛇咬。五月初五那天还要雄黄擦肚子，或者是放在额头上面。”

四、分龙节

“分龙节”，又叫“五月庙节”，是毛南族特有的节日，在阴历的“分龙”日前两天开始举行，主要是祭祀神灵与祖先。分龙节要做五色糯米饭和粉蒸肉，煮熟了放到祖先灵位前。分龙节的缘由，有一个传说故事，新村屯的老人说：“以前大旱，不下雨，人们就拿狗头、猫头去水源乡的里蜡屯，那里有一个洞口，深深的，里面有一块大石头，我们就是拿狗头、猫头去石头上面一放，马上就打雷，送祭品的这个人听不到。他一回来，外面就是水已经淹没这个洞口。（进洞）年年死人，最后，他们是抽签（决定），哪一年到哪一家去。有一年轮到这一家是下南人，家里有一个独生儿子。那晚上，他的妈妈睡不着了。房子前面有一棵樟树，这棵樟树大得很。以前我们烧的香全部是用那个柏树来做。她又插香，就地跪求：'啊，你下雨来呀，你下雨来呀，我儿子明早就不用去洞里面了，去洞里面，我怕他死。'他们是拿木柴到这颗樟树的地下烧，最后这棵樟树也烧了。烟太大了。烟往天上飘去。龙王发现了：'呀，为什么底下冒这么大的烟？'他就下来了，找三界公爷，问：'为什么烧这样大的烟？'三界公爷一到（下南），他们就反映了为什么。最后，这个龙王就讲：'一年死一个人（不好），那就（改）吃水牛了。'要一头，以前是杀水牛，现在没有水牛就杀黄牛了。所以，这个日子是三界定的，是他分龙这一天。"

分龙节起源的故事，还有其他几个版本。"相传，降雨不均是与在天庭的玉帝和能呼风唤雨的神龙中'分配'下来播雨的龙有关。当分下一条龙时，它怕降雨不及时而连续降雨，故造成涝灾；当分下多条龙时，因彼此推脱，造雨、降雨不及时，于是造成旱灾。最理想的是分下两条龙，各负担一半，间隔均匀，轮流当值司雨，人间就会风调雨顺、五谷丰登。为了防止水灾旱灾，求得风调雨顺，生产获得丰收，于是人们不惜钱财，在每年分龙节时举行祭祀活动，祈求神龙、玉帝重新'分龙'，故称'分龙节'。二是祭奠传说中毛南山乡饲养菜牛和耕牛（菜牛是专门养来食用的，耕牛是专门养来耕地的）的创始人三界公爷，即冯三界。传说他原名李丰登，广西贵县人，父母早亡，自幼到毛南山乡放牛。在他以前，毛南人的祖先还是刀耕火种，一年辛劳，收获无几。自从来了三界公，才养起了菜牛和耕牛，始用牛耕，劈坡造田种水稻，改善了生活，因而受到人们的崇敬爱戴。毛南人为铭记他的功劳，敬谢他的贡献，为他修建了三界庙，立三界像，并于每年分龙节时，在他的庙前举行'椎牛'仪式，用牛肉敬祭他，祈求保佑禾苗茁壮成长和人畜平安。因是在庙里举行的祭祀活动，故又称'庙节'。"①

我们发现这几个故事虽然有出入，但都有几个基本的元素：具有特殊能力

① 匡自明、黄润柏：《广西环江县南昌屯调查》，379页，昆明，云南大学出版社，2004。

图 8–30　下南乡分龙节新村屯聚餐（摄影：谭文浩）

图 8–31　2019 年 6 月 29 日环江县分龙节，新村屯舞龙队（摄影：孙攀搁）

图 8–32　下南乡 2019 年 6 月 24 日分龙节前，准备食物（摄影：孙攀搁）

图 8–33　分龙节当天在村内聚餐（摄影：孙攀搁）

图 8-34　分龙节椎牛（摄影：孙攀搁）

图 8-35　请三界公（摄影：孙攀搁）

图 8-36　参加分龙节表演节目的儿童（摄影：谭孔孙）

图 8-37　下南乡分龙节的舞龙表演（摄影：谭孔孙）

的超人（三界）、普通老百姓、神灵、牛。似乎可以把分龙节视作调控风险的关键手段，当面对很多当时人无法确定、操纵的因素时，只能借助操纵一些象征符号来调控农业生产可能面临的风险。当调控失败，在归因层面就可能是象征符号的操纵出了问题。分龙节祭祀活动的起源可以视作人们解释自身生存环境的一种文化手段。

今天分龙节已经不纯粹是民间自发组织的活动了，2019 年环江地区举办了两场分龙节活动，一场是于 6 月 23、24 日在下南乡大乐屯附近填埋的面积较大的空地上举行，另一场是在 6 月 29 日在环江县城傩面广场举行。这两次分龙节活动都加入了很多其他的内容。

6 月 23、24 日下南乡分龙节活动是政府出面组织的，与分龙节一起举行的还有通水仪式以及深圳支教老师举办的儿童画展等。在现场活动的人除了群众，还有警察、消防、医生、小贩、宗教活动人员、节目表演人员等。

五、中元节

中元节又称鬼节，是在家中祭祀祖先的节日。一般认为七月初七祖先的灵魂已经来到其生前所在的家中。“七月初七晚上，祖先就是来家了，这个晚上，我们就是杀鸡和杀鸭给祖先，当天晚上淋过血的黄纸（即纸钱）不用烧，留到七月十五早上 10 点钟左右烧。烧了以后，灰送到（村口）李大将军那里。七月十五这一天不能在水里洗澡，人家说那天是鬼洗澡。”

七月十五烧的纸灰拿来装在两个袋子里，或用两个大叶子或者纸、塑料袋包好，用一根细长的木棍，把两个袋子串成一副担子的样子，毛南族人称之为“装担”，并在每个袋子上插一炷点燃的香，打开大门把祖宗送出去。走过李大将军（像）一点点，说：“今早晨，我们给的人民币，你们回去可以买鞋。”“但是到十五那天早上烧纸时，先烧那些抹鸭血、鸡血的纸。抹血的这个时候要说这张纸给谁，你烧的时候就说（给谁）。然后烧纸钱的时候，可以用人民币 100 块在上面过（一下）火。一般都是敬近祖，太远的祖先他不理我们。”

图 8-38 重阳节参加活动人员合影（摄影：谭荣庆）

图 8-39 重阳节活动场景之一（摄影：谭江华）

图 8-40　重阳节活动场景之一（摄影：谭荣庆）

六、中秋节

在很早以前，毛南族地区用新收的糯米做成米粉或糍粑，用生姜炒菜牛肉祭祀祖先。入夜时分，待月亮升起来以后，家人把八仙桌抬到门前的晾台上，放一些酒、果、月饼、柚子之类的食品，把一根两三米长的竹竿或木杆削尖，上面插一个柚子，柚子上插三炷点燃的香，将竹竿绑在桌子的旁边，顶端的柚子和香对着皓月，全家人围坐在一起，分尝果品，称作“射月亮”，毛南话叫做“乒年”。但是据报道人的描述，“原来人家说就是讲拿柚子来射月亮。但是从我出生到现在不见哪一个人这样做”。如今新村屯的中秋节大多数家庭只是在晚上吃一餐，杀鸡和鸭等。“晚上吃一餐牛肉、月饼，杀鸡、杀鸭。”

七、重阳节

重阳节是敬老节，2019 年的重阳节，村干部们组织了“‘九九重阳节，浓浓敬老情’2019年新村屯敬老游园活动”，很是热闹。

第五节　新村屯各类禁忌

禁忌是习俗文化中比较特殊的一种类型，是特定文化中存在的某些约定俗成的、且被大多数社会成员所认可的、禁止的言行。

毛南族文化体系中有多种禁忌，有些禁忌在文化和社会的变迁中难觅踪影，有些禁忌还可以在日常的社会生活中感受得到。另外，还有一些禁忌在不同的代际中受到重视的情况也是不一样的。例如关于在家庭中谈论丧葬的禁忌，有的老人对此比较敏感，有的年轻人却觉得无所谓。这是因为老人自幼所习得的文化和其接受濡化的文化环境与青年人是不同的。下面所谈到的这些禁忌，有的还为人所认可，有的人们已经很陌生了。

一、怀孕与诞生禁忌

毛南族社会怀孕和诞生禁忌有：

孕妇怀孕时不能出门，如果出去就算路过人家门口的一条小路，别人也觉得不好。

如果妇女怀孕了，孕妇和她丈夫的脚不能碰灶台，也不可以趴在灶台上。

怀孕时，孕妇及其丈夫回孩子舅家时，不能挖生姜，否则，认为孩子的脚指头可能会多长出一个。怀孕时不可以抓蛇，不能横跨过牵牛的绳子，只能顺着绳子走。

女子怀孕时，认为舅舅家关系较近的亲戚来家时如果踩门槛，还进了你的房间直接坐在床上，女子将会没有乳汁喂孩子。

孕妇卧室忌打钉，房内衣物忌翻动，怕孕妇会流产。

烧柴时，须将柴头先进灶，认为否则孕妇会发生倒产。

孕妇丈夫忌打狗打蛇，怕生下婴儿会像狗或者蛇一样伸舌头。

分娩未满三天或七天，产妇不能到灶边，怕“秽犯灶王”。

分娩未满月，产妇忌过别家门，否则需禳解除邪。

二、婚姻禁忌

毛南族结婚时不拜天地，但要拜父母、祖父母，行礼时不用下跪、磕头。他们觉得下跪的礼节太重了，而且下跪会让别人感觉是自己有罪，或者愧疚。

以前毛南族结婚时，女孩要在自己家和男方家里举行送魂仪式和收魂仪式，认为这样可以让新娘安稳地在男方家过下去。现在新村屯已经很少有人保留这种习俗。

如果有人结婚与别人下葬恰巧在同一天，那么这两家人一个月内都不能来往，有要紧事也只能隔着老远在家门口说，一个月后才可以来往。

结婚去娶亲的时候，如果在路上遇到抬棺材的，认为这对夫妻结婚后会吵架或者有不好的事情发生。

怀孕的人不能靠近新娘，怕新娘看见思想波动，不想嫁了。去见男朋友时，可以放一个辣椒在口袋里，防止路上碰见孕妇，自己思想发生变化。

新娘出嫁离家时，不能回头望，认为否则以后老想回娘家，不想落夫家。

新娘踏进夫家时，不能用脚踏门槛，不能抬头望神龛，怕以后夫妻闹不和。

三、生产禁忌

在家里养动物的话，不能同时买两种动物，只能先买一种回去养，不然有一种会不好活。一般是买一种，想再养别的动物的话，要隔一个月才能养。

戊日不犁田，不种地，因为毛南话中“戊”和“腐”音相近，怕在这一天下田种地，种出的作物会长不好。

六月初六不能下田，怕禾苗生虫。这一天将衣服、被褥、蚊帐和陈粮，搬出来晒太阳。

立秋不能下田，怕以后野草丛生铲不尽。

谷雨不能拿火外出，更不能在外烧火，认为否则会天旱。

春耕种苞谷或撒秧，必须择吉日；种庄稼时，不能吹口哨，更不能讲鸟兽老鼠的名称，认为否则以后庄稼会受鸟兽等灾害。

立春当天忌穿牛鼻，怕以后牛不听使唤。

第一次教童牛耙田时，忌与孕妇说话，怕以后牛不听使唤；同时要憋着气左手抓一把泥放在牛头上，以后耙田牛就不仰头；憋着气左手用赶牛鞭向前画一直线，以后牛犁田、耙田就会走直线，不会左右拐弯。

大年初一不吃汤圆，认为否则容易挨冰雹；也不吃青菜，怕以后地里长杂草多。

初一灶头生火时，不能用吹火筒吹，怕玉米挨风吹而会倒伏。

种玉米和黄豆时，忌讲猴子和鸟，在地里不能学鸟叫和其他兽类的叫声，怕以后它们到地里啄吃种子和践踏禾苗。

四、生活禁忌

下雨天不能戴雨帽进别人家里，生产工具不能放进别人家里面，只能放在门外面，借别人工具时，也是双方在门外交接。

大年三十到初一，不能洗衣服。初五、初六及以后才可以剪头发。太阳落山不能剃头，如果剃了，会对家里人不好。

如果家里“天地君亲师”的牌子坏了，只能在春节、清明时做新的，其他时间做不得。

门神贴关羽、张飞。一般是过了大年三十的晚上 12 点或初一早上才贴。

女人初一不能进别人家里，不然别人会不高兴。

出门如果碰见别人抬着棺材，这一年做什么事都会很顺利。

家门口不能笔直地对着一条路，这样对家里人的健康不好，可以稍微弯一点。

要去远方打工的话，出发前要敬三界公，杀一只公鸡保佑平安，杀两只没下蛋的母鸡保钱财。必须要三只牲畜才能灵验。

新村屯的老人还记得这样的顺口溜：初一嫁女女再嫁，初九造“福”主遭殃，十七埋葬冷对死，二十五离居人财亡。

出门远行或做生意，煮饭不熟或打破碗不能去，怕在路上被抢劫。

大年初一初二不能吃青菜，怕以后田地生草多。

初一吃饭忌泡汤，怕水会冲坏庄稼。

初一至十五忌扫地，洗衣物，否则会扫除家财；也不能在外晒衣服，怕引老鹰叼小鸡；在此期内也不能舂米，否则雷雨会损坏庄稼。欠债也不能在此时偿还，怕新年又负新债务。

尝新米、新苞谷要选好日子，也不能让外人吃，否则会缺粮。谷仓忌外人、小孩进去，怕有老鼠来偷吃。

起灶时，严禁孕妇、年轻人在场。灶的方向不能向东，灶口应向南，否则眼瞎。

亥日忌杀猪，怕以后养猪就不会快长快大。

钓鱼忌脚跨钓竿，怕鱼不上钩。

五、丧葬禁忌

在家里面说丧葬不吉利。

在外面死去的人不能进入村里路口李广将军像以内的范围，认为会破坏村子的风水。可以在村里摆酒席，但死者不能进村子，遗体可以埋在李广将军以外的村里土地上。

在丧葬的宴席上，不能做扣肉，这个只能在喜酒或满月酒时才可以做。

如果家里有老人去世的话，死者的儿女 7 天内不能到别人家去，因为碰了老人，对别人不好。

父母亡故，孝男孝女哭泣，眼泪不能滴在遗体和棺材上；出殡前忌进别人家，怕人家也会有病丧发生；在服孝期间（过去一般为 4 个月），孝男孝女不得穿新衣，不得剃头、洗头和梳头，亦忌吃狗肉、羊肉、马肉和鹅肉，夫妻也不能同床睡，若有婚事要推迟办理。

六、治病禁忌

家有重病人，不准外人进屋，怕病势加重。

见岩石崩落，忌说岩石崩落的话，认为否则会得病。

七、祭祀禁忌

神龛上忌放桐油和狗肉，怕犯祖先和神灵。

灶台上忌放衣裤和鞋子，忌口水和脚踩，否则就是冒犯灶王。

上述禁忌规范了社会生活中的某些特定领域，有的涉及处理人与超自然世界的关系，有的涉及处理社会关系和亲属关系，还有的涉及生产生活的领域。这些都构成了新村屯人的生活日常。

第九章　新村屯民间工艺

第一节　新村屯的铜手镯制作工艺

在毛南族地区，有些人认为佩戴铜手镯可以驱鬼辟邪。这可能与当地人的宇宙观有关系。这种宇宙观认为个体并非是独立实体，在现实世界中与其亲属有密切关系，在想象的世界中又与周围的超自然力量有着密切关系。这种超自然的力量既包括祖先魂灵，也有神话英雄，还有游离在家庭和社区边缘的“鬼”。为了远离能够给人带来厄运和不利的“鬼”，毛南族群众的应对策略之一就是选择某种金属物质，并赋予其驱鬼的功能。

铜手镯的制工艺并不复杂。具体制作流程如下图所示：

图 9-1　左是用于融化原铜的坩埚；右是原铜材质（摄影：孙攀搁）

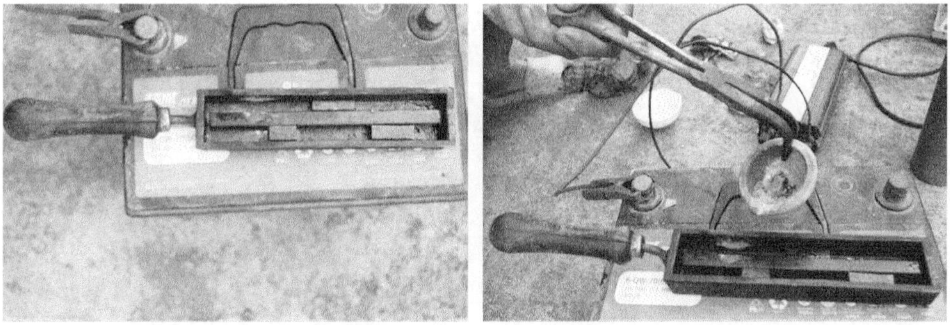

图 9–2　左是涂有柴油的铜条槽，右是将熔化后的铜液倒入铜条槽中①（摄影：孙攀搁）

图 9–3　左为打制冷却后的铜条的羊角锤，右为压制铜条的器械（摄影：孙攀搁）

图 9–4　左为压制铜条的模具，右为模具花纹局部②（摄影：孙攀搁）

---

①　在铜条槽涂抹柴油的目的是防止倾倒进槽中的铜液冷却后与铜条槽凝固为一体。上、下两个铜条槽内的三块小钢条可以移动，以此调解铜条的长短；右图是将熔化后的铜液倒入铜条槽中，右手所持为坩埚夹。

②　模具包括两种，左侧为成人的，右侧为儿童的。模具进价较高，左侧模具单根进价 400 元，右侧模具单根进价 180 元。

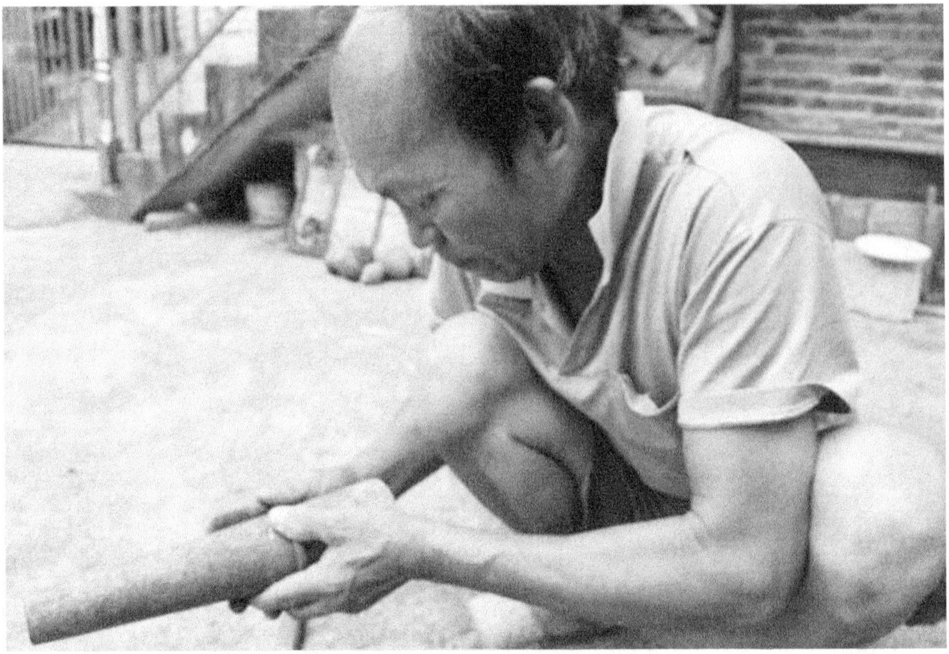

图 9–5　将压制有花纹的铜条置入圆锥形木桶中，打制紧实（摄影：孙攀搁）

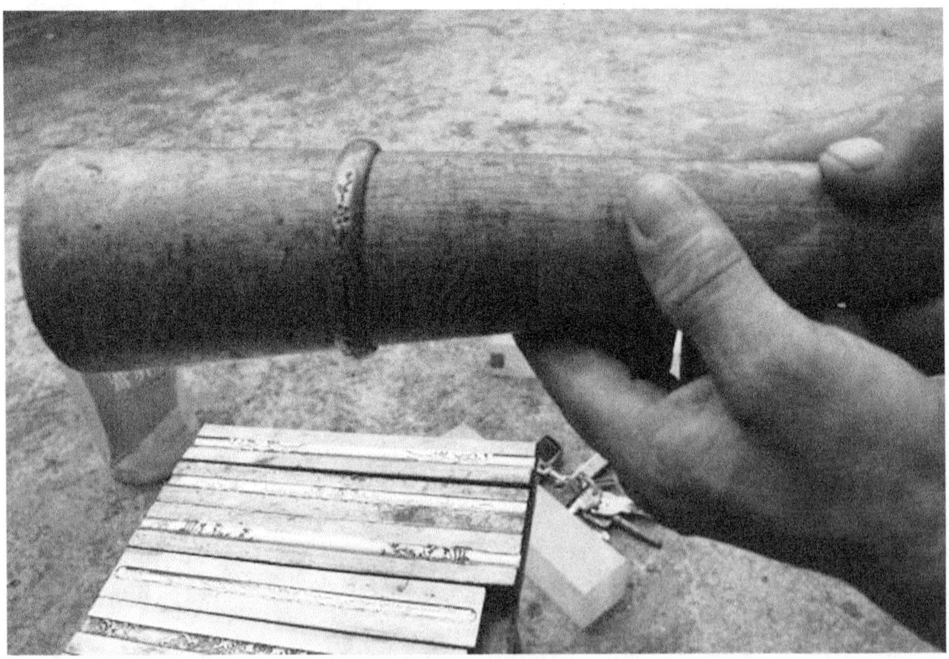

图 9–6　手镯基本成型，下一步是抛光（摄影：孙攀搁）

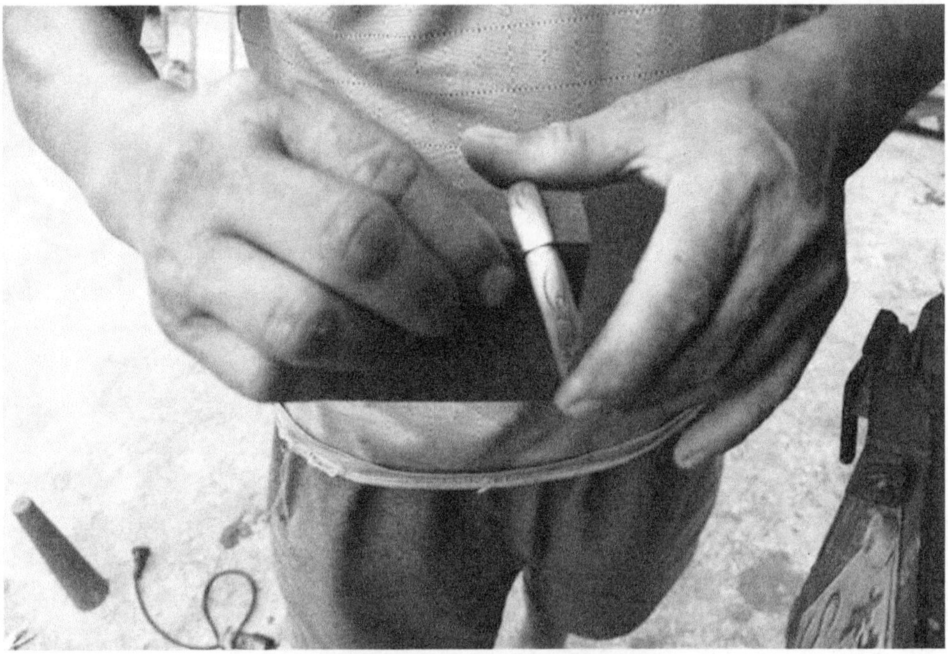

图 9-7　铜手镯的粗抛光，使用砂海绵（摄影：孙攀搁）

图 9-8　电动抛光铜手镯（摄影：孙攀搁）

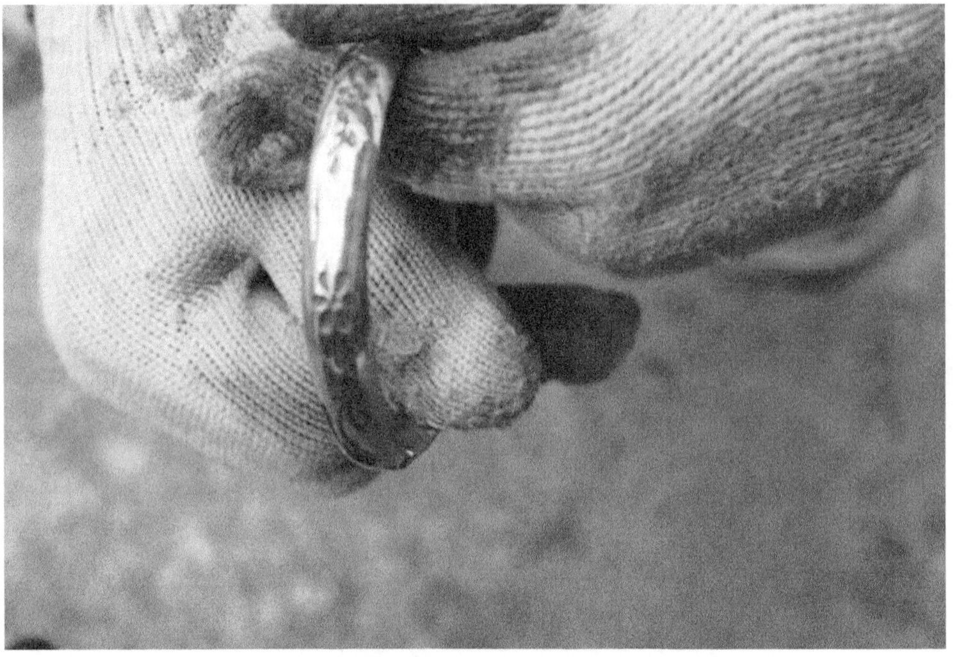

图 9–9　正在抛光手镯（摄影：孙攀搁）

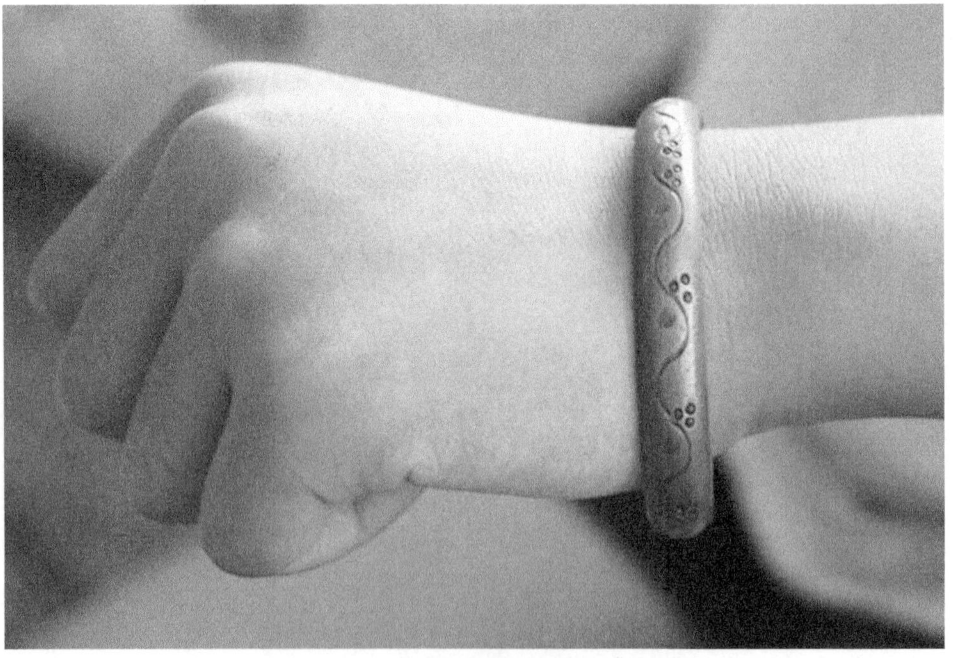

图 9–10　儿童佩戴的手镯（摄影：孙攀搁）

第二节　新村屯的制香工艺

竹香在本地的日常生活中是不可或缺的，在很多严肃、神圣的仪式性场合需要这种竹香。香多在人与超自然存在的力量沟通时使用，由于香点燃以后，会产生向上升腾的烟气，这些烟气被认为可以达到超自然存在的力量的世界。村屯老人们向笔者讲述的分龙节传说故事里，大柏树被意外点燃后，升腾的烟气引起了天宫中龙王的注意便暗含这样的宇宙观。新村屯制香者为调研时年 64 岁的谭美祝。制香工艺并不复杂，有以下几道程序，见图所示。

一、备料

材料主要有柏树叶、香樟树皮、香料植物皮、竹片。

图 9–11　晒干后的柏树叶（摄影：孙攀搁）

图 9-12　香樟树皮（摄影：孙攀搁）

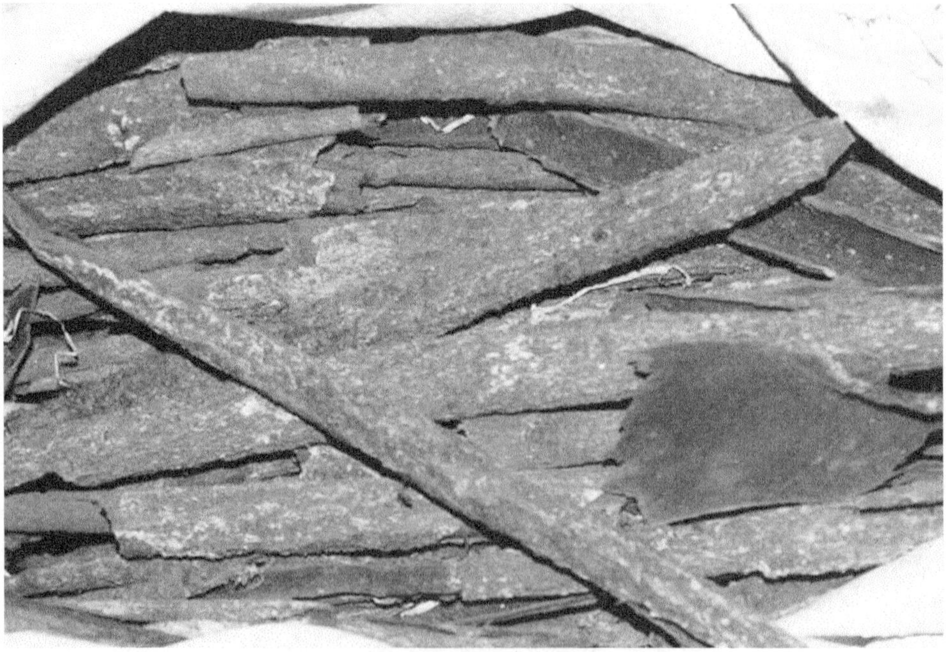

图 9-13　香料植物外皮（摄影：孙攀搁）

图 9-14　劈制竹片（摄影：孙攀搁）

图 9-15　制香位的篾条，已经标记制香位置（摄影：孙攀搁）

二、打粉

用香料打粉机将各种香料打成细粉。

图 9-16　打成粉状的香料中的一种（摄影：孙攀搁）

三、制作

图 9-17　取来适量标记好制香位的篾条，约为一把（摄影：孙攀搁）

图 9–18　第一次蘸水后的篾条（摄影：孙攀搁）

图 9–19　均匀地在篾条上撒上香粉（摄影：孙攀搁）

图 9-20　第二次蘸水后撒上香粉；香的制作前后共需 5 次蘸水（摄影：孙攀搁）

图 9-21　来回打制，使其成型（摄影：孙攀搁）

四、晾晒

下图中晾晒的香，一般需晾晒两天以上。打包成捆用于出售的成品香，售价 3 元。制香并不是谭美祝老人家中唯一的收入来源，而是副业之一。

图 9-22　晾晒的香（摄影：孙攀搁）

图 9-23　成品香（摄影：孙攀搁）

第三节 新村屯的制酒工艺

新村屯几乎每家都有掌握制酒技术的人。制酒一般分为酿酒与泡酒，所制的酒既有甘香的米酒、醇香的果酒，也有使用药材泡制的药酒。酿酒所用的材料一般为自家种植的籼稻、糯米、捻子、金樱子、百香果、黄皮、野葡萄、九万李（李子的一种）、玉米、红薯、蜂蜡、桑葚、杨梅、柠檬、酒曲、冰糖等。所使用的的容器一般为陶缸、玻璃缸。

一、米酒酿制

米酒酿制需要借助酒曲。酿制米酒前需要将籼稻或者糯米浸泡 24 小时以上。待米粒吸水膨胀，上锅蒸制。将蒸制后的籼稻或糯米摊开冷却后，拌入适量酒曲，放置在合适的容器之中，无需密封，静置发酵。约 5 天左右，发酵的籼稻或糯米会变成含糖量极高的米酒，此时可以取出加水煮开食用，味道既甘甜，又饱含酒香。待籼稻或糯米继续发酵一周以上，即可装坛密封。本地多使用陶罐装酒，封盖以后，在罐上压沙包（用塑料袋装沙子制成，简单有效）。酒的酿制，时间越久，味道越香。

二、果酒酿制

果酒酿制，无需借助酒曲，需要使用冰糖。以野葡萄酒为例，选取洗净没有虫蛀的野葡萄，1 斤葡萄需配 3 两冰糖。首先在陶罐中铺上一层冰糖，之后放置挑选后的野葡萄，紧接着又是铺满一层冰糖，之后又是野葡萄，如此层层叠加。至最上层时确保冰糖封盖。加盖密封即可，数月之后即可开坛饮用。其他水果酿酒的方法大部分类似，可能配比会有一定差异。

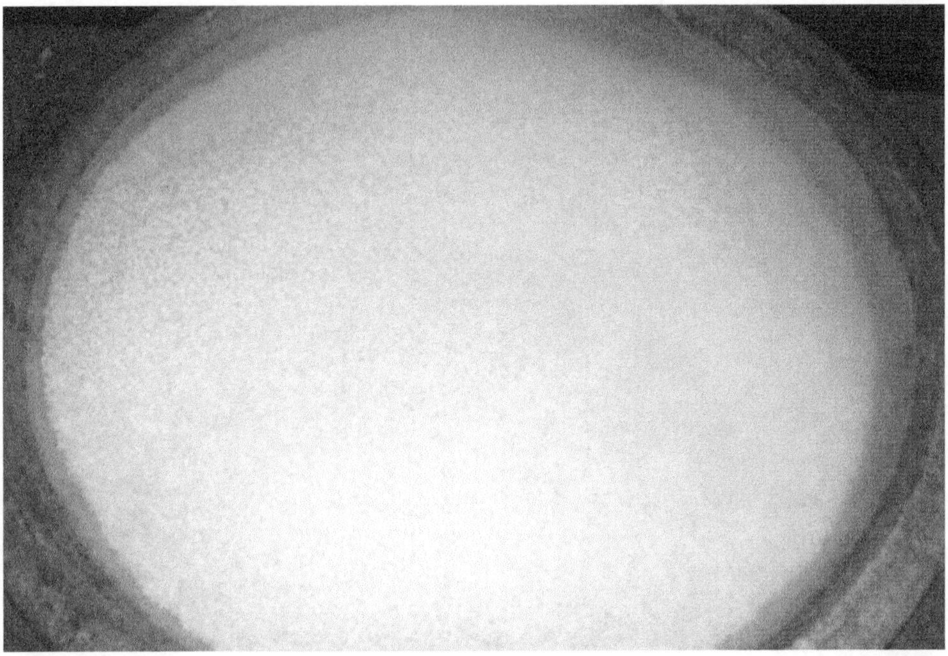

图 9-24　浸泡后的糯米（摄影：孟凡云）

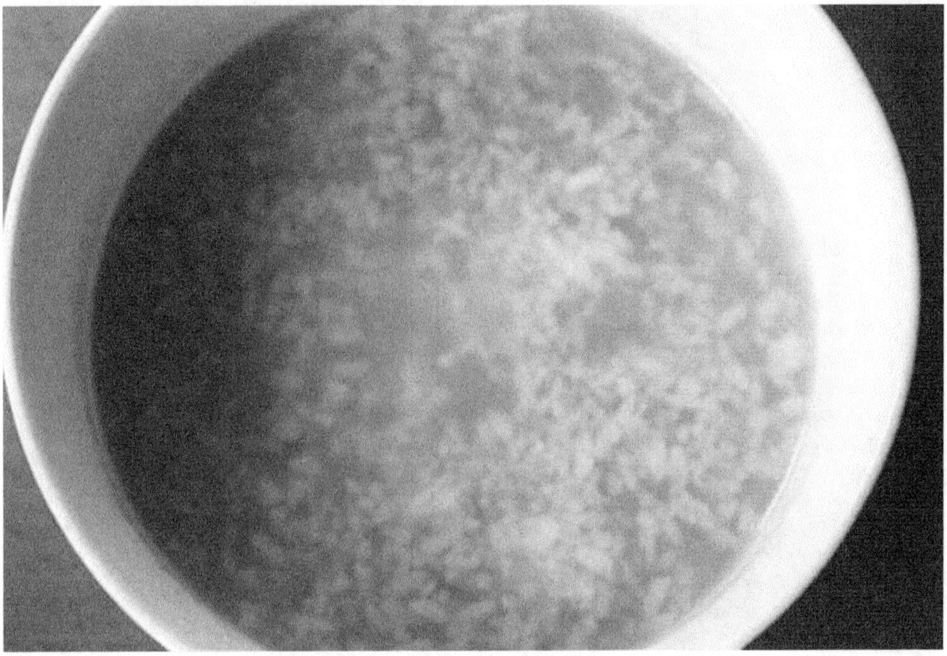

图 9-25　煮开的米酒（摄影：孟凡云）

图 9-26　可用于酿酒的野葡萄（摄影：孟凡云）

图 9-27　九万大山出产的九万李（摄影：孟凡云）

图 9-28　未成熟的金樱子（摄影：孟凡云）

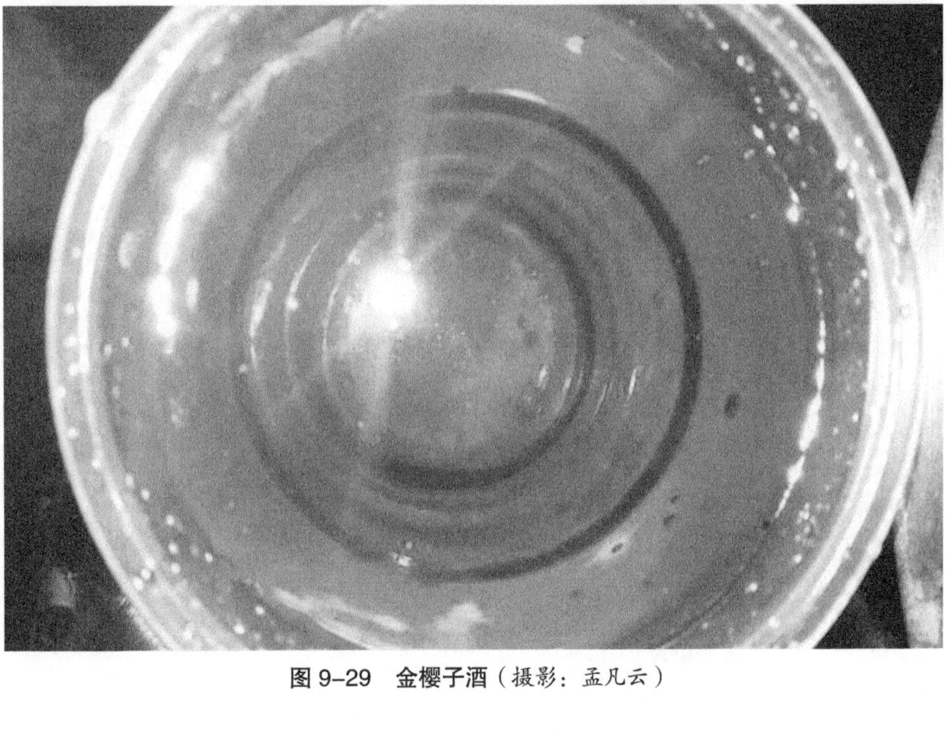

图 9-29　金樱子酒（摄影：孟凡云）

图 9-30　已经见底的野葡萄酒（摄影：孟凡云）

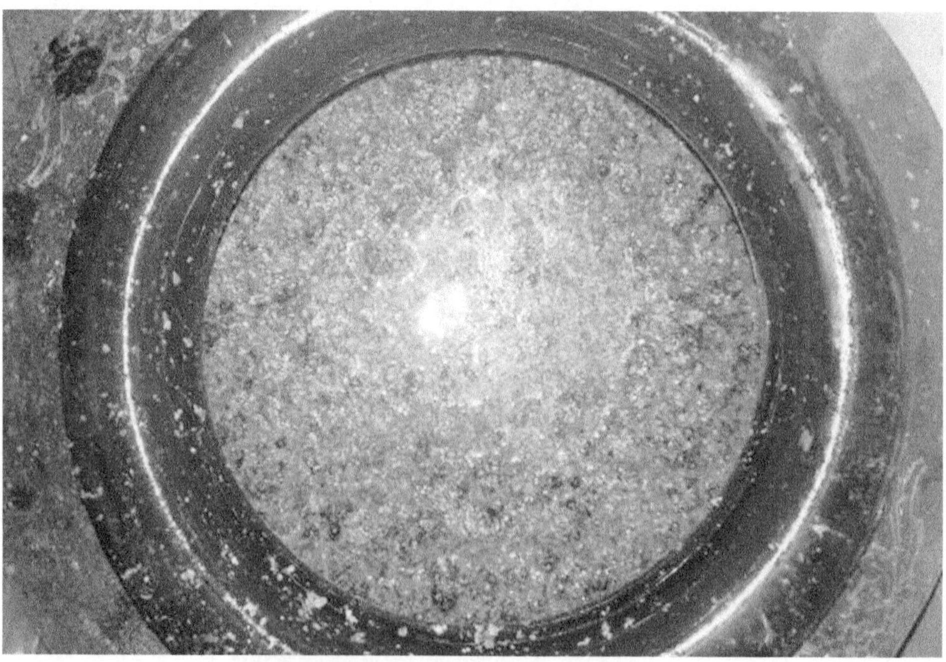

图 9-31　蜂蜡酒（摄影：孟凡云）

图 9–32　李子酒（摄影：孟凡云）

图 9–33　百香果酒（摄影：孟凡云）

图 9-34 成熟后可用于酿酒的捻子（摄影：孟凡云）

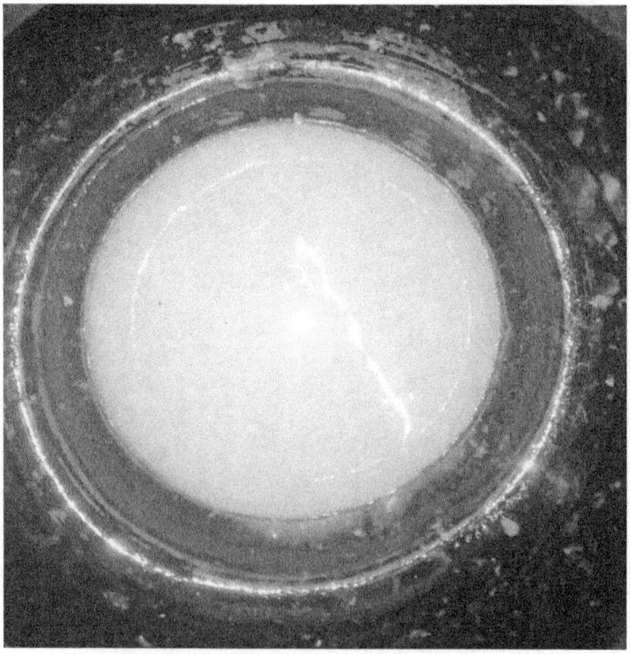

图 9-35 黄皮酒醅浑（摄影：孟凡云）

三、泡制药酒

泡制药酒分为两种，一种可以直接饮用，一种则是涂抹身体，不能饮用。用于泡酒的药材有毒蛇、蜈蚣、野蜂等，也有一些植物药材，如芒萁根等。有的药酒配方颇为讲究，流传不是很广，一般可在下南街市购买。

图 9-36　泡制的野蜂蜜药酒（摄影：孟凡云）

蜈蚣酒是将蜈蚣用沸水烫死后，用两头尖的薄竹片插入头尾两端，绷直后晒干或风干，这种酒不能饮用，只能用于涂抹身体病患处。

图 9-37 收集起来用于泡酒的蜈蚣（摄影：孟凡云）

第四节 新村屯的花竹帽技艺

花竹帽，在毛南语里面叫作“顶卡花”，即在帽底编织花纹的意思，是毛南族的竹编工艺品。编织花竹帽的材料主要为金竹和墨竹。2007 年 5 月，环江县向国家工商总局商标局申请注册了“顶卡花”（毛南花竹帽）商标，对花竹帽文化品牌进行保护。2011 年 5 月，花竹帽编织技艺被国务院列入第三批国家级非物质文化遗产保护名录。

毛南族花竹帽编织工艺经历代传承，其工艺特征早已定型。

造型特征：铜鼓与圆锥的巧妙组合。铜鼓为平面，为承载，圆锥为凸面，为立体。借助扣条、帽箍、箩边将两者紧密结合。

结构特征：呈阴阳双层结构，阳面为帽盖，阴面为帽底，中间铺设纱纸，帽锥衬黑绸，轻巧结实。

篾纹特征：以五角星为中心，周边又按六角形环叠交叉辐射编结。

图纹特征：竹帽上下圆心均是变体莲花图对应周边环绕的三层菱形图链。

色彩特征：圆锥斜面的金黄主体色；外围环拱黑色三菱（近似毛南锦图案），最后又以金色缝制帽边，中心则是黑色莲花作主导引领，色彩对比简洁而分明。

花竹帽的工艺特点和工艺流程是："用薄如纸的竹片和细如发的篾丝编制而成的，而且弯拱剖丝时不用刀而是用手连折带拖。手工编织一顶花竹帽大约需要 7 天时间。工具较为简单，有模具，整个编织工艺流程可示意如下：选竹制篾→弯拱剖丝→上模结形→织帽编花→填衬定型→整合勒边→护顶刷油→烟熏防虫等。"①

花竹帽分为内外两层。里层由 12 片主篾组成，又分为 360 片分篾，加上 2 至 30 片横栅交叉编织，金篾与墨篾织成各式各样的多层边花，花纹类似壮锦，丰富多彩。表层由 15 片主篾，720 片分篾，加上 60 至 80 片横栅交叉编织。帽顶编织成像蜂窝眼一样的小洞眼，编成后帽檐呈现一环黑圈。然后再用皮纸和花布覆垫，表层的顶部则用鹅毛根破成片，顺着竹篾编织的脉络覆上。

花竹帽最初用来在田间劳作时遮阳，后来兼具其他社会功能。随着社会的变迁，人们生活方式的变化，花竹帽的需求减少，其编制技艺也正在逐渐失传。花竹帽是毛南族的传统工艺，是承载着毛南族的历史与回忆的文化符号。笔者在调查中，发现花竹帽在新村屯的传承不容乐观，新村屯几乎没有人会编织花竹帽，对于花竹帽的印象只存在于记忆中，且多数人对花竹帽的记忆已经很淡薄。

调查组在随机访谈中发现，花竹帽传承的困难主要有以下四点：

第一，编织工艺太过复杂，耗时长，产量低；

第二，价格高昂，普通人很难消费（有尺寸的区别，大尺寸 880 元，小尺寸 330 元）；

① 徐昕、吕杰、吴桂清：《毛南族花竹帽文化的保护与传承》，载《广西民族大学学报（自然科学版）》，2012（4）：18 页。

图 9-38　花竹帽正面（摄影：孟凡云）

图 9-39　花竹帽的背面（摄影：孟凡云）

第三，编织者收入低，靠花竹帽难以维持生计；

第四，编织手艺失传，难以传承。

花竹帽的生产周期较长，工艺复杂，受众群体少，能带来的经济效益十分有限，因此多数人不愿去学习花竹帽的编织手艺，导致这门手艺在一段时期内几近失传。近年来，由于政府对民族传统工艺的重视，花竹帽工艺重新活跃起来。据下南中学副校长说，学校里打算聘请花竹帽编织者来学校，为他们提供工作室，并且想从拨款中分一部分补贴给这些编织者。学校这样做的目的在于希望学生能在课余时多去观摩，学习自己的传统文化。

住在新村屯三队的TYA老人对花竹帽有着深刻的回忆。TYA老人的父亲曾是一名花竹帽编织者，在老人的记忆里，父亲在昏暗的灯光下用极细的竹片细细密密地编织花竹帽，有些花竹帽比较素雅，没有花纹，有些花竹帽则编织着各色花样。花竹帽编织工艺复杂，十天才能编出三顶，赶圩的时候将花竹帽拿到集市上售卖，没有花纹的帽子卖一元，有花纹的卖三元。这个价钱在当时不算便宜，只有富裕人家才消费得起。尽管花竹帽的销量不错，几乎每次都能卖光，但是因为制作复杂且周期长，靠编花竹帽的收入远远不足以维持一家人的生活，贫穷成了老人对年少时的回忆。

TYA老人年近古稀，如今会编织一些竹篮之类的日用品。老人的哥哥技术更胜一筹，还能编凉席，可惜的是老人和哥哥都不会编花竹帽。在访谈过程中，老人感慨地说："以前爸爸会做花竹帽，但是现在家里都没留下一顶，小时候家里太穷，我也没心思去学，早知道现在没人做，当初我跟爸爸学一学就好了。"在TYA老人的心中，花竹帽不仅仅是毛南族的传统文化，更是承载着对父亲的回忆，将几代人的经历联系起来，使花竹帽更具有了一份人情味。

第十章　新村屯的文化生活

第一节　新村屯的文学艺术

新村屯人文化生活中的文学艺术与其日常生活有紧密的关系，主要表现方式为春联、民歌、诗歌等。

一、春联

笔者在村民 TWH 家中发现了以下用于书法练习时参照的春联：

喜迎新春：一年四季春常在，姹紫嫣红永开花。
家庭幸福：欢欣鼓舞度佳节，张灯结彩迎新春。
好事临门：迎新春事事如意，接鸿福步步高升。
五福临门：万事如意展宏图，心想事成兴伟业。
欢度春节：和顺门第增百福，合家欢乐纳千祥。
新年大吉：冬去山川齐奇丽，春来桃李共芳香。
合家欢喜：欢声笑语贺新春，欢聚一堂迎新年。
福满人间：丹凤呈祥龙献瑞，红桃贺岁杏迎春。
大快人心：岁通盛世家家富，人遇年华个个欢。
万象更新：百世岁月当代好，千古山河今朝新。
喜迎新春：喜居宝地千年旺，福照家门万事兴。

吉星高照：一路顺风年年好，万事如意步步高。

国泰民安：百年天地回元气，一统山河祭太平。

春意盎然：春雨丝丝润万物，红梅点点绣千山。

辞旧迎春：一尘不染除旧习，五讲四美树新风。

万象更新：四面八方皆春色，万水千山尽得辉。

财源广进：一路顺风吉星到，万事如意福临门。

家和万事兴：一年四季行好运，八方财宝进家门。

春回大地：绿竹别有三分景，红梅正报万家春。

欢度春节：红梅含苞傲冬雪，绿柳吐絮迎新春。

燕语莺声：日出江花红胜火，春来江水绿如蓝。

财源广进：财源滚滚随春到，喜气洋洋伴福来。

新春大吉：东风入喜财入户，岁月更新福满门。

万事如意：大顺大财大吉祥，新春新喜新世纪。

财源易致：占地利天时人和，取九州四海财宝。

心想事成：高居宝地财旺盛，福照家门富生辉。

四季安然：天地温柔家添财，安全如意人多福。

福喜盈门：春归大地人间暖，福降神州喜临门。

吉星高照：内外平安好运来，合家欢乐财源进。

新春大吉：日日财源顺意来，年年福禄随春到。

吉祥如意：迎喜迎春迎富贵，接财接福接平安。

大展宏图：创大业千秋鼎盛，展宏图再就光辉。

五福临门：一路平安年年好，万事如意步步高。

民泰国安：民安国泰逢盛世，风调雨顺颂年华。

国强富民：精耕细作丰产岁，节约持家有余年。

科技致富：奋发图强兴大业，勤奋致富建小康。

普天同庆：羊年喜千家祝福，国运昌万物生春。

新年大吉：长空载誉夸天马，大地回春颂吉羊。

喜迎新春：春草茸茸催马壮，碧溪潺潺助羊肥。

风调雨顺：送马年春花融白雪，迎羊岁喜鹊闹红梅。

鸟语花香：岁届吉羊燕舞莺歌齐祝福，年逢盛世桃红柳绿尽芳菲。

家运亨通：老马识途破雾导航奔胜境，吉羊接力承先启后展宏图。

时来运转：马去羊来华夏腾飞添马力，龙吟虎啸天公抖擞降龙才。

前程似锦：浩气常存频加马力奔新路，雄风不减再握羊毫绘壮图。

百业俱兴：月异日新不少羊肠成大道，春和景泰好多蜗舍变高楼。

新春大吉：骏马辞年不懈奔腾千里志，吉羊献岁同迎欢乐万家春。

万象更新：骏马奔驰满载乌金辞岁去，吉羊起舞豪吟白雪报春来。

瑞气盈庭：羊酒微醺酡颜人共桃符艳，春风乍拂捷报声随爆竹传。

这些春联的内容涉及喜迎新春、风调雨顺、家庭和睦、国泰民安、富有健康、人生志向等，表达了人们对未来的美好愿景，对自我价值实现的期待。

二、民歌

（一）传统山歌

毛南族传统山歌按内容可分为古歌、劳动歌、仪式歌、情歌、生活歌和故事传说歌六种门类，按演唱手法可分为“欢”“比”“排见”等。有些山歌用壮语演唱，有些则用毛南语演唱，每一类山歌都有各自的特点。在当下的新村屯，只有少数人能够回忆起这些传统山歌的部分内容。

古歌。包括创世歌和天地歌。创世歌在婚礼中传唱，内容包含混沌、汉王、天王、盘和古、良吉与良漂、环英与行加等。天地歌受汉族神话传说影响较深，以问答的形式进行，在婚礼歌堂中由男方歌师和女方歌师对唱来比知识。古歌反映了毛南族先民的生活、思想和愿望。

村民 TYS 就用壮语演唱了他能记忆起的盘古开天辟地的传说的部分内容，整个演唱过程持续约 2 分钟，大致讲述了盘、古两兄妹开辟混沌的故事。

劳动歌。主要有季节歌，通常由两男两女对唱，属于“交际情歌”，通过讲述各个季节的农事来抒情，主要传授农业生产知识，教育后人什么季节种什么禾苗，是毛南族先民农业生产的经验之谈。随着社会的发展，劳动工具和劳动形式都发生了巨大变化，生产工具的变迁提高了生产效率，原来帮工劳作的集体劳动形式逐渐消弭，单个劳力的生产效能更为提高，在集体劳作中演唱的劳动歌也就渐渐失去了生发的场域，在今天的新村屯更为少见。

仪式歌。反映毛南族民俗生活与祈福、祛灾的心理要求，有的带有民间信仰色彩。包括婚礼歌、上梁歌和吊丧歌。婚礼歌，婚礼歌按婚礼步骤分节来唱，其中穿插着民间传说和旧时的观念，表达了父母对女儿、女儿对父母、男女双方亲家之间、宾客对新郎新娘及其父母、新郎全家对祖先和诸神灵的感情、愿望、祈祝等种种心态。上梁歌为祝贺盖新房架梁的歌，表达了父母对儿女的关怀与祝愿。吊丧歌分为开路歌（召唤早逝先祖返乡来接死者的亡灵、晚辈思念先人）和敬献歌（敬献十杯酒）。

情歌。情歌是毛南族民歌中数量最多、艺术水平最高的部分，以前毛南族青年男女恋爱自由而婚姻不自主，往往几种感情同时蕴含于同一作品中。情歌分为比操（试嗓歌）、比朋（见面歌）、比朵（邀请歌）、比温（怨恨歌）、比盘（盘问歌）、比交（相恋歌）、比严（热恋歌）、比劝（劝慰歌）、比果（挽留歌）、比同戈（官司歌）、比别（离别歌）、比口等（嘱咐歌）、比刺（讽刺歌）等。

生活歌。分为敬酒歌、旱晴歌、父母情和征兵歌。

如今，会唱严格意义上的传统山歌的人在新村屯寥寥无几。

（二）新时代山歌

为了发展旅游业和传承毛南族文化，政府有关部门编写了新的毛南族歌曲让民众学习歌唱。此外，还有热爱唱歌的年轻人会根据已有曲调进行创作，填入不同的词来歌唱。新编的歌曲主要有迎客歌、敬酒歌、送客歌、情歌等。环江毛南族自治县下发有义务教育阶段环江民族文化乡土教材《风情毛南，香美环江》，在这本乡土教材附录中收录了三首歌曲，即“迎客歌”“敬酒歌”“送客歌”。下面收录四首歌的歌词。

《迎客歌》汉译歌词：

今天客人到毛南，男女老少喜开颜；
我们欢歌打祥鼓，朋友情谊传千里；
五湖四海来相会，兄弟姐妹心相印；
客人一路多辛苦，唱首山歌来相迎。

《敬酒歌》汉译歌词：

毛南山乡好高粱，酿成美酒甜又香。
今天客人到山村，敬你一杯尝一尝。
喝了几杯心花开，若你满意请再来。
不论白天或黑夜，情深谊厚乐开怀。

《送客歌》汉译歌词：

朋友遍天下，内心很高兴；
唱首别离歌，盼望你再来。
今日离别去，情比大海深；
虽隔万里路，心心永相连。

《时代歌》：

嗦啦嗦，哩咧哩
领：今天一起来相会啦国（男）嗦啦嗦！
领：人人心里都开心（女）哩咧哩！（合）都开心啦国摇呀摇！
领：没有什么送给你们啦国（男）嗦啦嗦！
领：唱句啦嗦一来敬（女）哩咧哩！（合）一来敬啦国摇呀摇！

领：要毛南拿来说啦国（男）嗦啦嗦！

领：处处都装很漂亮（女）哩咧哩！（合）很漂亮啦国摇呀摇！

领：民族特色都要有啦国（男）嗦啦嗦！

领：家家都做成楼房（女）哩咧哩！（合）成楼房啦国摇呀摇！

领：大路都通到院子啦国（男）嗦啦嗦！

领：清水都引到缸里了（女）哩咧哩！（合）到缸里啦国摇呀摇！

领：如今政策都很好啦国（男）嗦啦嗦！

领：屯屯靠近热闹（女）哩咧哩！（合）热闹啦国摇呀摇！

领：以前我们住洞藏最麻烦啦国（男）嗦啦嗦！

领：白天去赶集都要到天黑（女）哩咧哩（合）都要到天黑啦国摇呀摇！

领：煮饭炒菜都用柴火啦国（男）嗦啦嗦！

领：前后汗水都湿透（女）哩咧哩！（合）都湿透啦国摇呀摇！

领：政府做主得依靠啦国（男）嗦啦嗦！

领：现在喊我们回到街边住（女）哩咧哩（合）到街边住啦国摇呀摇！

领：小康生活一天比一天好啦国（男）嗦啦嗦！

领：如今干活用机械化（女）哩咧哩！（合）机械化啦国摇呀摇！

领：又要旅游来这里讲啦国（男）嗦啦嗦！

领：我们始源在新村（女）哩咧哩！（合）在新村啦国摇呀摇！

领：个个到这里都说好啦国（男）嗦啦嗦！

领：他们都赞这里漂亮（女）哩咧哩！（合）这里漂亮啦国摇呀摇！

领：有的想问完牛肉啦国（男）嗦啦嗦！

有人又问完花帽（女）哩咧哩！（合）要花帽啦国摇呀摇！

领：数我毛南都没完啦国（男）嗦啦嗦！

领：暂时与你们分别到这里（女）哩咧哩！（合）到这里啦国摇呀摇！

领：感谢你们大家啦国（男）嗦啦嗦！

领：以后路子还要宽（女）哩咧哩！（合）还要宽啦国摇呀摇！

领：一起举杯酒来敬啦国（男）嗦啦嗦！

领：我们结兄弟到永远（女）哩咧哩！（合）到永远啦国摇呀摇！

（三）山歌的功能

传史。时代歌将毛南族传统服饰、民居和手工艺编入其中，还加入现代社会新兴的变化，传统与现代相结合，具有新时代的传史功能。在调查过程中，笔者发现有部分孩子喜欢唱山歌，并会在大人唱歌时模仿；下南中学的音乐课有教授学生毛南山歌的课程，并且通过每年举办艺术节的方式来鼓励学生学习，在无形中对毛南语的传承起了重要作用，也有利于将毛南族的传统文化传承下去。

传情。毛南山歌寓情于歌，歌词通俗易懂，曲调鲜明婉转，易于传唱。情歌歌词俏丽，通过男女对唱的方式，寄情于物，抒发男女双方对彼此的思念和爱慕之情。迎客歌和敬酒歌歌词落落大方，适合多人合唱，向客人传达了热烈的友好之情和对友谊的渴望之情；送客歌曲调低回沉缓，歌词饱含依依惜别之情和对朋友诚挚的祝愿之情。山歌传情，千言万语尽在歌中，即使是不善言辞的人也能通过山歌传达自己的感情。

迎客。迎客歌、敬酒歌和送客歌，这三类山歌都具有迎客的功能，在迎接宾客时唱颂，能突出毛南人民对来宾的热情，让人留下深刻的印象。山歌同时也具有宣传效益，在旅游发展中，用唱山歌的方式迎客成为一种特色，作为一块毛南族的招牌，对外宣传能带来经济效益和文化效益。

娱乐。毛南山歌不拘泥于原有的歌词，年轻人在聚会和日常生活中以唱歌取乐，根据原有曲调自由发挥，重新填词后传唱，或者在聚会时即兴编词与人对唱，歌词活泼随意，为他人带来欢乐。除了在日常生活中自由填词娱乐以外，在正式场合也会唱山歌助阵，活跃气氛。

（四）山歌发展特点

通过走访调查得知，自从环江县开始申报分龙节世界文化遗产以来，县里就派艺术团编写了很多使用毛南语和汉语普通话演唱的毛南山歌，并且还派了工作队去各个乡里传唱，主要有《迎客歌》《敬酒歌》和《送客歌》，还有歌颂毛南地区新时代新气象的歌曲，笔者将其取名为“时代歌”。在走访调查中，几乎遇见的每个人都会来上两句，有些甚至发挥主观能动性自己填了歌词。这种政府参与民族文化传播的方式，确实扩大了毛南山歌的民众传唱度，增强了毛南族人民的文化自信与自觉。

传史民歌基本消失，传情民歌逐渐淡化。在调查之前，我们发现在前人的调查报告上记录了许多毛南族的创世歌和仪式歌，上面讲述了毛南族的发源和历史。但是在我们的调查中，发现只有很少一部分人（比如做仪式的师公）会唱这种歌，并且这种仪式歌和毛南族的各种仪式（如肥套）结合得很紧密，可以说毛南族的仪式歌就是肥套的唱词。大部分人都只会唱《迎客歌》《敬酒歌》和《送客歌》。毛南山歌的传史民歌基本消失了。

在我们调查的准备阶段，也找到了很多关于传情的山歌。但在实地访谈中，新村屯只有 60 岁以上的老人，还保留有男女在赶圩时情歌对唱的回忆，他们还告诉我们以前有很多男的因为唱情歌找到了老婆。而问起现在是否会用毛南山歌来表达情意时，大家都说几乎没有了。

访问村民 TCE。

问：你小时候听过老人家唱山歌吗？

答：听过啊，我们自己也唱啊。大家在一起唱，唱得好很有面子。我自己单独在别人面前唱不好意思，年轻时候去山上干活的时候会唱，走着去赶圩的时候也会唱呢。

问：你们会自己编山歌吗？

答：毛南山歌都有规定的曲调的，一般不同的曲调会有不同的歌词，但怎么划分的我也不是很清楚。我记得以前我家里还有那种毛南山歌的书，上面写的都是毛南话，外人都看不懂的。他们爱唱山歌的啊，有点天赋的就会自己编歌词了啊。

问：你们这边的山歌也有情歌对唱吗？

答：有的啊。我们屯下面的有些屯的人就是靠唱山歌娶到老婆的呢。他们就是看上那个姑娘了，然后在别人干活的时候，就走到那个女孩子旁边唱山歌哦，一来二去就好上了。以前男女几个悄悄地跑到山上去对歌的都有。

在调查期间，正值环江县城举行分龙节庆祝活动，此次盛典还邀请到了被毛南族文化深深吸引的歌手、“毛南女婿”李大为和他的毛南乐队，而我们也有幸和他们见一面。在与他们的谈话中我们感受到了他们对毛南族文化的感情，不仅仅局限于一份热爱，而且他们对于毛南族的历史、毛南族的山歌唱法等方面都有许多独特的见解。

我们访问了乐队成员 MJ。

问：你觉得你们的队长是个怎样的人？

答：李大为是个非常有才华的人，虽然他没有专门学过音乐，但是他写的歌特别有感染力。他对毛南文化特别感兴趣，在和蒙春燕结婚之后，他就深入毛南采风，了解毛南族的历史风俗等，后来成立毛南乐队，也常常带着我们这些队员过来采风。我们乐队想走向国际。

问：这次你来环江有什么感受吗？

答：这次是我第一次来毛南族聚居区。虽然之前看过很多关于毛南族文化的书，但亲自来这里后就觉得很震撼，看见他们这里的山就明白他们山歌的曲调为什么这样了，这个曲调就像山峦叠嶂一样，层层叠叠、高矮落差的感觉。毛南族是一个非常生活化的民族，从博物馆里展出的东西就可以看出，全是生活用品，而且这个民族让人感觉很近，很有情结，并且他们很珍惜自然、了解自然。

三、诗歌

2018 年 7 月 8 日，村民谭玉含在我们离开新村屯时创作了一首短诗，诗歌内容为：

致中南民族大学师生离别信

举屯上下一片欣，迎来远方高材生。
是党英明与关怀，许久盼望今实现。
登门拜访户户到，询旧述新不缺少。
日夜疲劳为人民，谋求社会大发展。
绸缪鱼水正投机，又是今日长别离。
莘莘学子沾良训，挽驾不留也望空。
村前老少齐招手，祝福师生安到遥。
远隔云山情春恋，有言凭电不言迟。
树能长高靠肥土，万物成熟靠阳光。
往后我屯有改变，依靠你们师生帮。
吃水不忘开井人，幸福不忘党恩情。
一代一代传下去，功德立碑永世承。
高铁工人苦奋战，三秋过后路畅通。
许时时光不受制，欢迎有缘又重来。

毛南族新村屯武术传承人谭玉含

2018 年 7 月 8 日

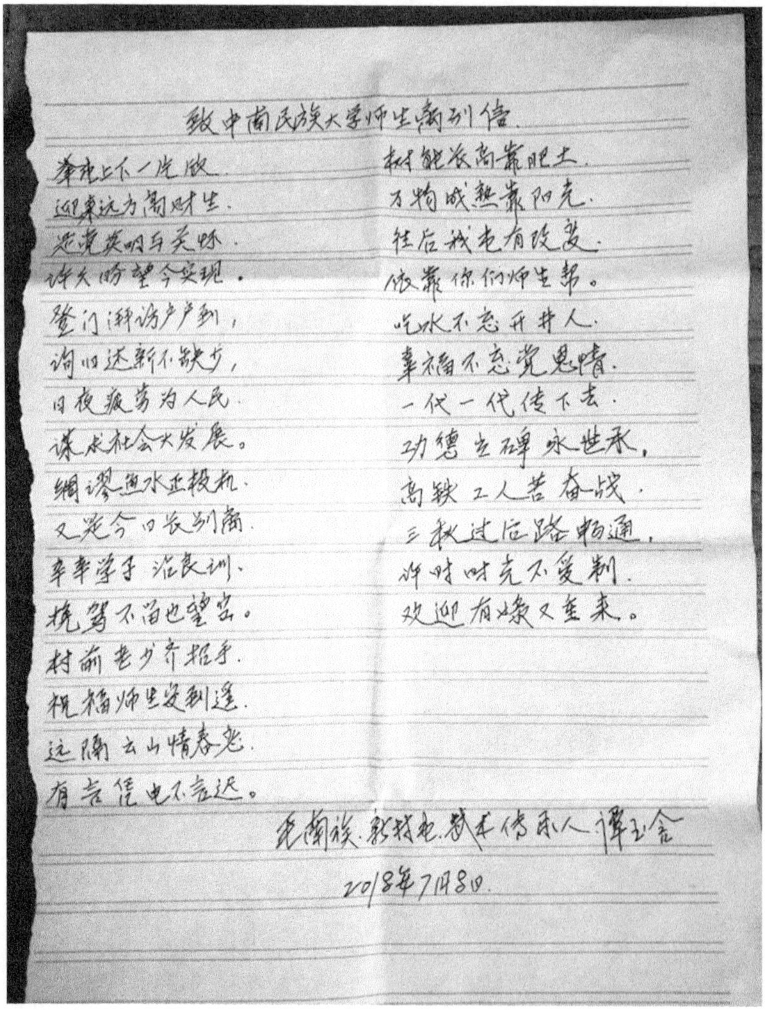

致中南民族大学师生离别信.

举屯上下一片欣.
迎来远方高材生.
迎党英明与关怀.
许久盼望今实现.
登门拜访户户到,
询旧述新不缺步,
日夜操劳为人民.
谋求社会大发展。
绸缪鱼水正投机.
又逢今日长别离.
辛辛学子治良训、
挽驾不留也望客。
村前老少齐招手.
祝福师生安到达.
远隔云山情眷恋.
有言凭电不言迟。

树能长高靠肥土.
万物成熟靠阳光.
往后我屯有改变.
依靠你们师生帮。
吃水不忘开井人.
幸福不忘党恩情.
一代一代传下去.
功德立碑永世承,
高铁工人苦奋战.
三秋过后路畅通,
那时时光不受制.
欢迎有缘又重来。

毛南族.新村屯.戏本传承人.谭玉含
2018年7月8日.

图 10-1　谭玉含老先生诗作原稿（摄影：孟凡云）

第二节　新村屯的传说故事

一、神话传说

毛南族民间流传很多脍炙人口的传说，这些传说或诙谐、或讥讽，取材于生活又深富哲理，其中许多传说新村屯人都有所耳闻。有关雷兵、社王的传说，在卢敏飞、蒙国荣的《毛南山乡风情录》中有收录。此处做如下补充。

（一）雷兵（雷王）的传说

雷王是《封神榜》中助纣王的大将，专司行云降雨的天神，受如来管辖，是一个凶狠的恶神。相传他原来是吃人的，被如来严加惩治后改吃牛。三界公又来整治他，改吃鸡。家中不写其神位，祭期不定，常与祖先同祭。

（二）社王的传说

有一种说法是：社王是人间、地狱、天堂及人和神的联系者、中间人，他和三元是朋友，是玉皇大帝派到毛南山乡的大神，负责保佑各个村屯居民的安宁。传说，社王的母亲刚怀孕时，他的父亲就去世了，从此，社王的母亲成了寡妇。有一次，她赶夜路回家，突然感到身子不舒服，以为是什么鬼怪捉弄她，不相信自己已经怀孕。孩子刚生下来，母亲就把他丢在路边，后来牛羊见了就给他喂奶吃。第二次，母亲又把他丢到山林里去，土地神见到了又把他抱回来。第三次母亲又想出另一条计策，干脆把他丢进水塘里。7 天以后，母亲来到水塘边看，只见凤凰伸开翅膀让他睡。后来，玉皇大帝知道了这件事，就把他收了去，长大了就封他为社王，叫他管理世间，替民间百姓保护禾苗和人丁安全。

社王下凡到人间后，先叫三元帮他选择吉日砌房子。三元选来选去，一年三百六十五天，可每一天都有一点不吉利之处，没有一个完好的日子，因此，社王的房子迟迟砌不成，后来只好住在村头的大石头下面。他来到毛南山乡，一不吃居民灶头饭，二不进人间烟火房。一到毛南山乡，在六圩街买了一顶草帽戴在头上，就四处奔波，为民斩妖除邪。一年三百六十五天，毛南山乡六六三百六十个村屯，他每天每个村屯都要跑去看一转，到哪里天黑了，就在哪个村头的一块大石头下面夜宿。后来，毛南山乡每个村屯，都在村头的一块大石头下面砌起一个社王庙，庙里一个戴着草帽的石人，端端正正地坐在正中，它就是社王的化身。还愿仪式中请社王入筵，是要他做主家和各神的中间人，证明主家已经还清了债，各神已经领到自己应得的祭品，从此两边无冤无仇，大家平平安安过日子。

二、民间故事

（一）绿虫子的故事

很久以前，有一对老夫妇，他们生养了一个孩子，但是这个孩子却是一个绿色的大虫子。老夫妇并没有将它遗弃，而是将它辛辛苦苦地抚养长大。到了谈婚论嫁的年纪，为了给这个孩子娶个老婆，这对老夫妇就隐瞒了自己孩子是个大虫子的事实，给他骗来了一个老婆。女子来了之后，迟迟不见自己的丈夫。终于有一天，得知了真相，于是就拿开水把它烫死了。

（二）农夫与蛇的故事

从前，有一个农夫在田里面种地，见到一条蛇。他对蛇开玩笑地说：“你如果能帮我把面前的这些田今天种完，我就把一个女儿嫁给你。”蛇听了很高兴，就把农活干完了。农夫很惊讶，但是自己说出去的话又不能反悔。农夫回家以后给他的两个女儿说，要其中一个嫁给这条蛇。大女儿不愿意，二女儿为了不让父亲食言就答应了。蛇的家是石头盖的房，比其他的茅草房都要好，还是在河边。大女儿知道了以后，非常羡慕，就把妹妹骗出来，推到河里淹死了。她假装自己的妹妹回到了蛇的家。蛇虽然没有发现这不是他妻子，但是他们刚刚出生的孩子就是不让大女儿碰，一直哭。从这以后院子里总是有一只鸟在叫，蛇认为这是不吉利的事，就把鸟射下来，生火去煮，可是鸟怎么都煮不熟。它就把鸟埋了，在埋鸟的地方长出来了一棵芭蕉树，蛇就去砍。它砍芭蕉树的头，却是自己的头疼；它砍芭蕉树的肚子，却是自己的肚子疼；它砍芭蕉树的根，却是自己的脚疼。树依然在那里。后来，蛇也感觉到现在的女人不是自己的妻子，而是农夫的大女儿，而那只鸟就是自己已经被谋杀的妻子变的，自己却又一次杀死了她，后悔不已。

（三）八女挑水的故事

以前有一户人家，有八个女儿。这几个女儿去挑水，路上遇到一个穿得破破烂烂、邋里邋遢的老人家来讨口水喝。前面的几个女儿一见到老人家就走了，没有给他水喝。最后一个女儿不忍心，就给老人家喝水。老人家将水含在口中，喷在这个女儿的身上，突然间，她身上有了一件华丽的新衣裳。小女儿回到家把自己的经历给她的姐姐们一五一十地说了，姐姐们心动了。第二天，他们争先恐后地要老人家喝自己的水，老人喝下了她们的水，喷在她们身上，她们却一个个变成了猴子。

（四）下棋的故事

几个孩子贪玩，在山洞里下棋，山洞里有一个神仙，对他们说自己要睡觉了，要把山洞的门关上，让他们快走吧。几个孩子不听，神仙说我一觉就是三年。孩子们还是不听，神仙也没办法，最后只好把门关上了。等他醒的时候，看到山洞里有几具骨头，小孩子已经饿死了。

（五）猪和狗的故事

以前有一个农夫，养了一条狗和一头猪，他让它们两个下到田里耕地。猪一到田里就开始工作，用鼻子把田耕得松松的。而狗一去就开始睡大觉。猪很不服气，就回去向农夫告状，农夫听了就和猪一起过来，准备责备狗。狗看到农夫来了，就说猪在冤枉它，让农夫看田里都是狗的脚印，如果自己睡大觉，田里为什么只有狗的脚印没有猪的？农夫听了，果真就觉得猪在撒谎。于是以后猪就只能吃一些米糠和菜叶，而狗却能吃到农夫给他的骨头和肉。

第三节　新村屯的体育健身

一、武术

新村屯的拳术练习者是67岁的谭玉含老人，自称为“南拳”。这种拳法上、中、下三路，包含有拳法、掌法、腿法、拿法等，躲闪腾移、攻防合一。

（一）练习拳术的因缘

“1959、1960年，跟自己爸爸学的，那时候粮食很紧张，生活很苦，吃食堂里面，到一个地方吃。晚上他就教我一点点，白天都没有。那个时候用的是煤油灯，没有电的，烧柴火。没有饭吃，饿，没有办法，很艰苦。但是我爸他有耐心，开始他就说这个是防身的，练身的，不能随便打人。爸爸是跟下南这个地方一个叫谭忠英学的，他家是七政屯的。我爸爸84岁去世（玉含老人不记得父亲哪一年出生，哪一年去世，估算是1915年出生的），他有空的话就教我一点。大概这个时间算来也是有2—3年，他是旧社会初中生，文化都不差的。他以前在环江县城读初中，是毕业的。”“学拳我觉得是不难的，那时候我爸开始教我的时候，他叫我做一个动作给他看，你做不好，他就不教你了。那时候，我还有两块一个16斤，一个18斤的石头，中间挖空，可以拿手放进去，不是练弓马步，就是抓这个石头。拿着石头来开始练几个简单的动作，先练一边，冲拳、摆拳等基本的拳术动作。”

（二）拳术的内容

“拳基本上是以防为主，声东击西。我们打拳不是直接打的。我们打拳打的部分，多数是（身体）阴的部位，不打阳的部分。外边叫做阳（比如大腿外侧、背部等），里边叫做阴（比如大腿内侧、腹部）。”

在谭玉含老人的记忆中，南拳一共有两套招式，分别叫做大八步和小八步。

1. 小八步歌诀

准备动作：下马左边敬，退马右边敬

左盘功，

右盘功，

擒锤，

上马拨开；

跳手一抓一锤，

夺锤定脚；

一抓上马打短，

下锤送锤，

夺锤定脚；

牛角飞脚打短，

斜锤送锤，

一抓退马还锤；

转身外梅抢，

后打死牛，

收马定步；

顿步双砍，

回身一抓一锤；

梳头一砍，

金钢扫地，

退马平头；

左盘弓、右盘弓，

擒锤，上马拨开，

吊手一抓一锤，

夺锤定脚；

一抓上马拉弓，

拉马吊桥，

穿针锤，回头锤；

下马猛虎推山，

转身金猫跳杠，

下马夹掌，拉马收势。

2. 大八步歌诀

准备动作：下马左边敬，退马右边敬

左抢，

右抢，

收身定脚；

上马剪刀夹，

一抓一锤，

夺锤定脚，

一抓上马打地锤；

坐马打横锤，

雷火上天，

收身定脚；

上马抢，下马抢，反身抢，再上马抢，

回身一拳。

（正式动作重复四遍）

“武术动作以快打慢，不要几多力气。打人中，两边眼睛全部是红红的。广东曾来过一个人，有一百六七十斤。那早上他跟我比，他叫我先攻他，我一出招，一个双抢，他就倒下了。”

谭玉含老先生说：“武术以健身为主，也可以防身，武术要灵活，连防带打，一举三动。”

图 10-2　起式、四平下马、偷击飞脚（摄影：蒋宜循）

图 10-3　偏马左攻、偏马右攻、拉马吊桥（摄影：蒋宜循）

图 10-4　双龙出海、冲天打地锤（摄影：蒋宜循）

图 10-5　下马夹掌、牛角飞踢（摄影：蒋宜循）

（三）拳术传承现状

在我们的走访调查中，发现拳术传承的现状有以下三个主要特点：

拳术受众面小，知名度低，群众学习的兴趣不浓。根据谭玉含老先生的讲述，我们得知在以前，他也教过打拳，那时候都是别人拿着钱来请他教，当时差不多有十几个学生，而现在这些学生一个会的都没有了，现在也没有人来学了。因为在农村里每天都有很多体力活，打拳需要练习很多基本功，很多人都望而却步。还有一个就是打拳并不能带来固定收入，这对并不富裕的村民来说确实不是一个好选择。时代的发展变化也冲击着新村屯，人们更愿意花时间去学习能带来实际收入的技术，这也是无可厚非的。

拳术传承与节日活动相结合。通过访谈，我们得知，自从广场修好后，老先生每年都会教一帮小孩子武术，然后在新村屯的春节晚会上进行表演。这些小孩子大多都是小学或者初中生，男女都有，正是学武术的好时候。对于跟着谭玉含老先生学习拳术并上台表演，不但他们自己感觉很开心，他们的父母也觉得很不错。但是这种想法也仅限于表演节目而已，他们并没有系统地学习拳术的想法。

二、舞龙舞狮

（一）组建龙狮队

很久以前，下南乡还没有舞龙队也没有“龙”。在县政府的组织下，下南乡从川山镇的下杆“娶”来了一条龙。这个过程就像“娶媳妇”做喜事一样，下南乡准备了许多棉被去“迎娶”这条龙。从此之后，下南乡便有龙了。

2015 年，县政府从柳州请了舞龙师傅来教学，通知 TJH 组织四个对舞龙、舞狮有兴趣的人去县城学习，参与学习的人每天有 140 块钱的补助。学成归来后，TJH 便着手组建新村屯的龙狮队，一个队有十个人，预备 3—4 人做替补队员。

龙狮队建立初期最大的困难就是没有龙，为了解决这个难题，新村屯的村民们通过集资筹得 8000 元买了一条龙。后来乡政府和县政府都分别发了一条龙给新村屯。TKS 主席曾给过新村屯一条 60 多米长的龙，但是由于龙太大不方便搬运，因此就将这条龙放在南昌屯。

（二）舞龙与舞狮的技巧

舞龙。舞龙步伐比较简单，步伐根据节拍的变化而变化。舞龙的节拍分为三拍、五拍和七拍，节拍掌握在敲鼓人的手中，敲鼓人决定了龙的行走步伐及速度。据我们了解，现在新村屯能够胜任这一职责的只有 TJH 一人。舞龙的时候要求队员走在一条直线上，表演“翻江倒海”的动作时要缩小队员间的间隔，掌握好各自的速度。在舞龙的队伍里最重要的就是龙头和龙二（站在龙头后面的那个人）。龙头重要的原因是因为龙头很重，举龙头的人要消耗更多的体力，还要把握好整条龙的节奏；而龙二重要的原因则是他是辅助龙头完成动作的主要人员，一个能够完美配合龙头动作的龙二，能让龙头在舞动时不用耗费太多力气，否则，龙头会带不动整条龙队。龙珠，则扮演着指挥的角色，舞龙珠的人员要求身材小巧、动作灵活，体力也要好。因为龙珠常常需要从龙的身子中间穿过，身材要是太高大容易碰撞龙身。龙珠也决定龙的整个走向，速度要比龙快很多，要走在龙的前面，常常满场子地跑动，所以要是体力不好也支撑不了整个演出。

在新村屯舞龙表演中，灵活的龙千变万化，会摆出各种丰富的造型，这些造型都是TJH通过视频学习到的。

舞狮。舞狮的步伐则千变万化，前走与侧走都不相同。舞狮很灵活，不仅需要舞狮的人身手要好，对队友之间的默契与合作也有很高的要求。狮子要会灵活跳动，在抬头时还要控制狮子眨眼，能跟上节奏，配合默契的队友才能将狮子表演得活灵活现。据我们了解，现在新村屯真正意义上合格的狮头也仅有TJH一人，他表演时的队友常常是TYW和TRQ。

（三）龙狮队参加的活动

分龙节。传说分龙节是天上的龙分开到各地区行雨的日子，也是毛南族最为盛大的节日。自2009年以来，环江县城已成功举办了九届盛大的分龙节庆典。庆典的高潮，也是最古老的仪式——分龙求雨，一共需要五条龙，分为东西南北中，每条龙的颜色也各有不同，分为黑色、白色、红色、金黄色、玫红色。新村屯属于北龙，是白色的。虽然环江的很多村屯都有自己的舞龙队，但并不是所有的村屯都可以去参加分龙节，能够去参加分龙节的舞龙队都是很优秀的舞龙队。参加分龙节仪式的五条龙一共有4万元的补贴，平均每条龙8000元。除了县里的分龙节活动，在乡里过分龙节时舞龙队和舞狮队也会进行表演，在街上表演完以后回屯里还会继续表演，为节日增添不少乐趣。

春节。春节为了活跃气氛、增添喜庆，舞龙队和舞狮队的表演必不可少。大家白天在广场上举行各种各样的活动，晚上举办春节联欢晚会。有了龙狮队的表演助兴，节日气息更浓重。除了在本村表演以外，还有其他村或屯的人也会邀请新村屯的龙狮队前去表演，一起热闹。但是TJH出屯表演的费用从来不强求，都是别人给多少就拿多少，不给也不会计较。他说：“我们舞龙舞狮就是图个开心，不图钱。”

欢迎仪式。有重要的宾客前来时，龙狮队齐上阵表演，不仅能给来客留下深刻的印象，也能向来宾展现乡亲们的热情好客。

图 10-6　参加 2019 年环江县分龙节的新村屯舞龙队成员合影（摄影：孙攀搁）

图 10-7　参加 2019 年环江县分龙节的新村屯舞龙队成员合影（摄影：孙攀搁）

（四）舞龙背后的故事

新村屯的龙狮队表演内容丰富，长龙气势浩荡，翻江倒海时犹如蛟龙出海，掀起掌声阵阵；雄狮威风凛凛，在震天的锣鼓声中翻腾跳跃，迎来喝彩声声。这一欢腾的表演离不开TJH和他的队友的努力。TJH是新村屯龙狮队的组建人，也是主要的教练和领队，选择舞龙不是他一时兴起的行为，而是他从小的梦想。

据TJH回忆，在他孩提时代出去玩的时候，看到电视和电影里有人在舞龙舞狮，便会和儿时的小伙伴TKQ一起模仿着玩。他们拿箩筐当狮子头，拿被单做狮身，自己学着电影里的样子舞，从此舞龙和舞狮便成为他的梦想，如同一粒种子种在他心里，慢慢发芽成长。

长大后的TJH虽然在柳州开车，但仍不忘儿时的梦想。2014年初，乡里通知TJH组织舞龙队，次年TJH被派去县城学习，他心里的种子终于发芽开花。

在TJH学习舞狮时，师傅看他身手不凡，认为他很有天赋，还说他学过武功。这要归功于TJH的父亲。TJH的父亲谭玉含老人在三个儿子中只挑选了TJH来教习拳法，虽然TJH对打拳并不感兴趣，但是练拳使他的弹跳力和体力得到锻炼，为舞龙和舞狮打下基础。

舞龙和舞狮的学习对于TJH来说不算难，因为他在学之前就有基础，回村后，乡亲们对龙狮队表现出很大的热情。经过一番挑选，龙狮队基本成立，从最初的组建到现在的得心应手，都离不开大家的辛苦和努力。龙狮队的成立不仅给村里带来了荣耀和欢乐，也实现了TJH的梦想，童年时种在心里的种子如今终于开花结果。

（五）个案访谈

舞龙队的“龙珠”担当TJH。波川村有两条龙，新村屯是白龙。队员TYW说：“我们村可以有龙是因为村里的年轻人比较多，因为我们村发展种植产业，有几百亩的柑橘、桑树等。还有养殖产业，养鸡。所以很多年轻人都不出去打工了，都回来发展。我也是从2015年之后才开始加入舞龙的，因为从中国移动辞职了，回村种果树。我们村的人都团结，2015年广场修好后便开始组织练习。

都是TJH组织我们练习，因为农活比较多，只是在节日开始前集中准备。我们还经常参加各种活动，有舞龙大赛，分龙节。龙和狮子都是政府给的，表演会给补助，包括餐费、劳务费。”

问：县里为什么会选您去培训舞龙呢？

答：（20）15年去县里学习，为什么请我，可能是因为我喜欢玩龙，大家都知道了吧。我当时带了4个人和我去，标准是谁愿意去就去，有爱好就去，补助是140块一天，柳州请过来的师傅来教学。当时学的时候师傅还问我“你一定学过武功吧”，意思就是我动作协调，弹跳力好。不过我确实跟我爸（谭玉含）练过拳，我们三兄弟，他也就教我一个。

问：你们一般什么时候会舞龙舞狮？

答：分龙节啊，春节，还有迎接客人的时候。分龙节只有五条龙可以去，金龙（金黄色）是南昌屯，紫红是松现屯，紫兰是高川屯，红色是下南社区，白色是我们新村屯，分别为东西南北中五条龙，我们屯是北龙，站在北边，南昌屯是金龙，在中间。五条龙一天有四万块补贴，平均一条龙八千块。春节初一初二狮子会去外面表演，别人请了就会去，不在乎红包多少，开心就好。

问：为什么会爱好舞龙？

答：小时候和TKQ晚上去上面的屯玩，看电视和电影里面有人在舞龙，我们就自己拿箩筐当狮子头，拿被单当狮身，自己学着舞，现在算是圆了小时候的梦吧。

问：舞龙舞狮有什么套路吗？

答：舞龙的套路。

舞龙比较简单，步伐单一，三拍五拍七拍都是走，其他的就是翻江倒海，走要直，翻江倒海要间隔近，要缩起来。龙二（站在龙头后面的人）、龙头都很重要，龙头是因为很重，要力气大的人才舞得好看；龙二是因为要配合龙头，好的龙二比龙头更重要。敲鼓的人掌握节奏，最重要。龙珠是指挥龙的，相当于舞狮的猴子和罗汉头，猴子就是开路，罗汉头是保护狮子。龙要跟着龙珠走，龙珠要选个子小的灵活的。现在能敲鼓的，我们屯就我一个，舞龙的造型都是自己看视频学的。

舞狮的套路。

狮子的步伐很多，前走侧走都不一样，要很灵活，要灵活应变。狮头还要动眼睛，抬头的时候就要眨眼睛，狮子还要跳上跳下，要爬很高的桌子，弹跳力也要好。现在新村屯舞狮的肯定有我，一般和我搭档的是 TRQ 和 TYW。

问：你们一般什么时候练习？

答：春节、元宵节要舞龙的。我们在秋收过后，一般提前练一个月，一个龙队十个人，要预备十三、十四个人。分龙节一般提前三四天，我们要参加的五条龙一起排练就行了。

问：你们的龙是怎么来的呢？

答：很久以前，下南乡里去川山的下杆那里“娶”了一条龙，我们拿了很多棉被啊，像做喜事一样的把龙“娶”回来。现在那条龙已经烂了，舞不了了。2014 年县里还没有培训的时候，我们屯里就有一条龙，是屯里的人集资八千块买的龙，屯里有个叫谭东日的人，他在柳州做灯光生意，我们集资买龙的时候，他一个人就捐了一千块钱，还说不够就直接向他要，他对我们的帮助也是很大的。

问：你们舞龙的这几年，遇到的最大的困难是什么呀？

答：最大的困难是之前没有钱买龙，现在龙很多了，乡里给了一条，县里又给一条。还有就是有时候排练好的人突然没有空，有急事，就只能再抽一个人来，但是他练得就不如之前的好。

谭主席说以后还要给我们再用稻草扎一条龙。之前谭主席给我们一条六十多米的龙，我们还拿去南昌屯，这条龙太大了，只能举着走，现在这条龙就在南昌屯。

附录：新村屯的著名人物

毛南族传统文化保护领路人谭孔孙

谭孔孙主席1963年在新村屯出生，家中长子，父亲是当时新村屯的干部，带领全村人生产劳动，每天早出晚归很辛苦。母亲体弱，身体不是很好。他从小就听话懂事，聪明能干，是干农活的好手，可以做到“一个顶俩”。上山砍柴，下田插秧，干这些农活都不在话下。而且由于父亲是木匠，他的木刻手艺也十分娴熟。由于经常和同辈的伙伴一起去砍柴放牛，力气大，常常帮助小伙伴，于是就成了孩子王，号召力很强，这也为之后的政治生涯奠定了基础。同时家里十分注重教育，到了读书年龄就去学校念书，念到初中，考上了县城最好的高中。

1981年，因病休学。休学期间也并没有放弃学习，白天干活，晚上就在睡的竹床上学习。1983年复学，但是没考上大学。之后越发努力干活，分担家里负担，同时坚持不懈地学习，因为他觉得学了知识一定会有用的。

1985年，报名参加县里文化站工作人员的招考，以全县美术、设计、文化课第一名的成绩被录用，被安排在环江县比较发达的洛阳镇做文化站站长。1988年，由于工作出色，调到县文化馆，县里领导还让他去做全县文化站长的培训，在县文化馆工作四年。

1992年，在改革开放政策支持下停薪留职，下海经商。筹办了环江县第一家“五星装潢广告公司”和第一家卡拉OK厅，公司经营得很好，带动村里的大部分青年发家致富，拉动了当地的经济发展。1994年，被文化馆推选去广西民族学院文博专业学习，两年后得到大专文凭。1996 年被提拔为文化局副局长，半年后再次下海经商。

2002 年，回政府工作，被调到了环江县文联，当了文联主席。2006 年，出任县政协副主席。现任环江县政协副主席、文联主席、中国书法家协会会员、河池市书法家协会首届副主席等。

近些年，他组织和参与的毛南族的文化活动和组织活动有：

第一类，在环江县城组织多民族参与的文化活动。

2010 年，分龙节增设万人傩面狂欢夜活动。连续五年主导策划这一项目，后由政府接手。这一活动是当前毛南族最有代表性的活动，已经成为毛南族文化的一种符号了。同年组织开展“国际环境日”千人傩面绘画大赛活动；2013 年 6 月，组织开展首届傩面创意大赛活动，傩面创意大赛作品展览；2014 年 5 月，在南宁组织首届驻邕“毛南汇”活动；2015 年，组织环江毛南族群众参加都安县河池首个谭氏宗祠落成大典；2015 年 6 月，组织开展“千人书龙”大型艺术展演活动。

第二类，毛南族地区乡村文化振兴的探索与实践活动。

1996 年，参与始祖三孝公陵墓修缮工作；2003—2004 年，参与毛南族谭氏族谱编纂工作。2013 年冬，环江县下南乡南昌屯乡村文化广场动工建设；南昌屯古天街探访活动；南昌屯群众寻访始祖故地活动；连续多年开展毛南族凤腾山祭祖活动。2014 年元旦，南昌屯大联欢活动；6 月下南乡分龙节，下南社区建平屯齐才山祭“同心树”活动筹备工作；12 月，新村屯村民自治理事会选举；新村屯“松米稿”文化广场开工建设。2016 年，仪凤村春联书写比赛活动；在仪凤村益安屯组织“昆虫总动员”大型彩绘活动，将其列为河池市青年美术家协会益安写生基地，毛南族第一个村屯博物馆也在仪凤村益安屯挂牌。2018 年 3 月，策划组织耀桑古村踏春赏花活动；7 月，在中南街组织举办音乐篝火联欢晚会。

第三类，建立文化团体，传承发展文化。

近十年以来，谭孔孙陆续组织了几个文化团体，如“墨玩十二”书法社团、“舞彩部落”美术社团、民族文化促进会等，这些社团定期组织文化活动，营造了县域内的文化氛围，提高了参与者的文化影响，引领了文化风尚。

第四类，在毛南山乡几个村屯倡导成立村民自治理事会，通过理事会系统地、有规律地组织村屯群众文化活动，培养更多人才。

2014年3月，在南昌屯组织村民理事会；12月，在新村屯组织村民理事会；2018年组织中南街村民理事会。每一个村屯的村民理事会成立，都不是简单的事。谭孔孙每到一个村屯，都深入群众之中，寻找村屯群众信得过的、有能力的人才，然后直接找这些人谈发展，谈做事。如果这些人相互之间有矛盾分歧，他还一一去做说服工作，想尽办法让他们尽弃前嫌，握手言和，共同努力，协作共赢。因为他知道，有矛盾分歧的组织，无法形成合力，更无法持续开展活动。通过参与和组织开展丰富多彩的公益活动，培养各村屯“能人”的组织能力与办事水平。希望这些人进一步提高水平，走上领导岗位，为农村发展贡献更大力量。

在他组织的以上活动中，他不但组织活动，还亲自参与活动，带头捐钱捐物。他周围一些文化人士也通过他进行各类文化捐助活动。这些活动充分调动了群众参与文化建设的热情，大大改变了毛南山乡的文化面貌。

对于今后乡村振兴及乡村文化发展工作，谭孔孙还有许多设想。他希望搭建“三南振兴心愿共同体”平台，让更多有情怀有能力的人参与进来；组建更多村屯“村民自治理事会”，把每个村屯的文化发展和经济振兴交给更多的本村人去推动；还希望为乡村文化、旅游、产业的一些具体项目落地去继续努力，比如建设毛南工坊（竹制自行车、非遗项目）、开办耀桑农庄、恢复中南街、组织乡村合作社等。

以上活动大部分都属于公益活动，谭孔孙热心于毛南族文化振兴事业，善于发掘人才，以其个人魅力和超高的情商影响号召人，策划了一系列活动，收获了意想不到的成果。新村屯理事会成员说：“我只是为了新村屯办事，而谭主席是为了整个毛南族在办事，希望能够向他学习。”他热爱民族文化，保护和传承民族文化，引领更多的人走进文化保护传承队伍之中，使得毛南山乡呈现了新的文化气象。他是一位文化传承人，也是文化引路人，更是文化推动者。

优秀基层党支部书记谭金书

谭金书1947年出生于景阳村，1949年搬到了目前生活的波川村松仁屯，家中有三兄弟，在家排行老二。1958—1962年，读完小学四年级，由于家里只有母亲挣公分，缺乏劳动力，就回家帮忙了。1964年结婚，有三男一女，都已成家立业，现在是一个四世同堂之家。

1966—1975年当了十年的松仁屯队长，他热心为群众做事、做人善良正直、乐观积极，当时队里是26户，160多人。现在是82户，400多人。以前全是瓦房，2010年后基本全部住上了楼房。全屯拥有大车4部，班车2部，小车30多辆，基本户户都有摩托车，做农活也用上了现代的器械，50%的家庭安装了空调。

1976—1980年到波川村村委工作，任村委会副书记。松仁屯是一个先进屯，队长就是谭金书，当时上级打电话来说服他当村委会干部，他就担任了村委会副主任，那时候波川村有450户左右，2500多人口。

1980被村委会内部推选担任了村党支部书记，一直在这个岗位上奋斗了37年，直到2017年才退休。以下是谭金书书记在任职期间所做的主要工作。

教育方面：1976年波川小学是在一个坡顶上，总共才有三间瓦房，称为贫下中农文理学校。老书记明白只有知识才能改变命运，于是他召集群众、老师、学生，把坡和石头整理两天后填平，之后写报告申请修建学校。目前波川小学有2000多平方米，为县里的中心小学。1960年以前波川小学只有40多个学生，因为家庭条件不允许，大部分孩子都读不上书。现在因为国家九年义务教育的普及，基本都是初中文化水平，连最贫困人家的孩子都能读书。家长也越来越重视孩子的教育。目前全波川村大学生有50—60人。老人家也都能看懂电视节目，也都识字。

道路建设：早期都是黄泥巴路，学生上学又脏又辛苦。1997年，准备建设农村道路，政府补贴屯级路建设每条路一万元，由群众免费投工投劳，买水泥和砂石，资金不够就集资。尽管那时候只有牛车来运输砂石，但在谭书记的带领和召集下，村民踊跃参与，现在已经实现了村村路相通、屯屯路相连了。

帮扶困难户：2005 年以波川村中山的一片 100 多亩地，用来安置那些不通电不通水的山区困难户，安置了大概 6 个屯的人，总计 400 多人口。这些山区生活困难的移民人家，现在都富裕了，家家都有酒有肉，学生上学也方便了。那时候谭书记看到那些山区贫困户的艰难生活情况，写了报告递交给了上级，当时上级也有这个政策，那些困难户搬迁后，才有了现在幸福安康的生活。

住房问题：以前全是破烂的瓦房，有三间瓦房就算是富裕了。现在全村 1050 户，4000 多人，98% 都住上了楼房。以前年平均收入几百块，现在是 6000 多元。

解决饮水问题：以前波川人吃山沟水，由于卫生情况得不到保障，很多人当兵体检都不合格，2005 年之后这个问题得到解决。环江县整建扶贫村，上级扶贫工作有解决路、电、水的政策，之前 37 个屯都没有自来水，有些屯最多有水井。解决的方式是发动群众去村屯附近寻找挖掘水源，然后写报告给水电局、扶贫办、发改局。上面给水管，建饮水池，现在基本都接通了自来水。目前花了 2800 多万元，从南丹大沟河引水，已经花费了 3 年的时间，预计 2021 年春节能够全面解决饮水问题。

工作了 40 多年，始终为群众着想，为群众服好务，是很难的，但是谭书记做到了。谭书记说很感谢党的培养，让他到各个党校培训学习，基本年年都有，2000—2010 年较多，文化低，村子大，人的思想复杂，要多学习法律，处理民事纠纷。还要学习农业技术，带领群众致富，解决群众的困难，解决群众收入少的问题。

他工作认真，全村 1050 户，每家的基本人口数，户主是谁都能记得住，基层工作扎实。2010 年，村委会党支书换届选举，当时 2300 多人符合选民资格的群众来选举投票，他得到的选票是 2200 多票；2010 年在这里设立选举示范点，2500 多人，他得到了 2416 票，高票当选连任。群众非常支持他，因为他在基层工作秉公办事，按照党的政策、法律的规定，从来不因为亲疏关系睁一只眼闭一只眼地处理事情。

2010年以后谭金书经常生病，2013年生病后乡长还亲自来慰问。他坚守基层岗位几十载，得到群众的拥护，是知名的先进代表人物，环江、河池电视台、中央台记者都来采访和报道过他的事迹。他去过十几个省市考察学习，是河池市党代表，2005年当选县乡人大代表。他一生获得荣誉证书无数，即使退休也仍旧不闲着，退休后又当了生产队队长和保洁员。2013年，波川村被评为河池市清洁卫生先进单位，奖金一万元。2019年合作医疗的村民资料收集工作，两个屯180户表格登记都是他帮村委做的。而且有些农户出现姓名与账户名称不符之类的问题，他都一一认真帮助解决。群众还是非常信任老支书的。2019年帮贫困户免费耙田四亩，还帮助一个屯解决了一个停车场的问题。

作为基层党支部书记，他在抓好党务工作的同时，发现问题，敢于写报告向上级反映问题以便上级及时了解基层情况。他还为很多农户填写表格。

2017年离任，他管理波川村这么多年，带领群众发家致富，从没有让村里的财政赤字。他坚持为群众办事保持的信念是：一切以群众的需要为主，尽心尽力为人民服务，公平公正，坚持科学，带领群众早日走上致富路。他是一个党员，一直为党和人民服务，他说群众需要什么就解决什么。

民事纠纷事件处理

案例：排污水事件

2015年，松孟屯里的污水直接排放到干孟屯的一个农户的田内，导致农户几年内都颗粒无收。农户很早就找村委会主任解决这个问题，但是由于村委会主任一年推一年，一直搁置这个事，农户十分生气和不满。一天农户喝了酒后，就去这个村委会主任庭院中破口大骂，随后就来找书记调解了。

书记一天早上就带着农户去到了松孟屯，找来了村委会主任、他们屯里的队长以及几个村民代表来协商解决这个事情。书记说：“第一，现在农田被破坏的现场就在那里了，这个已经是事实了，你们肯定要赔偿。第二，农户要求你们修一个排污水管，以便污水不会通过自己的农田，农户也愿意让一点点田给你们修排污水管。”

当时双方没有达成一致，农户和村委会主任还动手打架了。见此情景，老书记就让双方都回去了。

下午书记先找了生产队长来沟通协调，把事情最坏的发展结果给队长说了：如果农户最后把你们的排污管堵了，污水流到干孟屯的话，那这（事）就会演变成一个大事件。

随后又找到农户说：“你要求他们修排污水管是合理的，那这个排污是你搞，还是生产队搞?”农户差不多十年没种上水稻，按照水稻市价，需要总计 2000 元的赔偿。于是书记把农户的意见反馈给队长，队长给出的回答是，现在大多数年轻人都出门打工了，目前他也不能做主。等春节大家回来商量后，再给出解决方案来。春节后，他们同意赔偿，从集体资产生态林补贴当中拿出了钱来给农户，生产队也自己修建了 20 多米的排污管。于是这件差不多要造成流血的大事情就得到了解决。

带领同村姐妹脱贫奔小康的谭美春

谭美春，1976 年在新村屯出生，父母亲都是普通农民，家里有七个兄妹，六女一男，她在家中排行老五。她的父母非常重视儿女的教育问题，虽然家境清贫，也坚持让孩子们去学校接受教育，七个孩子最低都读到初中，谭美春和妹妹还是中专毕业。她 1995 年中专毕业，在下南社区东塘当了一个学期的老师。后来她进了环江县工艺厂铜砖部当工人，不到一年工厂倒闭了。三个月拿不到工资，工资还很低。

1996 年回家，党支书谭金书找她商量，推荐她到村委会工作。考虑了几天以后，接受了这个工作，到村委会做了团支部书记，每个月领 30 块钱工资。1998 年，通过老干部推荐和群众选举，她出任波川村妇女主任，到今天已经当了 20 多年。

2013 年，精准扶贫政策落实，因为家里老人生病，她自己就是贫困户。为了摆脱贫困，给村民做好示范引领作用，她去县里学习了种植技术，回来后和丈夫 TJH 一起开始种植果树。同时，她还出任了环江巾帼现代农业科技示范基地的基地负责人，希望带领群众走出以农业为主的经济发展模式的路子。2016 年家里终于成为脱贫光荣户。

2014 年 12 月，当选为新村屯村民理事会的成员，任会计。至此，她是妇女主任，还是计生专干、社保专干。为了自己，也为了村民，2017 年 8 月，她又开始做环江县水果局下南乡技术员，每个季度给妇女们进行一次培训，在微信群里教妇女如何做，有时直接去家里、种植现场指导。她以坚强的奋斗精神，不但自己脱贫，而且带领村民战胜贫困，走共同富裕之路，在乡村起到了模范带头作用。

新村屯的新一代带头人谭荣庆

谭荣庆，1982 年出生在新村屯的军人之家。他的爷爷、父亲和叔叔都有过长期的军旅生涯，受家庭环境影响，他的梦想就是成为光荣的军人。他说："叔叔是一个性格很豪爽的人，包括他的做事风格我都很喜欢，并且经常模仿他，我从小就一直把他当作我的榜样。"

2000 年从学校毕业，先打工了一段时间。2000 年 12 月，通过了征兵体检，2001 年在昆明玉溪的武警部队接受训练，后被分到基层。半年后，因为喜欢写作，又写得一手好字，他在武警部队做起了文书，还开始自学电脑应用技术。2004 年 4 月通过士官考试，6 月去杭州学习。经过两年半学习之后，2006 年回到原来部队，当了三年机关事务长，2009 年退役回环江。回来以后，自己开店铺谋生。

2013 年，参加了谭孔孙主席组织的在县城生活的新村屯人聚会，和大家一起商讨新村屯以后的发展规划。正是通过这次聚会，他坚定了回新村屯发展的想法。会后，他对新村屯的发展做了长时间的思考，拟定了一个新村屯发展生态农业观光园的规划，并且交给谭主席审阅，得到了谭主席的支持和欣赏。

2014 年他正式回到村里，创办了养鸡场。谈到养鸡场生意，他说："2015 年生意比较好，也赚了点钱，还了一部分借款。2016 年，开办养鸡场的人多了，市场上出现了供过于求的情况，生意就下滑了。"凭着自己军人的坚韧，以及亲友的帮助扶持，他挺过了艰难的 2016 年，现在还在坚持。对于养鸡场目前所面临的困难，他又说："目前最大的困境就是没有钱扩大生产，资金不够。"他希望通过自己的努力，带动家乡更多的人走向富裕，最后带动整个村都过上更加美好幸福的生活。

2014 年 12 月，他协助谭主席开会，积极参与到成立新村屯第一届理事会活动之中，并且当选为新村屯第一届理事会的理事长。在主持村民理事会工作过程中，他敢于担当，勇于奉献，主动献出土地，放弃树木赔偿，更出钱出力，组织并投身于村屯各类公益活动之中。2017 年当选为波川村党支部书记，2018 年继续兼任村民理事会理事长。这些年，虽然和爱人分居两地（爱人在宜州），凭借着极强的责任心，他每天奔波于乡野农户之间，只要群众需要他解决的事情，他都会尽快赶到，工作在最基层，处理群众事务，为群众服务。几年的工作中，正是他这种奉献精神和人格魅力，获得了全屯、全村群众的支持，也得到了乡里，甚至是县里领导的认可，得到多次嘉奖。

这几年，他外出学习和培训的机会很多，随着眼界的拓展、能力的提高，他在自己原有计划之中，进一步思考了新村屯发展的远景规划，同时也期待着毛南乡村获得更好的发展。

图书在版编目（CIP）数据

毛南族新村屯社会调查 / 孟凡云，孙攀搁著 .
-- 北京：民族出版社，2023.8
ISBN 978-7-105-17061-6

Ⅰ . ①毛… Ⅱ . ①孟… ②孙… Ⅲ . ①毛南族—村落
—社会调查—研究—环江县 Ⅳ . ① D633.376

中国国家版本馆 CIP 数据核字 (2023) 第 162003 号

毛南族新村屯社会调查

策划编辑：张宏宏
责任编辑：向　阳
封面设计：金　晔
出版发行：民族出版社
地　　址：北京市东城区和平里北街 14 号
邮　　编：100013
电　　话：010–58130043（汉文编辑二室）
　　　　　010–64224782（发行部）
网　　址：http://www.mzpub.com
印　　刷：北京中石油彩色印刷有限责任公司
经　　销：各地新华书店
版　　次：2023 年 10 月第 1 版　2023 年 10 月北京第 1 次印刷
开　　本：787 毫米 ×1092 毫米　1/16
字　　数：350 千字
印　　张：18.25
定　　价：95.00 元
书　　号：ISBN 978-7-105-17061-6/D · 3421（汉 546）